能源市场与玉米市场价格波动及其效应研究

吴海霞　著

中国财经出版传媒集团
中国财政经济出版社

图书在版编目（CIP）数据

能源市场与玉米市场价格波动及其效应研究 / 吴海霞著 . —北京：中国财政经济出版社，2018. 10

ISBN 978 - 7 - 5095 - 8536 - 8

Ⅰ. ①能…　Ⅱ. ①吴…　Ⅲ. ①能源价格 - 国际价格 - 关系 - 玉米 - 物价波动 - 研究 - 中国　Ⅳ. ①F407. 2 ②F326. 11

中国版本图书馆 CIP 数据核字（2018）第 217028 号

责任编辑：彭　波　　　　责任印制：刘春年

封面设计：孙俪铭　　　　责任校对：杨瑞琦

中国财政经济出版社 出版

URL：http：//www. cfeph. cn

E - mail：cfeph @ cfeph. cn

社址：北京市海淀区阜成路甲 28 号　邮政编码：100142

营销中心电话：010 - 88191537　北京财经书店电话：64033436　84041336

北京财经印刷厂印装　各地新华书店经销

710 × 1000 毫米　16 开　13 印张　220 000 字

2018 年 10 月第 1 版　2018 年 10 月北京第 1 次印刷

定价：68. 00 元

ISBN 978 - 7 - 5095 - 8536 - 8

（图书出现印装问题，本社负责调换）

本社质量投诉电话：010 - 88190744

打击盗版举报热线：010 - 88191661、QQ：2242791300

前　言

原油始终是制约一个国家经济发展与社会进步的重要战略资源，原油安全关系着国民经济增长和社会发展的脚步。从世界原油储量和消费增长趋势判断，原油储量减少和消费扩张使得原油价格呈不断上涨趋势。原油的不可再生性和价格持续走高趋势，导致世界各国特别是发达国家和新型经济体致力于新能源的探索。在此背景下，基于玉米、甘蔗等生物质的燃料乙醇，作为重要的可再生清洁能源在能源危机凸显与生态环境恶化的双重压力下得到重视和发展。原油是现代农业生产及经营中的重要物资投入，原油价格从生产、运输、消费等各个环节影响农业的产出及农产品价格，因而原油价格上涨是推动农产品价格上涨的基础性因素。另外，燃料乙醇产业与玉米产业密不可分，燃料乙醇产业发展推动玉米价格及相关农产品价格上涨，同时导致传统意义上的能源价格与玉米价格波动的作用机理，在新能源经济结构下变得错综复杂。

与北美和南美新大陆国家、欧洲国家、非洲欠发达国家相比，中国是农业资源禀赋缺乏优势的国家，2004 年以来中国已经成为世界上最大的农产品进口国和农业净进口国，而且原油价格波动及新能源发展诱发的谷物结构波动，已经成为抑制中国农业国际竞争力的重要输入型因素。因此，在新能源扩张背景下，准确理解世界能源结构转型与玉米价格波动之间的关系机制、传导机制，分析、测度两类市场间的波动关系，并从优化相关政策角度提出解决方案，具有重要意义。

本书以能源危机与挑战为背景，第 2 章和第 3 章分析了世界及我国能源产业、玉米产业的发展现状。考虑到国际原油分布不均和我国原油高度依赖进口等实际问题，以及美国在世界玉米和新能源产业生产、消费和进出口市场的主导地位，本书第四章基于国际原油价格、美国燃料乙醇价格和我国玉米价格的宏观数据，采用VEC模型，分析了国际能源价格波动与我国玉米价格波动的整合关系，以及国际能源价格对我国玉米价格波动的影响程度。结果发现：国际能源价格与我国玉米价格波动存在高度整合关系。估计结果也验证了无论在长期还是短期，国际原油价格和玉米质燃料乙醇价格对我国玉米价格都具有格兰杰意义上的因果作用。同时传统OLS回归结果表明，国际原油价格每上升1个百分点，国内玉米价格将上升0.4403个百分点。国际玉米质燃料乙醇价格的估计系数为0.0495，具有统计意义上的显著性（1%显著性水平显著），但其经济意义并不显著。

在我国体制及经济背景下，原油价格、玉米价格和燃料乙醇价格的市场波动特征和波动关系也有别于国际市场。针对这种差异，本书第5章运用中国原油价格、玉米价格和燃料乙醇价格的宏观周数据和GARCH模型、ARCH－M模型和EGARCH模型，分别分析我国原油、玉米、燃料乙醇的价格波动特征和波动风险。结果表明：我国原油、玉米和燃料乙醇市场均表现出显著的ARCH效应，即原油、玉米和燃料乙醇市场的价格波动在一定程度上是可以预测的。原油市场和玉米市场体现出高风险、高回报的特征，说明原油市场和玉米市场的大部分交易者在做出决策时具有理性投资特征，但由于国家的财政补贴效应，燃料乙醇市场并没有体现出高风险、高回报的特征。同时，对玉米市场和燃料乙醇市场而言，价格下跌信息引起的波动明显大于价格上涨信息引起的波动，因而为稳定新能源市场和粮食市场，需特别关注那些可能引起市场价格下跌的因素。

通过文献分析与评价，发现原油价格波动显著影响玉米价格波动的观点已经得到大多数学者的认可，但原油市场与燃料乙醇市场、燃料乙醇市场与玉米市场间的波动溢出效应随着国别的差异和所用数据的差异，其结论也不尽相同。因此，本书第6章采用静态三元BEKK－MVGARCH模型，对中国原油、玉米、燃料乙醇市场间的价格波动溢出效应进行分析。结果表明：我国能源市场和玉米市场具有显著的静态波动溢出效应。国家鼓励发展清洁能源的政策和玉米在燃料乙醇发展中的重要地位，以及在汽油中添加燃料乙醇作为清洁能源的初期成果已在全国范围内得到一定程度的推广，样本期间表现出燃料乙醇市场向玉米市场显著地单向波动溢出效应，也导致玉米价格波动部分通过燃料乙醇市场对原油市场产生溢出效应。原油作为农业生产重要的投入要素，其价格变化影响粮食价格变化的观点已得到普遍认可，而且在本研究中也得以验证。

针对静态模型难以表达随着时间推移导致的变量动态变化问题，本书第7章分别利用分阶段BEKK－MVGARCH模型和DCC－MVGARCH模型，构建动态联动性模型，分析能源市场与玉米市场间价格波动的动态联动效应。结果表明：我国能源市场和玉米市场价格波动关系具有动态差异性。原油、玉米、燃料乙醇市场分别在2008年7月18日、2008年8月22日、2008年10月10日出现显著的断点效应。根据断点检验结果，将整个样本集划分为两个样本子集，即2003年9月至2008年10月、2008年7月至2013年6月。采用分阶段BEKK－MVGARCH模型分析结果表明：2003年9月至2008年10月期间，仅存在原油市场向玉米市场、燃料乙醇市场的单向波动溢出效应，以及燃料乙醇市场到玉米市场的单向波动溢出效应。但2008年7月至2013年6月期间，我国原油、玉米、燃料乙醇市场间的价格波动溢出效应明显增强，存在三市场间显著的双向波动溢出效应。AR（1）－DCC－MVGARCH（1，1）模型的分析结果表明：2008年上半年以前，原油、玉米、燃料乙醇市场间不存在动态相关关系，2008年下半年起，原油、玉米、燃料乙醇市场间的动态相关系数明显增大，三市场间的协调程度增强，市场分割程度减弱。

本书第8章采用情境假设法，分析原油价格上涨对我国燃料乙醇产量和粮食价格上涨及粮食安全的影响。情境模拟结果表明我国燃料乙醇产量会随着石油价格的上涨而急剧增多。同时，若不考虑政府干预，原油价格的上涨和燃料乙醇的扩张将会大幅增加我国居民在食品支出方面的生活成本，影响居民的福利水平。模拟结果显示，如果仅考虑我国的能源需求和能源安全，而不考虑其可能带来的居民生活成本的增加，不考虑其可能带来的生态环境变化，燃料乙醇的发展给我国带来的正面效应将远大于负面效应。

本书的主要特色与创新为：（1）将一次能源、新能源及粮食生产结合起来，在一次能源危机和新能源扩张背景下，研究世界一次能源危机和新能源扩张对我国玉米价格波动的影响。（2）将ARCH类模型、BEKK－MVGARCH模型以及DCC－MVGARCH模型应用于能源价格和粮食价格关系的研究中，突破了ARCH

类模型应用的领域。(3) 国外大量研究表明，多种粮食价格波动存在共向同时的特征，本文根据原油价格上涨的程度，模拟在原油价格上涨的背景下，我国燃料乙醇的发展速度、玉米及相关食品的价格波动状况，模拟原油危机和燃料乙醇扩张对我国粮食价格和粮食安全的影响。

吴海霞

2018 年 5 月

目　　录

第 *1* 章

导　　论

1.1

选题背景

能源是经济发展的血液、社会进步的动力，是关乎国计民生、世界和平的重要物质资源。伴随着世界经济的高速发展，能源消耗急剧增长。而原油是当今能源消费的主要构成部分，但由于其资源的有限性和不可再生性，导致原油消费压力日益凸显，原油价格长期居高不下。

原油资源短缺和价格持续走高给世界整体经济走势造成深远影响。第一，持续增长的原油需求致使原油供给遭受巨大压力。当今世界经济增长以原油的大量消耗为动力，这一发展模式在拉动全球 GDP 增长的同时，也给原油资源和环境的可持续发展带来沉重负担。美国能源情报署（Energy Information Administration，EIA）2011 年统计资料显示，2010 年全球原油日需求量为 9900 万桶，但值得注意的是，近年来，美国及欧盟的主要成员国原油消费总量虽持续增加，但在世界原油消费总量中的占比却呈下降趋势，世界原油消费的主要贡献力量来自中国、印度、巴西等发展中国家。据英国石油公司《BP 世界能源统计 2013》估计，2030 年，全球原油日需求量将达到每日 1.3 亿桶，增长率约为 2010 年的 50%。而原油是典型的不可再生资源，受资源有限性和开采成本的限制，世界原油供给增长缓慢。可见，世界能源供需矛盾将日益加剧。第二，原油价格剧烈波动不利于经济周期和国际能源市场稳定。当前的国际原油形势不容乐观，各类原油产品、原材料价格全面上涨，各国经济运行成本明显增加，高油价对世界经济的负面效应令人担忧。国际货币基金组织（International Monetary Fund，IMF）更是发出警告：国际原油价格与世界经济发展息息相关，且在经济增长中的贡献愈来愈大。若在一年内国际原油价格每桶上涨 10 美元，世界经济增长率将下降 1 个百分点。在可以预见的未来，能源问题将成为制约世界经济进一步发展的“瓶颈”。第三，世界经济发展高度依赖一次能源使得环境污染问题日益突出。英国石油公司发布的《2013 年世界能源统计》指出，2012 年世界一次能源消费总量为 124.8 亿吨油当量，其中原油消费总量为 41.30 亿吨油当量，占一次能源消费总量的 33.09%；煤炭消费总量为 37.3 亿吨油当量，占一次能源消费总量的 29.89%。而大气的主要污染物，如硫氧化物、碳氧化物，75% 是由于燃烧石油、煤炭等化石燃料产生的。例如，截至 2010 年年底，由于燃烧化石燃料向空气中排放的二氧化碳数量比 10 年前高出了 18%，给环境及气候带来灾难性影响。

能源短缺制约世界经济发展，危及政局稳定。许多国家纷纷调整能源政策，积极探寻一次能源的替代产品。世界主要国家应对能源冲击沿两条主线展开：一是能源工程技术创新，如美国的页岩气、欧盟的智能化电网技术、油气技术，即技术替代；二是产品创新，如包括生物质能源在内的新能源产业化、商业化，即产品替代。其中，生物质能源作为一种可替代石油、天然气的可再生清洁能源，由于具有相对较低的技术突破难度，转化成本低，供给相对稳定，适合当前交通动力系统，以及环境友好型等诸多优点，得到世界诸多国家的重视与推广（石元春，2005；Von Braun，2007）。许多国家把开发利用生物质能源作为缓解一次能源供给矛盾、应对全球气候变迁、实现可持续发展的重要举措。当前生物燃料主要包括生物乙醇和生物柴油，而生物乙醇由于其燃烧时所带来的环境污染明显小于生物柴油而更受青睐，且目前我国的生物燃料主要发展淀粉质生物乙醇，因此，本文提及生物燃料时主要是指生物乙醇。

20 世纪 70 年代中期的原油危机是世界燃料乙醇发展的最初推动力量，70 年代末以美国和巴西为主的原油进口国开始推行燃料乙醇发展计划，但直到 2001 年燃料乙醇的发展才初具规模。例如，1975 年全球燃料乙醇产量仅有 5.7 亿升（约 1.5 亿加仑），到 2000 年增加到 170 亿升（约 45 亿加仑），年均增长率达 115.7%。进入 21 世纪，燃料乙醇的产量更是成倍增长，2007 年的全球燃料乙醇产量约为 511 亿升（约 135 亿加仑），是 2000 年产量的三倍，在此期间年均增长率达到 17%。美国和巴西的燃料乙醇产量占世界燃料乙醇总产量的 80% 以上，是世界燃料乙醇最主要的生产国，我国的燃料乙醇产量紧随其后居世界第三位

（吴海霞等，2013）。目前美国、中国和加拿大等国家的燃料乙醇生产主要以玉米为原料，而巴西主要以甘蔗为原料，加拿大一些地区和欧盟也利用质量较差的小麦生产燃料乙醇，但以小麦为原料的燃料乙醇产量占比很小。

英美等发达国家以及巴西、中国、印度等新型经济体均制定了生物质能源中长期发展规划。专家认为，保证国家能源独立性、缓解国家能源危机、维护国家能源安全，发展“新能源是个绕不过去的坎”，而发展新能源的核心是鼓励生物能源的发展。生物能源不仅是替代一次能源的极佳选择，也是缓解粮食问题、促进农村经济发展，帮助农民脱贫致富的一把金钥匙（兰肇华，2005）。

玉米与小麦、水稻并称为世界“三大粮食作物”，是世界粮食生产、对外贸易中最具影响力的作物。同时，玉米还兼具饲料、工业等多种用途。作为中国传统的三大粮食作物之一，玉米产量约占全国粮食总产量的四分之一①，在我国粮食安全中占据举足轻重的地位。

伴随着一次能源危机和燃料乙醇产量的扩张，依托期货市场交易机制、远期市场交易机制，能源与粮食之间的替代关系趋于紧密化，形成能源价格与粮食价格的联动机制。因此，能源危机与燃料乙醇产量扩张必然导致粮食价格暴涨，进而导致贫穷国家出现严重的粮食危机。根据联合国粮食与农业组织（Food And Agriculture Organization Of The United Nations，FAO）报告分析，2007 年国际粮食价格上涨近 40%，2008 年年初粮食价格进一步上扬，其中受冲击和影响最为显著的便是玉米价格。而且，几乎所有的农产品价格都受到显著影响，其中 37 个国家因此陷入粮食危机。导致粮食价格波动的因素是多方面的，包括需求方面的经济发展（Trostle，2008）、人口增长（Carter et al.，2011）；供给方面的成本推动（Mitchell，2008）、自然灾害（Abbott et al.，2008）；原油价格上涨（Gilbert，2010）以及外部生物能源的发展（Park & Fortenbery，2007；Carter et al.，2012；Babcock，2012；Rausser & Gorter，2013）、金融预期（Irwin，2008；Abbott et al.，2008）、美元贬值（Trostle，2008；Mitchell，2008）等，共同作用导致玉米价格大幅波动。但在上述诸多因素中，能源价格与玉米价格波动的相关性受到越来越多西方学者的关注（Hertel & Beckman，2011；Wu et al.，2011）。这是因为：一是原油消费贯穿于玉米生产、运输、消费等各个环节，原油作为重要的化

① 数据来源：http：//www.china.com.cn/chinese/FI－c/640405.htm。

工材料，是农业生产所需的农药、农膜、化肥等农资产品重要的原材料，而玉米种植、运输、消费过程中原油又是重要的动力投入品，因而原油价格与玉米价格息息相关。二是燃料乙醇产业主要以玉米、小麦等粮食作物为原料，因而燃料乙醇产量的扩张，必然导致玉米等粮食作物消费量的增加，从需求角度提高了玉米等粮食作物的价格。

作为一个国家重要的战略资源，原油始终是制约其经济发展和社会进步的战略物资，能源安全影响国民经济增长和社会发展的脚步。从世界原油的储量、分布和消费来看，随着世界经济发展越来越依赖于原油的消耗，原油需求量持续扩大而储量不断下降，导致原油价格近几十年来波动频繁。但 1973 年和 1990 年爆发的两次全球性原油危机，使得生物质能源作为清洁、高效和可循环利用的再生能源，受到越来越多国家的重视。其中，燃料乙醇作为重要的可再生清洁能源，在能源危机凸显与生态环境恶化的双重压力下得以重视和发展。但是目前燃料乙醇生产主要以玉米等粮食作物为原料，因此，燃料乙醇的快速发展与玉米产业密不可分，并在一定程度上推动了玉米价格的上涨。同时，使得传统意义上能源价格，通过生产、运输等环节影响玉米价格波动的原理在新能源经济下变得错综复杂。更为重要的是，中国作为世界上最大的农产品贸易国及粮食净进口国，以玉米为主的燃料乙醇发展，对中国粮食市场的波动和市场监管的风险影响日趋明显。因此，从能源市场与玉米市场价格波动的关联效应视角，研究一次能源、生物能源与粮食价格波动之间的关系，对正确理解三者之间的市场波动关系以及审视相关市场政策，具有重大意义。

1.2 研究目的与意义

1.2.1 研究目的

随着世界性能源危机的周期性爆发，我国也开始了替代能源的探索，并出台了新能源发展战略。燃料乙醇在我国已经有十几年的发展历史，但其依赖小麦、玉米等粮食作物的生产技术对中国这样一个人口大国而言备受争议。因此，本书以一次能源危机为背景，分析世界及我国能源产业和玉米产业的发展状况及价格波动特征。在此基础上，从静态和动态结合角度，分析我国能源产业和玉米产业的价格波动关系，进而揭示一次能源危机对我国燃料乙醇产业和粮食安全的影响。具体研究目标设计如下：

（1）在世界一次能源危机和新能源扩张的背景下，分析我国玉米价格波动的趋势，揭示世界能源危机对我国玉米市场的影响规律。

（2）从我国原油消费结构、玉米种植及用途、燃料乙醇发展历程出发，利用 ARCH 类模型和时间序列，分析和揭示原油、玉米、燃料乙醇的价格波动特征与规律，以期为单市场相关价格政策的制定提供理论依据。

（3）采用 BEKK – MVGARCH 模型和时间序列构建静态相关性模型，分析原油、玉米、燃料乙醇市场间的静态价格波动关系与静态波动相关性，检验我国原油、玉米、燃料乙醇市场间是否存在价格波动的静态溢出效应。

（4）采用 DCC – MVGARCH 模型和时间序列数据，构建原油、玉米、燃料乙醇市场间的动态波动相关性模型，分析原油、玉米、燃料乙醇的价格波动关系随时间变化的动态特征。

（5）在能源价格与粮食价格关联性研究成果的基础上，采用情境假设法探究一次能源危机对我国新能源发展的影响，以及一次能源危机对我国燃料乙醇发展和粮食安全的影响，以期为我国新能源政策的制定和玉米价格的稳定提供坚实的理论基础。

1.2.2　研究意义

原油价格的大幅上涨，使得全球各个国家开始积极寻找替代能源。在此背景下，燃料乙醇产业得以迅速发展。随着全球发达国家投入生物燃料生产的种类和比例越来越多，粮食价格也在进入 21 世纪以来一路走高，2008 ~ 2009 年全球粮食价格甚至超过了 2000 ~ 2003 年全球粮食价格的两倍之多。一次能源危机、新能源扩张与粮食价格大幅上涨使得能源价格与粮食价格联系紧密并出现同向波动的现象。另外，粮食价格的高位运行对于广大低收入缺粮国家的粮食安全问题产生了极大影响，近年来，虽然世界粮食总产量稳步提升，但全球饥饿人口不但没有减少，反而有所上升。世界粮农组织的统计数据显示，2005 年全球饥饿人口数量为 8.5 亿，2007 年年底为 9.25 亿。因此探究能源与玉米产业价格波动的传导机制，把握我国的能源安全和粮食安全，是当前亟待解决的课题。本书选题的主要意义在于：

理论意义：原油作为农业生产重要的投入品，从生产、运输、消费等各个环节对粮食价格产生影响。国外对原油和粮食价格研究的文献资料已经相当丰富，国内对二者价格传导机制的研究并不多见。燃料乙醇作为原油的重要替代品，理论上与原油价格存在共向运动的特征。另外，玉米质燃料乙醇在我国的研发使用时间尚短，西方发达国家的经验、结论对我国并非完全适用，因此探索我国背景下能源与粮食价格的传导机制将丰富我国能源领域的基础理论研究。

现实意义：玉米是我国三大粮食作物之一，在我国粮食安全中具有战略性意义。而一次能源危机和新能源扩张使得能源与玉米价格波动变得错综复杂。而燃料乙醇的发展在缓解能源危机的同时，也可能带来土地资源的过度开发利用、玉米等相关农产品价格上升、居民生活成本增加，环境污染和生物多样性减少等负面影响。因此，在我国背景下，正确理解一次能源危机和新能源发展对我国玉米产业的影响，了解能源市场和农产品市场的关系，预测不同原油价格和燃料乙醇生产规模对我国粮食安全的影响，可以使我国能源政策的制定更有针对性，从而更好地扬长避短，在保证粮食安全的同时充分利用燃料乙醇发展给我们带来的正面效应。

1.3 国内外研究动态评述

1.3.1 国际能源价格对我国玉米价格波动的影响

随着中国粮食市场开放程度的日益加深，中国玉米市场价格波动不仅受国内供求信息的影响，也受到来自国际市场的冲击。因此本部分我们将从需求视角、供给视角和外部冲击视角分别对现有文献进行评述。

1.3.1.1 需求视角

卢锋和谢亚（2002）、Abbott 等（2008）、OECD（2008）、World Bank（2008）、Ivanic 和 Martin（2008）认为经济发展和人口增长增加了对粮食的需求，从而对粮食价格具有正向拉动作用。而生物燃料的大量生产和使用，大幅度提高了玉米等农产品的需求（周曙东等，2009；仇焕广等，2009；Trostle，2008；Mitchell，2008）。玉米是重要的饲料作物，猪肉价格的上涨将拉动玉米价格的上涨，何蒲明和朱信凯（2011）运用协整和格兰杰检验发现玉米价格与生猪价格存在显著的正相关关系，且两者具有长期均衡关系。

1.3.1.2 供给视角

农业生产具有较强的季节性，而农作物生长成熟季节的天气是影响作物产量的重要因素。Braun（2007）、Trostle（2008）、钟甫宁（2008）认为近年频发的恶劣天气致使玉米大幅减产，玉米市场供给量的减少引起玉米价格上扬。粮食生产投入成本的增加，如化肥农药（Mitchell，2008；Gilbert，2010；罗锋和牛宝俊，2010）、土地租金、物质费用（程国强等，2008）的大幅上涨是粮价上涨的主要推动因素。

1.3.1.3 外部冲击视角

Radetzki（2006）、Abbott等（2008）认为美元贬值是解释粮食价格上涨的主要力量。而Krugman（2008）认为汇率变动对国内物价的传递效应是不完全的，汇率变动对物价指数仅有微弱的影响，并与经济体的开放度有一定联系（Cochrane，2005；Timmer，2008）。Irwin（2008）、Masters（2008）认为粮食短期需求增加导致粮价跳跃性上涨引发的粮食期货市场价格上扬反过来加剧了粮食现货市场的价格上涨。罗锋和牛宝俊（2009）利用脉冲响应函数和方差分析得出国内农产品价格波动受国际期货价格的影响显著。因此，在控制了其他影响因素的情况下，我国农产品价格同国际期货市场价格呈正相关关系。罗锋（2011）利用SVAR模型对影响国内农产品价格波动的各种外部冲击因素进行了实证分析，结果发现国际农产品价格波动的贸易传导影响最大，石油价格的贡献排第二，但人民币有效汇率的影响不大。黄季焜（2008）认为，国际能源价格上升和生物质燃料发展是推动世界和中国食品价格上涨的根本原因，这些因素不但增加了农产品的成本，而且拉动了用于生产生物质燃料及相关农产品的价格。王孝松和谢申祥（2012）利用OLS及敏感性分析证实了国际农产品价格对国内价格具有经济意义上的显著影响，玉米价格的国际价格弹性介于0.19~0.33之间。

通过对现有文献的梳理，不难发现国内外学者针对粮食市场价格波动影响因素的分析已经做了大量的研究，但现有研究有待于进一步发展和深化：第一，国内对粮食市场价格波动因素的研究多以整体粮食市场为样本，对粮食市场的细分程度不够，而实际看来不同粮食品种其影响因素亦有所差别。第二，国内针对玉米市场价格波动因素的分析大多将国内市场和国外市场分割开来，而这种人为分割市场的研究方法将导致结果因信息缺失而有失准确性。第三，美国作为世界头号玉米出口国和燃料乙醇生产国，其新能源政策对国际玉米市场具有一定程度的导向性，而新能源政策如何作用于中国玉米市场目前尚未得到关注。因此本书基于前述假设，以 2001 ~2012 年的月度数据为基础实证分析世界原油价格和玉米质燃料乙醇价格波动对中国玉米市场价格波动的影响。

1.3.2 我国能源价格与玉米价格波动风险研究

目前对于三市场价格波动特征描述的文献资料并不丰富。顾国达和方晨靓（2010）采用马尔科夫局面转移 VEC 模型就国际市场因素对中国农产品价格波动的冲击进行了实证研究。结果表明：国际市场因素对中国农产品价格波动影响显著，在国际市场因素影响下，中国农产品价格波动具有明显的局面转移性，且两者呈现一致性的局面转移特征。马尔科夫局面转移 VEC 模型所划分的农产品价格下跌阶段、平稳增长阶段和快速上涨阶段三种局面均具有较强的持续性；中国农产品价格波动具有长期平稳性，高位运行为短期现象；中国农产品市场的局面转移概率存在非对称性，价格波动呈现出暴涨缓跌的特征。罗万纯和刘锐（2010）利用粮食市场月度价格和 TGARCH 模型对比研究了籼稻、粳稻、大豆、小麦和玉米价格波动的特征，结果表明仅小麦市场存在价格波动的非对称性。冯云（2008）的研究结果表明粮食价格波动具有显著的记忆性和持续性。

吴海霞（2013）研究表明原油、玉米、燃料乙醇市场呈现出价格波动的非对称性，且价格下跌信息引起的波动明显大于价格上涨信息引起的波动，但仅原油市场和玉米市场体现出高风险高回报的特征。同时张跃军、范英和魏一鸣（2007）利用中国大庆原油价格日平均交易数据，并基于 GED 分布的 GARCH、GARCH－M 和 TGARCH 模型，描述了中国原油价格与国际接轨以来的波动特征。结果表明，与国际原油价格类似，我国原油价格波动也存在显著的集簇效应，但其波动冲击的半衰期要比国际油价短 5 天。同时，中国原油收益率受到预期风险的负向影响，但这种负向影响程度较小，约为8%，表明中国原油市场并非完全市场化运作。另外，与吴海霞（2013）研究结果一致，张跃军、范英和魏一鸣（2007）认为我国原油价格波动具有显著的非对称性，相同幅度的价格下跌比价格上涨对未来原油价格的波动具有更为显著的影响。

1.3.3 我国能源价格与玉米价格静态波动溢出效应研究

溢出效应的研究在金融市场领域受到了极大重视（Lavielle & Moulines，2000；Aspergis & Rezitis，2001；Fang et al.，2007；Dean et al.，2007；胡秋灵和马丽，2011），而针对能源市场和粮食市场的应用却较少，其结论也因国别和所用数据的差异不尽相同。目前对能源市场和粮食市场间波动溢出效应的文献可分为两大观点：一部分学者认为能源市场与粮食市场间存在确定的波动溢出效应：例如，Hertel和Beckman（2011）研究表明美国能源价格的上涨促使包括玉米在内的一系列粗粮农产品成本推动型价格的上涨。Wu等（2011）研究发现美国2005年引进新能源法案后，存在原油市场向玉米现货、期货市场的波动溢出效应。Du等（2011）、Harri和Darren（2009）利用随机波动模型发现原油市场与玉米市场间存在双向波动溢出效应。Serra等（2011）利用向量误差修正模型和MVGARCH模型对巴西2000~2008年原油、燃料乙醇和蔗糖间关系的研究表明：存在原油市场向燃料乙醇市场、燃料乙醇市场向蔗糖市场显著地单向波动溢出效应。Barrera等（2011）利用2006~2011年的数据发现在美国存在原油市场向玉米、燃料乙醇市场的单向波动溢出效应以及玉米市场和燃料乙醇市场的双向波动溢出效应。Thompson等（2009）研究发现燃料乙醇市场与玉米市场间价格波动的溢出效应较之燃料乙醇市场与原油市场间价格波动的溢出效应更为显著。

但另一部分学者认为能源市场与粮食市场间不存在波动溢出效应或溢出效应不是固定不变的，它随时间变化表现出不同的溢出方向：Kaltalioglu和Soytas（2011）利用土耳其1980~2008年的原油、食品、农业原材料价格指数得出结论：油价变化不是食品和农业原材料价格变化的格兰杰原因，因此不存在原油市场向食品市场和农业原材料市场的价格波动溢出效应，但是食品市场和农业原材料市场间存在双向波动溢出效应。Zhang等（2009）将1989~2007年的数据分成两部分，利用EGARCH模型对比研究了美国燃料乙醇市场兴起和繁荣阶段的玉米、大豆、汽油和原油市场间的关系，结果发现：在燃料乙醇市场的兴起阶段，不存在原油市场向燃料乙醇市场、玉米市场的单向波动溢出效应；在燃料乙醇市场的繁荣阶段，存在玉米市场和燃料乙醇市场间显著的双向波动溢出效应和原油市场向玉米市场、大豆市场显著的单向波动溢出效应。

通过对现有文献的梳理不难发现：原油价格波动显著影响玉米价格波动的观点已经得到大多数学者的认可，但原油市场与燃料乙醇市场、燃料乙醇市场与玉米市场间的波动溢出效应随着国别的差异和所用数据的差异，其结论也不尽相同。由于燃料乙醇作为生物能源在中国的研发使用时间较短，对其他市场的影响也远不及发达国家广泛，因此，原油、玉米、燃料乙醇市场间波动溢出效应的结论不可能趋同于国外市场。同时燃料乙醇作为生物燃料和清洁能源是未来中国能源发展的一大方向，因此其与传统能源行业和原材料行业间的波动溢出效应对相关市场政策的制定具有重要的参考意义。因此，本部分我们将利用 ARCH 类模型和三元 BEKK－MVGARCH 模型对中国原油、玉米、燃料乙醇市场价格波动特征和市场间的价格波动溢出效应进行研究，以期为政策的制定提供有意义的理论参考。

1.3.4　我国能源价格与玉米价格波动动态联动效应分析

目前，针对能源市场和玉米市场间的联动效应分析多基于静态层面。Serra 等（2011）利用向量误差修正模型和 MVGARCH 模型对巴西 2000～2008 年原油、燃料乙醇和蔗糖间关系的研究表明：存在原油市场向燃料乙醇市场、燃料乙醇市场向蔗糖市场显著地单向波动溢出效应。Barrera 等（2011）利用 2006～2011 年的数据分析发现美国原油价格波动显著影响着玉米、燃料乙醇市场的价格波动，且玉米价格波动与燃料乙醇价格波动互为因果。（Hernandez & Gardebroek，2012）基于 1997～2011 年美国原油、玉米、燃料乙醇的价格序列，运用 T－BEKK 模型得出结论：在 10% 的显著性水平上，三市场间表现出较强的价格波动联动效应。本课题组（吴海霞等，2013）研究发现在中国三市场间存在原油市场与玉米市场间的双向波动溢出效应和原油市场到燃料乙醇市场、燃料乙醇市场到玉米市场的单向波动溢出效应。

由于静态关系难以有效反映出事物间相关关系随时间变化的特征，近年来，一些学者对原油、玉米、燃料乙醇市场间的动态相关关系进行了初步探索。Wu等（2011）研究发现2005年前美国原油、玉米市场间的关联性较小；2005年引进新能源法案后，原油市场与玉米现货、期货市场的联动效应大大加强。Zhang等（2009）将1989～2007年的数据分成两部分，利用EGARCH模型对比研究了美国燃料乙醇市场兴起和繁荣阶段的玉米、大豆、汽油和原油市场间的关系，结果表明：在燃料乙醇市场的兴起阶段，不存在原油市场向燃料乙醇市场、玉米市场的单向波动溢出效应；在燃料乙醇市场的繁荣阶段，存在玉米市场和燃料乙醇市场间显著的双向波动溢出效应及原油市场向玉米市场、大豆市场显著的单向波动溢出效应。Hernandez和Gardebroek（2012）研究发现：在美国，2006年燃料乙醇作为石油的唯一替代能源后，玉米市场和燃料乙醇市场间的联动效应显著增强。

通过对现有文献的总结与分析发现，静态条件下原油价格波动显著影响玉米价格波动的观点已经得到大多数学者的认可，但原油市场与燃料乙醇市场、燃料乙醇市场与玉米市场间的联动效应随着国别的差异和所用数据的差异，其结论也不尽相同。而动态条件下对三市场联动效应研究的文献资料并不丰富。由于燃料乙醇作为生物能源在中国的研发使用时间较短，对其他市场的影响也远不及发达国家广泛，因此，原油、玉米、燃料乙醇市场间波动关系的结论不可能趋同于国外市场。同时燃料乙醇作为生物燃料和清洁能源是未来中国能源发展的一大方向，因此分析其与传统能源行业和原材料行业间的动态联动效应对相关市场政策的制定具有重要的参考意义。由于DCC－MVGARCH模型克服了BEKK－MVGARCH模型对事物间长期关系不变的假设，可以更好地反映事物间关系随时间变化的特征。因此，本书将利用三元DCC－MVGARCH模型对中国原油、玉米、燃料乙醇市场价格波动的动态效应进行研究，以期为政策的制定提供有意义的理论参考。

从研究方法上看，由于ARCH类模型能够准确模拟时间序列变量的波动状况，使人们能更加准确地把握波动的大小和方向，因此国外对波动溢出效应和动态联动效应的研究多采用ARCH类模型。目前国内ARCH类模型已经被广泛应用于金融市场领域，而针对能源市场和粮食市场间波动溢出效应的研究ARCH类模型也开始受到重视。如冯云（2008）运用ARCH（p）类模型，通过对中国1978～2000年物价波动指数进行回归分析，系统地分析了我国粮价波动的特点和原因，并提出了相应的政策建议。罗万纯和刘锐（2010）基于 ARCH 类模型，研究表明：籼稻、粳稻、大豆价格没有显著地异方差效应、小麦和玉米价格波动具有明显的集簇性。潘慧峰和张金水（2005）基于 ARCH 类模型探讨了我国原油价格收益率的波动性，得出结论如下：原油价格收益率具有波动的异方差性和显著的杠杆效应。总的来说，ARCH 类模型的研究成果为本研究提供了丰富的参考和借鉴，也奠定了本文实证研究的基础（罗万纯和刘锐，2010）。

1.3.5 原油价格波动对我国燃料乙醇发展和粮食安全的影响

就原油等一次能源价格波动对我国粮食安全的影响，国内学者的研究结论较为一致，即大多数学者认为原油价格上涨是我国农产品价格上涨的主要推动力量，在很大程度上对粮食安全构成冲击。但就燃料乙醇发展对我国粮食安全的影响，国内学者的观点可以归为相互对立的两类。一部分学者认为燃料乙醇的发展造成我国玉米价格大幅增长（孙振均，2004；王亚静，2007）；而另一部分学者则认为燃料乙醇发展仅消耗了我国玉米产量很小的一部分，并没有给我国粮食安全带来实质性的影响（石元春，2005；张锦华等，2008；王雅鹏和邓玲，2008）。由于燃料乙醇在我国发展时间尚短，对玉米行业的影响远不及西方发达国家深入，针对两者的关系目前多数是定性研究的角度出发，少有定量角度研究燃料乙醇的发展对粮食安全的影响。且少数定量研究文献也未能对中国粮食安全做专门量化评估和系统分析，而主要研究生物燃料乙醇的发展对从农业区域生产、居民生活以及粮食价格的影响，难以得出准确客观的判断。因此，该部分我们将利用宏观数据就世界原油价格上涨对我国燃料乙醇产业的发展和粮食价格波动及粮食安全的影响进行分析。

1.4 研究思路与方法

1.4.1 研究思路

首先，在整体概述我国玉米价格波动状况的基础上，对国内外一次能源危机

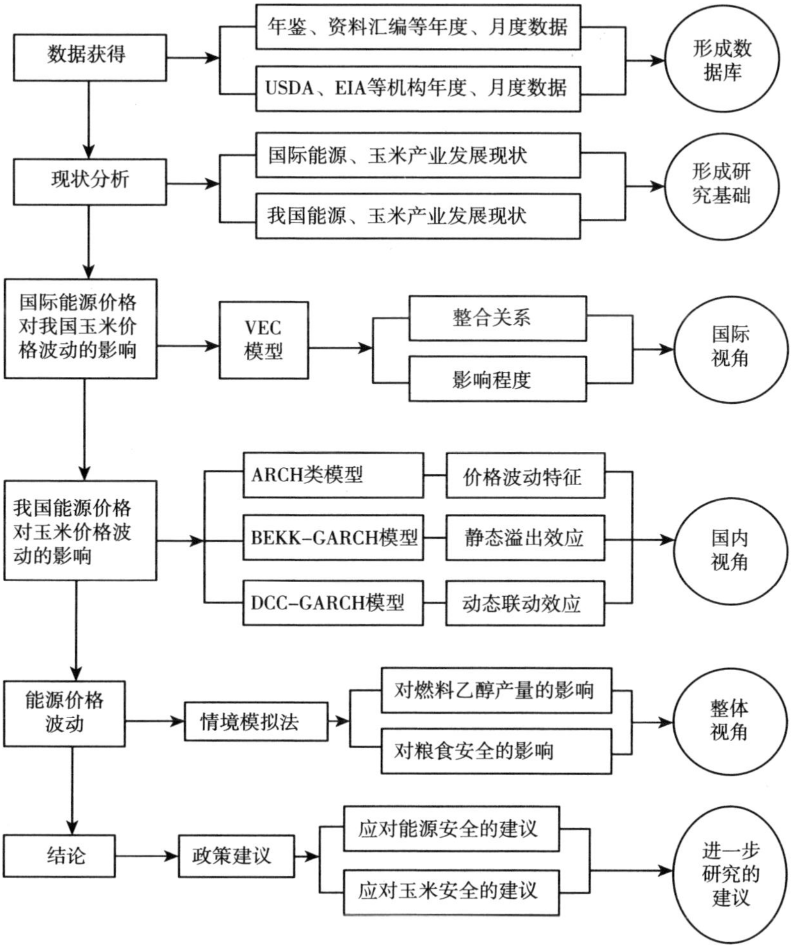

和新能源发展对玉米价格波动的影响进行文献梳理。由此构建本书所依托的理论模型，考虑到我国粮食市场的开放程度日益加深、世界一次能源危机和新能源的蓬勃发展，本书首先分析世界原油危机和燃料乙醇扩张与中国玉米市场的整合关系。其次，我国从 2000 年以来大力鼓励燃料乙醇的发展和 2006 年以来的原油危机，使得原油、玉米、燃料乙醇市场的联动效应加强，因此本书分别从静态角度和动态角度分析我国能源价格与玉米价格波动的联动效应。再次，能源价格波动对我国粮食安全的影响亦是本书的研究重点。最后，基于实证分析的结果，从整体上提出解决能源危机、发展燃料乙醇、稳定玉米价格波动的对策建议。

1.4.2 研究方法

（1）采用比较分析方法，梳理国内外现有文献对玉米价格波动特征、能源发展与玉米价格波动的关系，以及对玉米等粮食价格的影响，找出现有理论研究的不足。

（2）基于宏观月度数据，采用 VAR/VEC 模型实证分析世界原油危机和燃料乙醇扩张对中国玉米价格波动的影响，分析国际能源价格波动与我国玉米价格波动的协整关系。

（3）基于宏观周数据，采用 ARCH 类模型，综合分析我国能源市场和玉米市场价格波动是否具有波动的持久性、波动的高风险高回报性和波动的非对称性。

（4）基于宏观周数据，采用 BEKK – GARCH 模型和 DCC – GARCH 模型，分析我国能源价格和玉米价格波动的静态溢出效应和动态联动效应，从静态和动态的角度观察两者之间是否具有显著的联动效应。

（5）采用情境假定法，假定国际原油价格分别在 2015 年、2020 年和 2025 年经历快速上升和缓慢上升两种情境，然后计算在两种情境下我国玉米价格及相关农产品的价格变化状况。

1.5 本书创新之处

与国内外现有同类研究相比，本书的创新之处体现在以下几个方面：

（1）原油价格大幅波动和美国近年来致力于发展玉米燃料乙醇的新能源政策导致美国国内玉米消费量急速上升，由此必将导致玉米出口量的减少。考虑到美国在全球玉米生产市场和出口市场的主导地位，美国国内玉米政策及相关产业政策的变化势必将对世界玉米市场造成影响，从而将引起全球玉米供给紧张。因此，本研究将创造性地挖掘世界一次能源危机和燃料乙醇发展对中国玉米市场价格波动的影响。

（2）本书将燃料乙醇作为能源供给的有机组成部分，弥补了以往研究中单纯考虑一次能源的欠缺。原油是国民经济增长与社会稳定的重要战略物资，近年来其价格波动剧烈，致使世界许多国家致力于新能源的探索。中国从2000年以来大力推进燃料乙醇的研发和使用，在一定程度上减少了对原油的依赖，但却增加了对粮食作物，尤其是玉米的消耗。基于粮食作物的燃料乙醇发展改变了传统能源行业与粮食产业的关系，使得其与原油、粮食市场价格波动紧密相连，因此本书创造性地将金融领域的ARCH类模型引入我国的能源市场和粮食市场价格波动的研究中，从静态和动态的角度分析我国原油、玉米、燃料乙醇市场的价格波动关系。

（3）国外大量研究表明多种粮食价格波动存在共向同时的特征，本书创造性地将原油价格波动作为外生变量，利用情境假设法，根据原油价格上涨速度的快慢不同，构建了生物燃料发展下的中国粮食安全评估系统。系统分析了一次能源危机和新能源扩张对我国玉米价格的影响如何？玉米价格波动导致相关农产品的价格波动状况如何？对这两个问题的回答将是本书的一大亮点。

第2章

世界能源与玉米行业发展分析

2.1 世界原油现状及展望

原油目前是世界上最重要的一次能源，原油产品复杂多样，其不仅是能源的主要供应者，与现代交通工业发展和燃料能源供应息息相关，同时也是材料工业的重要支柱，原油产品基本渗透了工业生产的各个部门，另外，原油产品还促进了农业的发展，也是新兴材料产业的主要原材料。

目前88%的开采原油被用作燃料，主要用于制作汽油、燃料油、取暖油等，支持交通工业发展、农业生产和人类日常取暖。另外，12%作为化工原料，用于生产诸如溶剂、化肥、石油溶剂、化工原料、润滑剂、石蜡、石油沥青、石油等六类。

尽管与煤炭、天然气等同为一次非可再生资源，但原油有着更为明显的稀缺性，且原油比煤炭、天然气等其他一次能源有着更为广泛的应用领域和分布不均衡性，因此，被誉为“工业的血液”的原油成为重要的战略资源。

2.1.1 世界原油资源地理分布

世界原油资源从总体上来看分布极不平衡：从南北半球来看，石油资源主要集中于北半球；从东西半球看，超过一半的石油资源集中于东半球，西半球储量仅占约1/4；从纬度分布来看，主要集中在北纬20°~40°和50°~70°两个纬度带内。中东波斯湾油田、墨西哥湾油田以及北非油田均处于北纬20°~40°内，该带集中了约世界 51.3% 的石油储量；而著名的北海油田、俄罗斯伏尔加及西伯利亚油田和阿拉斯加湾油区位于北纬 50° ~70°纬度带内。

表 2 -1 显示 1965 年以来世界原油产量呈稳步上升趋势。1965 年世界原油日产量为 31798 桶，到 2012 年原油日产量达 86152 桶，半个世纪的时间产量翻了一倍有余。在此期间，1965 ~1975 年是原油产量显著增长的十年，年均增长率分别达 7.6%。从六大产油区的整体产量来看，有三大显著变化：第一，北美原油总产量增长缓慢，在世界原油总产量中的占比下降。北美地区日均产油量虽然总体上呈上升趋势，但是世界原油总产量中的占比却呈下降趋势。1965 年北美地区原油生产量为 1029.6 万桶/天，约占世界原油总产量的 1/3；到 1985 年，北美地区原油日均产量增加到 1530.5 万桶，在世界原油日均产量中的比例下降到 26.6%；2012 年，原油产量为 1555.7 万桶/天，占世界原油总产量的比例不足 1/5。第二，欧洲及欧亚大陆原油产量在 1965 ~1985 年迅速增加，随后产量保持稳定，原油产量占世界原油产量的比例基本维持在 20% 左右。第三，第三世界国家及新兴经济体原油产量增长迅速。1965 年以来原油产量增长最为显著的为中东地区，产量从 1965 年的 838.7 万桶/天增长到 2012 年的 2827 万桶/天，其次为亚太和非洲地区。

《BP 世界能源统计 2013》显示：从世界主要产油国来看，2012 年原油产量的增长中石油输出国组织（organization of petroleum exporting countries，OPEC）的贡献约占约 72.1%。尽管由于国际制裁，伊朗原油产量有所下降（减 68 万桶/天），但利比亚产量（增 100 万桶/天）的激增几乎弥补了欧佩克 2011 年的全部损失。2012 年全球原油产量名列前茅的国家中，沙特阿拉伯以 5.5 亿吨的年产量仍位居世界第一位，同比增长 3.7%；俄罗斯以 5.3 亿吨的年产量居世界第二位，同比增长 1.2%；美国产量大幅增长 13.9%，达 3.95 亿吨，稳居世界第三位，但美国新增的产量并非来自传统原油，大多来自北达科他州巴肯页岩或得克萨斯州的鹰福特页岩全新的页岩油产区，日趋成熟的水力压裂和水平井技术伴随着页岩气革命的到来使这些地区的非传统石油产量得到大幅提升①。

① 资料来源：http：//www.china-consulting.cn/news/20131025/s92192.html。

表 2-1　　世界六大产油区原油产量及比例　　单位：1000 桶/天，%

		1965	1975	1985	1995	2005	2012
北美	生产量	10296	12549	15305	13799	13709	15557
	占比（%）	32.4	22.6	26.6	20.3	16.72	17.5
中南美洲	生产量	4334	3698	3720	5782	7325	7359
	占比（%）	13.6	6.6	6.5	8.5	8.9	9.2
欧洲及欧亚大陆	生产量	5644	10988	16436	13811	17551	17211
	占比（%）	17.7	19.7	28.6	20.3	21.4	20.3
中东	生产量	8387	19733	10645	20266	25518	28270
	占比（%）	26.4	35.3	18.5	29.8	31.1	32.5
非洲	生产量	2240	5047	5433	7111	9902	9442
	占比（%）	7.0	9.0	9.5	10.5	12.1	10.9
亚太地区	生产量	899	3808	5921	7281	8008	8313
	占比（%）	2.8	6.8	10.3	10.7	9.8	9.6
合计	生产量	31798	55822	57459	67900	82014	86152
	占比（%）	100	100	100	100	100	100

资料来源：《BP 世界能源统计 2013》。

2.1.2 世界原油资源消费状况

《BP 世界能源统计 2013》的统计数据显示：自 20 世纪 60 年代以来，世界原油日均消费量和年度消费量呈明显的上升趋势，2012 年，世界原油日均消费量和年度消费总量分别为 8977.4 万桶和 41.3 亿吨，比 2011 年增长 0.9%。但世界原油消费量并不直接由各个国家的原油产量和国际价格决定，而主要取决于世界宏观经济形势和各个国家的经济发展程度和发达程度。例如，图 2-1 可以看出 1965～2012 年世界原油日均消费量和年度消费量有两个较为明显的下降期：分别为 1973～1975 年和 1979～1982 年。而这两个原油消费低谷分别与两次世界经济危机有关。

1973～1975 年的世界经济危机首先从英国开始，扩及美国、西欧和日本。在这期间，西方发达国家的工业生产普遍大幅下降，整个资本主义世界工业下降了 8.1%，其中钢铁工业下降 14.5%，汽车工业下降了 18.6%。以美元为中心的资本主义货币体系瓦解和中东石油战对发达国家的打击，使得 1973～1975 年世

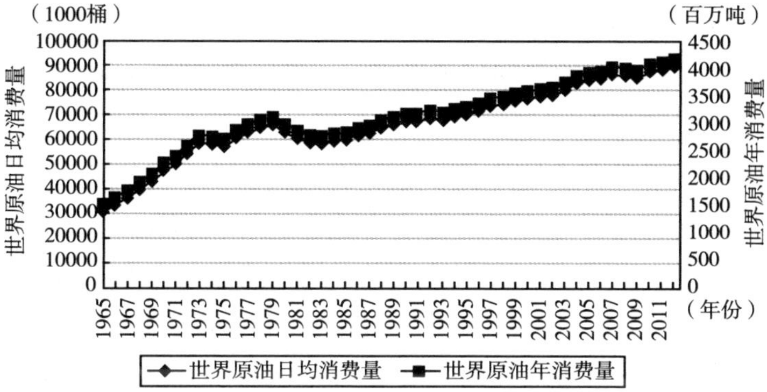

图 2－1　世界原油日均消费量和年度消费量

资料来源：《BP 世界能源统计 2013》。

界原油消费量锐减。在 1975～1979 年持续滞胀后又于 1979～1982 年发生了更为严重的世界性经济危机。它于 1979 年 7 月从英国开始，接着波及北美大陆和日本等主要资本主义国家。在此期间，工业生产下降幅度除日本（4.1%）、法国（7.4%）外，其他大国都在 11.8%～22%之间（郁威，2008）。由此可见，世界原油消费量与世界宏观经济形式和国家经济发展状况直接相关。

由表 2－2 世界六大产油区原油消费比例统计表可以看出世界原油消费具有以下特点：

（1）发达经济体原油消费较多，但所占比重和消费量呈现递减趋势。世界六大产油区中，北美和欧洲及欧亚大陆是世界原油消费的主力，如 1965 年，北美原油消费量占世界原油消费的 40%，欧洲及欧亚大陆占 37.9%；但到 2012 年，二者的原油消费量占比分别下降到 24.6% 和 21.3%，发达经济体原油消费量的下降与发达国家经济在世界经济中的占比下降和新能源的研发推广密不可分。

（2）发展中经济体原油消费量较少，但增速较快。世界六大产油区，除北美、欧洲及欧亚大陆以外，中南美洲、中东、非洲及亚太地区从 1965 年以来原油消费量和占比呈逐年递增趋势。而这些经济体中的力量多为发展中国家，可见，发展中国家经济的崛起是该地区原油消费快速提升的主要推动力量。

（3）各经济体内部消费不均。就单个国家而言，消费量最大的国家是美国，其次是中国。从消费和生产的情况看，目前中国原油对外依存度达 50% 以上，之后依次是日本、印度、俄罗斯、巴西、德国、韩国和加拿大。从消费增量来看，金砖四国的消费增量占世界原油消费增量的 68%，其中比例最大的中国占比 37%，超过了美国的消费增量。

虽然前面提到，一国的原油消费需求与该国的经济成正比，但是同时要清楚地看到，发达国家已经大力支持开发新型能源来代替对原油的需求，而新兴国家在大幅增加原油消费需求总量的背后是对能源的低效浪费。例如，在 2008 年金融危机之后，美国能源新政就缩减了对原油的进口，转而以国内原油生产和生物燃料替代，奥巴马要求以国内石油生产或替代能源来每天替代 1000 万桶石油进口并提高运输燃油效率，在汽油及其他生物柴油中混入 15% 的燃料乙醇，军队使用生物航煤，即使经济复苏之后，美国也不会像以前那般大量进口原油。

表 2 – 2　　世界六大产油区原油消费比例

		1965 年	1975 年	1985 年	1995 年	2005 年	2012 年
北美	消费量（百万吨）	620.0	897.6	842.7	952.6	1130.5	1016.8
	占比（%）	40.9	33.2	29.9	29.0	28.9	24.6
中南美洲	消费量（百万吨）	81.6	134	151.1	203.1	241	302.2
	占比（%）	5.38	4.96	6.18	6.18	6.16	7.32
欧洲及欧亚大陆	消费量（百万吨）	574.7	1092.6	1082.2	948.4	962	879.8
	占比（%）	37.9	40.5	28.9	28.9	24.6	21.3
中东	消费量（百万吨）	47.7	73	147.8	210.1	292.7	375.8
	占比（%）	3.2	2.7	6.4	6.4	7.5	9.1
非洲	消费量（百万吨）	28.0	49.9	83.6	106.0	138.5	166.5
	占比（%）	1.9	1.9	3.2	32.2	3.5	4.0
亚太地区	消费量（百万吨）	164.0	454.0	505.7	867.3	1146.9	1389.4
	占比（%）	10.8	16.8	26.4	26.4	29.3	33.6
合计	消费量（百万吨）	1516.2	2701.1	2816.2	3287.6	3911.6	4130.5
	占比（%）	100.0	100.0	100.0	100.0	100.0	100.0

资料来源：《BP 世界能源统计 2013》。

目前，中国的能源利用低效现象并未得到改观。根据有关数据，在 2008 年，我国的能源利用效率在 33% 左右，这比发达国家要低约 10 个百分点，其中电力、钢铁、有色、石化、建材、化工、轻工、纺织 8 个行业主要产品单位能耗平均比国际先进水平高 40%，机动车油耗水平比欧洲高 25%，比日本高 20%，单位建筑面积采暖能耗相当于气候条件相近发达国家的 2 ~ 3 倍。我国以汽车和房地产快速进入家庭为代表的消费升级直接拉动了国内原油的第一和第二大消费需求。其中来自交通运输和化工方面的消费需求分别约占中国国内原油消费需求的 68% 和 17.5%①。

2.1.3　世界原油进出口状况

世界经济增长和原油资源分布不平衡是世界原油贸易的主要推动力量。尽管原油出口国家国内消费量增加，但国际原油贸易仍不断增长。全球原油贸易量由 2000 年的 16.6 亿吨提高到 2007 年的 19.8 亿吨，年均增幅 2.8%。但受全球金融危机影响，2008 年世界原油消费量同比下降 0.6%，相应的全球原油贸易量比 2007 年下降 0.7%，降为 19.70 亿吨。

由表 2 - 3 世界各国原油进出口贸易状况统计可以看出，在世界原油贸易中，中东和苏联仍是重要的出口地区，非洲和中南美洲的出口量也在逐年增长。原油出口流向仍以发达国家为主，但向发展中国家的出口量逐年增加。如中东原油出口占世界原油出口总量的份额近年来有所下降，由 2000 年的 55.3% 下降到 2008 年的 49.9%，到 2012 年下降到 45.7%。得益于俄罗斯原油产量的迅速提高，俄罗斯原油出口占世界原油出口贸易的份额大幅增加，由 2000 年的 9.5% 提高到 2008 年的 17.6%，到 2012 年仍然保持 15.7% 的份额。西非的原油出口份额则略有增加，分别由 2000 年的 10.7% 提高到 2008 年的 12.5%，到 2012 年提高到 13.5%。中南美洲的原油出口份额略有下降，由 2000 年的 6.9% 下降到 2008 年的 5.3%。北非原油出口所占比例基本持平，由 2000 年的 6.6% 下降到 2008 年的 6.5%。以上 5 个地区的原油出口贸易占世界原油出口量的九成以上。

---

① 资料来源：国家能源局 http：//www.gov.cn/jrzg/2009 - 02/26/content_1244274.htm。

表 2-3　2012 世界各国及各地区原油进出口状况　单位：百万吨

国家和地区	进口	出口	国家和地区	进口	出口	国家和地区	进口	出口
美国	424.0	1.1	中东	11.1	881.1	印度	177.1	<0.05
加拿大	25.7	121.7	北非	9.3	106.8	日本	186.7	<0.05
墨西哥	<0.05	64.4	西非	<0.05	261.1	新加坡	47.3	0.6
中南美洲	19.6	156.9	东南非洲	14.2	4.3	亚太其他地区	237.4	38.3
欧洲	474.9	19.1	澳大利亚	28.7	13.6	世界总量	1927.3	1927.3
苏联	<0.05	302.0	中国	271.3	1.3			

资料来源：《BP 世界能源统计 2013》。

目前，美国和欧洲的原油进口在世界原油进口贸易中占主导地位，2012 年原油进口贸易额分别为 42400 万吨和 47490 万吨，占世界原油进口贸易总量的 22.0% 和 24.6%，但占世界原油贸易的份额逐年下降。中国和印度的进口量和进口份额逐年上升，到 2012 年原油进口贸易额分别为 27130 万吨和 17710 万吨，占世界原油进口贸易总量的 14.1% 和 9.2%。

2.2 生物燃料概念界定及理论分析

2.2.1　生物质、生物质资源和生物质能源

生物质（生态学中常译为生物量）是在讨论生物能源时常用的一个术语，它是指地球上所有活的和死的生物物质以及新陈代谢产物的总称。

生物质资源包括：所有动物和植物及其排泄物、农业和林业的废弃物、食品加工和林产品加工的下脚料、餐饮业的残羹、城市固体废弃物、生活污水、工业废水等。据估算，地球上每年生产的生物质资源总量约 1400 亿～1800 亿吨（干物质）。生物质资源是储存太阳能的独特单元，其内部蕴含着巨大的生物质能，而这些能量最初来源于自养生物的光合作用。生物质资源作为唯一可再生碳源，兼具无净碳排放、硫含量低和可生物降解等环境友好以及廉价的特点。

生物质能源（也可称为生物能源）是指能够提供可更新能源供应品——生

物燃料的主要构成部分，用以生产热能、动能和电能的那部分生物质资源。需要注意的是，（1）生物质资源都是潜在的生物质能源，但两者并不等同，只有当生物质资源是用来生产人类所需的热能、动能和电能时才能被称为时生物质能源；（2）生物燃料是人类所要利用的那部分生物质能源的载体（刘瑾，2008）。

英文词“biofuel”大多译为“生物燃料”，生物燃料由生物质原料转化而来，包括生物气态燃料（如生物氢）、生物液体燃料（如生物乙醇）、生物固体燃料（如薪柴）和生物质发电（如沼气发电）等。它涵盖了所有以农林产品或其副产品、工业废弃物、生活垃圾等生物有机体及其新陈代谢排泄物为原料制取的燃料。但大多数情况下“biofuel”用来专指生物乙醇、甲醇和生物柴油之类的液态生物燃料。因为液态生物燃料产品被认为是汽油和化石产品的最佳替代或补充，中文文献中有时将之统称为“生物燃油”。目前最普遍的生物燃料为生物柴油（产自植物油）和生物乙醇（产自糖和淀粉作物），这也是本文的主要研究对象。

生物燃料和常用化石燃料在能量密度、生产能耗、碳含量比率、碳释放量、碳排放减少量五个方面都有明显的区别。通过表 2－4，我们不难看出，生物燃料尽管在能量密度方面稍逊于化石燃料，但是两者在生产能耗方面相差无几，而生物燃料在碳减排方面的贡献是化石燃料无法比拟的。

表 2－4　　常用化石燃料和生物燃料性能比较

燃料	来源	能量密度	生产能耗	碳含量比率	碳释放量		碳排放减少量
					使用过程	生产和使用过程	
低硫柴油	原油	48.6	0.26	0.86	0.065	0.082	0.000
柴油	原油	48.6	0.20	0.86	0.065	0.078	0.000
无铅汽油	原油	51.6	0.19	0.86	0.061	0.072	0.000
可燃油	原油	54.2	0.19	0.86	0.058	0.069	0.000
无烟煤	煤	31.0	0.10	0.92	0.109	0.120	0.000
甲醇	天然气	22.4	0.20	0.51	0.083	0.100	0.000
乙醇	原油	35.0	0.20	0.52	0.050	0.070	0.000
油菜籽油	油菜	43.0	0.29	0.55	0.047	0.061	0.061
生物柴油	油菜	43.7	0.44	0.61	0.051	0.074	0.074
	回收菜籽油		0.19	0.61	0.051	0.061	0.061
甲醇	木材热解	25.0	1.00	0.51	0.075	0.150	0.150

续表

燃料	来源	能量密度	生产能耗	碳含量比率	碳释放量		碳排放减少量
					使用过程	生产和使用过程	
生物乙醇	小麦	35.0	0.46	0.52	0.054	0.080	0.080
	玉米		0.29			0.070	0.070
	甘蔗、甜菜		0.50			0.082	0.082
	木屑		0.57			0.086	0.086
	秸秆		0.57			0.086	0.086
木炭	木材	29.0	1.00	1.00	0.126	0.253	0.253

资料来源：邓勇等（2008）。

2.2.2 第一代生物燃料和第二代生物燃料

根据原料与生产技术的不同，生物燃料又可分为以玉米、小麦等为原料的第一代燃料乙醇、以甘蔗、甘薯、木薯为原料的第1.5代燃料乙醇和以纤维素为原料的第二代燃料乙醇。目前，发展第一代生物燃料技术与工艺已经非常成熟，但面临两个问题，一是原料成本太高，特别是生物柴油，原料几乎构成了成本的70%；二是第一代生物燃料大多以粮食作物为生产原料，由此引起许多人对粮食安全的担忧。因此，第一代生物燃料进一步的发展需要进一步对原料技术进行改进、评估生物质资源潜力、加强原料作物选育与基因改造及规模化种植（养殖）、废弃油脂等可再生资源的收集与利用等研究。

与第一代生物燃料相比，纤维素乙醇的原料来源更加广泛，综合性能更加优良。相对于第一代生物能源，第二代生物能源的优势在于：减少了与常规农业尤其是粮食和饲料生产的冲突；扩大了品种范围及原料来源，降低了生产成本。其难点在于：相对于较为成熟的第一代生产技术，第二代技术工艺复杂性增强，能源转化率低、研发成本大。

目前纤维素乙醇生产成本较高，涉及原料的收集、运输、储存与预处理、纤维素降解、五碳糖转化、基础设施建设和运行等（邓勇等，2008）。发展纤维素乙醇，必须在以下方面加强研发工作：利用基因工程技术和现代农业育种方法培育可利用的战略能源作物、将废弃生物质资源变废为宝、完善预处理工艺、构建与培育高效发酵菌株、提高木糖发酵和纤维素降解的效率等。此外，积极探索与其他高附加值化学品协同生产以提高生物质资源生产全过程的经济可行性。

目前，美国、巴西和欧盟等一些国家已经形成了较为完善的生物燃料产业链，第一代生物燃料的生产工艺已经相当成熟，但第二代生物燃料的生产技术还未获得突破性进展，大规模的商业化生产尚不可能。表 2－5 简要对比了两代生物燃料在原材料使用、转化技术和各自的优缺点。

表 2－5　　第一代生物燃料和第二代生物燃料的特点比较

	代表产品	原料	转化技术	优点	缺点
第一代生物燃料	生物乙醇	富含单糖、寡糖或淀粉的生物质	微生物发酵	技术与工艺较成熟，具有一定商业化基础	缺乏原料优势；环境等负面影响有待评估
	生物柴油	富含动植物油脂的生物质	酯交换		
第二代生物燃料	维生素乙醇	富含维生素、半维生素的生物质	预处理—酶降解—糖化发酵	原料来源丰富、可利用率高、产品性能好	技术与工艺发展尚不成熟；生产成本高
	生物合成柴油	几乎所有可利用的固态生物质	热裂解—化工精炼		

资料来源：邓勇等（2008）。

2.2.3　生物燃料的发展动因

据国际能源署（International Energy Agency，IEA）统计，2008 年全球生物燃料日均产量约为 135 万桶，2013 年生物燃料日均产量增至 195 万桶，生物燃料占到非 OPEC 国家能源供应增幅的大部分比重。生物燃料近年来的强劲发展主要取决于以下几方面。

2.2.3.1　世界原油资源的有限性及分布不均衡

原油是目前世界交通运输体系的动力来源，因此，原油的产量和价格对世界各国的能源交通市场影响深远。《世界能源统计 2009》指出：2008 年世界原油探明储量下降显著，若按照 81088 千桶/天的开采速度估计，全球原油储量仅可供继续开采 41.6 年。另外，世界原油资源的地理分布极不均衡。中东的原油储量约占全球原油储量的 61.3%，远远超过世界其他地区，而沙特阿拉伯是中东地区石油储量最为丰富的国家，约占世界原油总储量的22.6%。石油储量的有限性及分布的不均衡性影响着全球原油贸易市场的供求关系，促使许多国家迫切寻找新能源或替代能源从而实现能源独立。

2.2.3.2 世界原油价格持续走高

到2008年底，国际原油价格持续走高态势已逾七年，这也是纪录中高油价持续时间最长的时期。2008年7月世界原油最高价格甚至一度飙至147美元/桶，虽然2009年国际原油价格较去年最高位已有大幅回落。从长期来看，伴随着国际经济的回暖，原油需求将会大幅增长，油价仍有再度冲高的空间，加快开发新能源和可再生能源是当今世界各国能源发展不可回避的任务。

2.2.3.3 世界各国环保意识的提高

统计数据显示，1983年以来，全世界的原油日消费量逐年增长，由1983年日消费量不足6000万桶的上升至2005年的8245.9万桶。一次能源在其生产和使用的过程中对环境的危害是巨大的，以原油产品中的汽油为例，其在燃烧过程中释放的大量废气中含有150~200种不同的化合物，有害成分包括未燃烧或燃烧不完全的CO、CO_2、CH、NOx、SO_2、H_2S以及微量的醛、酚、过氧化物、有机酸和铅、磷污染物等，其中，CH、NOx是光化学烟雾的主要成分，酸性气体SO_2、NOx是酸雨形成的主要来源物，而温室气体CO_2对整个地球环境造成了一系列负面的连锁反应，导致人类生存环境恶化，威胁人类身体健康。而与原油、煤炭等一次能源相比，生物能源可以大幅度减少碳氧化物、硫氧化物的排放量，降低污染，保护环境。

2.2.3.4 世界各国能源消费需求持续增长

据IEA（2010）预计，到2015年世界原油需求平均每年将增加近13万桶/天。随着经济的复苏，世界对于原油产品需求与日增长的趋势只会提高，不会减弱。而世界原油的储量有限，分布不均，且对环境的破坏性不可低估，刺激世界各国寻求更清洁、可再生的能源来替代原油产品。

化石燃料的不可再生性以及对环境的危害性使得世界各国把目光聚焦到可再生、低污染的生物燃料上。生物燃料作为一种碳中性燃料，具有可持续性，被认为是化石燃料最理想的替代品。1987 年世界环境与发展委员会在《我们共同的未来》报告中第一次阐述了可持续发展的概念，发展生物燃料的理念开始赢得国际社会的广泛关注和认可。

2.2.4　生物燃料的原料和成本比较

生物乙醇的原料包括粮食和糖蜜两大类，其中粮食又包括薯类和谷类，薯类包括木薯、甘薯、马铃薯等；谷类包括玉米、小麦、大米、谷子、高粱等；糖蜜包括甘蔗和甜菜两大类。从生物乙醇发展来看，各国均基于本国的资源优势生产生物乙醇，例如美国使用玉米，巴西使用甘蔗，法国使用甜菜糖蜜，泰国使用木薯和甘蔗，我国使用玉米、小麦和甘薯，同时由于生产生物乙醇的原材料往往价值较低、不宜运输，因此不同的国家在不同的地区原料侧重点也不同（史济春和曹湘洪，2007）。

表 2－6　　不同原料的生物燃料成本比较

原料	总成本（美元/升）	原料成本（美元/升）	生产成本（美元/升）	单位面积原料产量（吨/公顷）	所需原料（吨/吨）	单位面积产量（吨/公顷）	能量投入产出效率
玉米（美国）	0.56	0.23	0.33	5.29	2.82	1.87	1∶1.30
小麦（欧洲）	0.75～1.27	0.22～0.34	0.53～0.93				1∶1.20
甜菜（欧洲）	0.83～1.22	0.20～0.32	0.63～0.90				1∶1.90
甘蔗（巴西）	0.47	0.127	0.34	63.97	13.31	4.81	1∶9.0
二代纤维素乙醇（柳枝稷，美国）	0.52～0.63	0.087～0.097	0.43～0.53	10	2.5	4.00	1∶10

资料来源：邓勇等（2008）。

表 2－6 不同原料的生物燃料成本比较显示，以甜菜和小麦为原料的生物乙醇成本较高，这也是欧洲重点发展生物柴油忽视生物乙醇的原因之一。而以玉

米、甘蔗以及柳枝稷为原料的生物乙醇成本较低，目前国际汽油价格一般不低于5美元/升，其价格高于以甘蔗为原料的生物乙醇，因此，巴西的生物乙醇产业无须政府的政策扶持即可实现产业化和商业化。二代纤维素乙醇虽然生产成本略高，但原料成本最低，能量投入产出效率最高，随着二代纤维素乙醇技术的改进和生产成本的降低，其未来发展潜力极大。

目前，我国生物乙醇的生产成本较高，以玉米和陈化小麦为原料的生物乙醇的成本为4400～4500元/吨，以甘蔗和鲜木薯为原料的成本为3300元/吨左右，以甜高粱为原料的生产成本预计为2600元/吨左右。基于此，国家要求我国生物燃料乙醇项目要注重经济性，通过采用先进工艺技术，提高综合利用水平，降低成本。

2.3 世界玉米行业发展分析

玉米别称玉米蜀黍，又有苞谷、苞粟、苞米、苞芦、棒子、玉茭、六谷、珍株米、观音粟等称谓，它是1492年哥伦布发现美洲新大陆的同时，把玉米带入西班牙，并相继传入欧洲、亚洲、非洲、澳洲直至全球种植，至今已有500多年的历史。玉米是世界上三大粮食作物之一，又是重要的饲料和工业原料，在世界粮食生产中一直占有十分重要的地位，获得了迅猛发展。据世界粮农组织统计，1950年全球玉米种植面积已达0.8亿公顷（约占19.7亿亩），亩产由104千克提高到244千克。

2.3.1 世界玉米发展概述

玉米是世界上三大粮食作物之一，也是最重要的谷类作物之一，它分布广泛且环境适应性强，从炎热的赤道到寒冷的北极圈附近，从海平面以下26米的盆地到海拔3000多米的高原，到处都可种植玉米。其中，美国的玉米带、我国的东北三省和黄淮平原、欧洲的中部和南部、南美的阿根廷等，都属于世界玉米的主产区。在当今，玉米在国民经济和人民生活中的重要性日益提高，人均占有玉米数量已经成为衡量一个国家畜牧业发展和人民生活水平的标志之一。

由于玉米是公认的高光效作物，含热丰富，故其生产潜力非常突出。如能把玉米的光能利用率提高到 4%，据推算，玉米的理论产量每亩可达 3500 千克左右。不仅如此，作为精粮的玉米，营养价值还很丰富。据分析，每千克玉米籽粒含脂肪 43 克，热量 15281 千焦，高于其他谷类作物；蛋白质含量仅次于小麦和小米，但比大米高；维生素 B2（核黄素）的含量也比其他谷类作物高，此外，黄玉米中还含有维生素 A 和维生素 C，营养价值极高。

玉米是重要的饲料，有“饲料之王”之称。无论是籽粒还是茎叶，玉米都称得上是优质的饲料。其中，从抽穗到乳熟所收获的鲜茎叶，含丰富的维生素，可作青饲料；乳熟到蜡熟所收获的鲜茎叶和果穗，铡细可作青贮饲料；和豆类混作同时收割可作青饲料或青贮饲料，营养更丰富；果穗收获后的茎叶，晒干后可作干饲料，脱粒后的玉米芯，经加工粉碎，也是较好的粗饲料，可谓“一身无废物，全身都是宝”。

在工业上，玉米具有很广泛的用途，可制成酒精、啤酒、乙醛、醋酸、丙酮、丁醇等 250 多种工业品。据报道，每 100 千克玉米籽粒可制成玉米粉 77 千克、淀粉 63 千克、葡萄糖 71 千克、面筋 21 千克、油渣饼 3.6 千克、酒精 44 升、油 1.8 ~2.7 升，此外，玉米芯可提取糠醛，秆可造纸及做隔音板等。果穗苞叶可编结日用工艺品。

据有关资料统计，1951 年全世界玉米播种面积占谷物总面积的 14.3%，总产量占 19.3%，至 1986 年玉米播种面积已上升到 17.8%，总产量所占比例上升到 25.8%，其重要地位由此可见一斑。

FAO（2011）统计资料显示，在世界玉米生产国中，面积以美国为最大，达 0.28 亿公顷，占世界玉米总播种面积的 21.3%；其次是中国，为 0.19 亿公顷，占世界玉米总播种面积的 14.6%；第三位是巴西，为 0.1 亿公顷，占世界玉米总播种面积的 9.5%。玉米产量最高的也为美国，生产量占全球总量的 40% 左右。其他生产地区主要是中国、巴西、法国等地。美国有一个玉米盛产带（corn belt)，包括艾奥瓦州、伊利诺伊州、印第安纳州和俄亥俄州。这四个州生产的玉米不仅占据了美国国内总产量的一半，还是世界玉米的供给来源地。由于水分对于玉米的生长十分重要，而美国这些地区表层以下的土壤能预先储存适当的水分，正好补充了玉米在生长季中雨量的不足，保证了最高的收成率。近 20 多年来，世界玉米生产不断向前发展，全世界玉米的播种面积平均每年扩大 100 万公顷。

目前世界上有许多国家已把发展玉米作为农业生产的重要手段。美国的农业实际上就是以玉米为支柱，如 1985 年美国总产达到 2.2 亿吨，占其粮食总和的一半以上；法国的农业也是从抓玉米开始的，在第二次世界大战后的 20 年时间里，由粮食进口国改变为粮食出口国，单产由 1950 年的 83 千克发展到 1986 年的 388 千克。在东南亚，泰国是一个以水稻生产为主的国家，近年来随着国际玉米价格的暴涨，在保证水稻产量的同时也积极地发展玉米生产。现今，世界玉米面积已经发展到 1.3 亿公顷。从世界范围看，扩大面积的可能性已经不大，提高单产成为发展玉米的唯一途径。

玉米的生产不仅向着专业化和区域化发展，也正在向机械化和化学化迈进。如美国在 1940～1975 年的 35 年时间里，玉米亩产从 100 千克提高 到 350.5 千克，每生产 50 千克玉米从用工 2.1 个减少到 0.1 个，劳动效率提高了 20 倍。

单产每年约增加 2%，总产平均每年提高 3%，1979 年全世界玉米的收获面积超过 1.2 亿公顷，仅次于小麦和水稻，居第三位；总产低于小麦而高于水稻；平均亩产 218.1 千克，居所有作物之冠。另据资料统计，在 1980～1985 年的 5 年中，世界谷物产量增长 18.61%，而在同期内小麦增长 17.5%，水稻增长 20.4%，玉米增长 20.7%，增长幅度高于上述两种作物。就单产而言，希腊居世界第一位，为 8865 千克/公顷；其次是法国，为 5817 千克/公顷；南斯拉夫和罗马尼亚为 5262 千克/公顷；我国居第五位，为 3748 千克/公顷。玉米总产的位次排列情况依次是：美国第一，为 2.7 亿吨，占世界总产的 43.6%；中国第二，为 700 万吨，占 13.6%，巴西、南斯拉夫分列第三第四。

2.3.2 世界玉米生产状况

全球玉米分布极为广泛，有 100 多个国家生产玉米，但大部分国家产量不大。美国中部和中国东北部是世界最重要的玉米生产地，其次世界玉米生产主要集中在巴西、欧洲、墨西哥等 3 个国家和地区。玉米生产与国家产业政策息息相关，例如，1996 年美国政府颁布了新的农业法案，极大地带动了农场主的生产热情，玉米播种面积显著持续增加，1997 年玉米播种面积达到 4.5 亿亩，产量也攀升至 2 亿吨，稳居世界第一位。1999 年，美国玉米产量将近 2.5 亿吨，占全球玉米总产量的 40.3%；2009 年，美国玉米总产量首次突破 3 亿吨，达 3.3 亿吨，创美国玉米总产量的最高水平，占全球玉米总产量的 40.7%，随后几年玉米产量有所下滑。

图 2－2 表明中国是世界第二大玉米生产国，总产量几乎年年翻新。1978 年我国玉米产量首次突破 5000 万吨；1991 年玉米产量突破 1 亿吨大关，是 1978 年的 2 倍；1998 年玉米产量达到历史最高纪录，达 1.3 亿吨。进入新世纪以来，中国玉米产量更是取得突破性进步。尤其是 2004 年以来，玉米产量连年递增，从 2003 年的 1.2 亿吨增长到 2012 年的 2.06 亿吨，年均增长率达 9%，远远超过水稻和小麦的产量增长率，在十年的时间里，产量几乎翻了一倍。南美的巴西、阿根廷和墨西哥也是世界传统玉米生产国，良好的地域和种植环境是玉米长期稳产高产的重要因素，三国总产量长期稳定在全球的 10% 左右。其中巴西产量稳定在 3000 万吨左右，阿根廷和墨西哥产量总和基本与巴西持平。欧洲的玉米生产主要集中在欧洲南部平原，其产量约占全球总产量的 10% 左右。

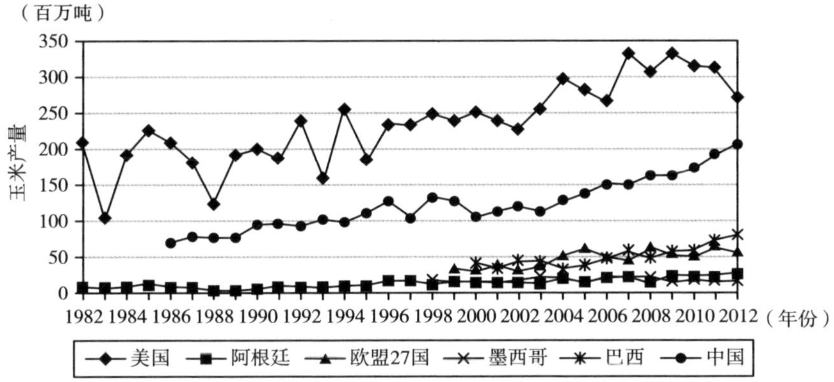

图 2－2　世界主要玉米生产国玉米生产状况

资料来源：USDA。

2.3.3　世界玉米消费状况

由于玉米植株和籽粒在组成成分方面具有多种用途，使得玉米具有广泛的利用价值。尽管玉米是世界三大粮食作物之一，但世界玉米总产量中直接用作食粮的只占玉米总产量的 1/3，其余部分大部分用于饲料、工业加工等方面：

2.3.2.1 直接食用

玉米是世界上最重要的粮食作物之一，现今全世界约有三成人口以玉米为口粮，其中亚洲人的食物组成中玉米占 50% 的比重，多者达 90% 以上，拉丁美洲占 40%，非洲占 25%。相较于其他粮食作物，玉米的优点明显：如玉米的含热量高于大米、面粉及高粱，脂肪含量高于面粉、小米和大米，蛋白质含量高于大米，但缺点也较为明显，如粘性小、颗粒大、食味差。在城市及较发达地区，玉米是调剂口味不可缺少的食品，但在生活水平较低的地区，玉米是重要的口粮。随着玉米种植技术和品种不断更新换代，玉米的食用品质不断改善，新的玉米食品如速食玉米、玉米面、玉米片、特制玉米粉等随之产生，并可进一步制成面包、面条、饼干等，这些产品在国内外市场上极受推崇。

2.3.2.2 饲料用途

玉米素有“饲料之王”之美誉。据报道[①]，100 千克玉米的饲用价值相当于 120 千克高粱、135 千克燕麦或 150 千克籼米。在食料与肉食的转化率方面，以玉米为主要成分的饲料，每 2~3 千克即可换回 1 千克肉食。玉米秸秆也是重要的饲料作物，可制成青贮饲料。世界上超过一半的玉米都用作饲料，发达国家的比例甚至超过 80%，因此，玉米是重要的饲料来源，是畜牧业赖以发展的重要基础。

2.3.2.3 工业加工用途

玉米籽粒是重要的工业原料，初加工产品和副产品可作为基础原料进一步加工利用，如穗轴可生产糠醛；而深加工可生产二三百种产品，例如玉米淀粉、酒精、啤酒、玉米糖、玉米油等。另外，玉米的副产品秸秆可以培养生产食用菌，苞叶可编织提篮、坐毯、地毯等手工艺品，广受欢迎。

中国和美国不仅是世界上最大的玉米生产国，同时也是世界上最大的玉米消费国。表 2-7 显示，2000 以来，美国国内玉米消费量呈现显著的递增趋势。2000 年玉米消费量为 198.1 万吨，2012 年为 263.6 万吨，占世界玉米总消费量

---

① 资料来源：博亚和讯网 http：//www.boyar.cn/article/2007/07/12/93147.2.shtml。

的 30.6%。2000 年以来中国玉米消费量增长趋势显著，从 2000 年的 118 万吨，增长到 2012 年的 202 万吨，占同年世界玉米总消费量的 23.4%。巴西虽然没有美国和中国较大的玉米消费量，但玉米消费量亦呈逐年递增趋势，从 2000 年的 34.5 万吨，增长到 2012 年的 53 万吨，占同年世界玉米总消费量的 6.1%。饲料消费一直在玉米总体消费中占据较大比重，2000 年。饲料消费在美国、中国、巴西整个玉米消费中的占比分别为 77.9%、77.1%、88.4%；但到 2012 年，中国和巴西的饲料用玉米依然维持在 71.3% 和 84.9% 的水平，但美国饲料用玉米的占比却下降到 41.8%。出现这一差异的原因在于，美国近年来大力发展玉米质燃料乙醇，约有 90% 的燃料乙醇以玉米为原料。而中国现在虽然燃料乙醇产量居世界第二位，但除玉米质燃料乙醇外，还有部分小麦和水稻以及非粮燃料乙醇，巴西的燃料乙醇生产则主要以甘蔗为原料。

表 2-7　　世界主要玉米消费国玉米消费情况　　单位：万吨，%

	玉米总消费量			饲料用玉米消费量			饲料用玉米占比		
年份	美国	巴西	中国	美国	巴西	中国	美国	巴西	中国
2000	198.10	34.50	118.00	148.40	30.50	91.00	74.92	88.41	77.12
2001	200.94	34.80	123.30	148.96	31.50	92.00	74.13	90.52	74.61
2002	200.75	37.50	125.90	141.30	32.00	96.00	70.39	85.33	76.25
2003	211.64	36.30	128.40	147.20	30.50	97.00	69.56	84.02	75.55
2004	224.65	38.50	131.00	156.43	32.10	98.00	69.64	83.38	74.81
2005	232.06	39.50	137.00	156.34	33.00	101.00	67.38	83.55	73.72
2006	230.67	41.00	145.00	142.02	34.50	104.00	61.57	84.15	71.72
2007	261.63	42.50	149.00	150.21	36.00	105.00	57.42	84.71	70.47
2008	259.27	45.50	152.00	131.63	38.50	107.00	50.77	84.62	70.39
2009	281.59	47.00	165.00	130.17	40.00	118.00	46.23	85.11	71.52
2010	285.01	49.50	180.00	121.80	42.50	128.00	42.74	85.86	71.11
2011	279.02	50.50	188.00	115.46	43.00	131.00	41.38	85.15	69.68
2012	263.58	53.00	202.00	110.06	45.00	144.00	41.76	84.91	71.29

资料来源：USDA。

2.4 本章小结

原油是目前世界上最重要的一次能源之一，原油产品复杂多样，其不仅是能源的主要供应者，与现代交通工业发展和燃料能源供应息息相关，同时也是材料工业的重要支柱，原油产品基本渗透了工业生产的各个部门，另外原油产品还促进了农业的发展，也是新兴材料的主要原材料。同为一次非可再生资源，有着明显的稀缺性，由于原油比煤炭、天然气等其他一次能源有着更广泛的应用范围和分布不均衡性，被誉为“工业的血液”的原油成为重要的战略资源。

原油的分布从总体上来看极端不平衡：从东西半球看，约 3/4 的原油资源集中于东半球，西半球约占 1/4；从南北半球来看，原油资源主要集中于北半球；从维度分布来看，主要集中在北纬 20°～40°和 50°～70°两个纬度带内。波斯湾和墨西哥湾以及北非油田均处于 20°～40°内，该带集中了 51.3% 的世界原油储量；50°～70°纬度带内有著名的北海油田、俄罗斯伏尔加及西伯利亚油田和阿拉斯加湾油区。这种分布的不平衡和稀缺性导致原油价格上涨问题和原油贸易摩擦问题日益突出。

世界原油储量有限且分布不均衡、世界原油价格与日俱增、化石燃料对环境的巨大危害以及世界各国对能源消费需求的增长致使世界各国致力于新能源的研究和推广，燃料乙醇在这样的背景下得以迅速发展。以甘蔗、玉米以及柳枝稷为原料的生物乙醇生产成本较低，在巴西、美国、中国等国家备受推崇；而以甜菜和小麦为原料的生物乙醇生产成本较高，这也是欧洲国家忽视生物乙醇，重点发展生物柴油的原因之一。

美国 90% 的燃料乙醇生产以玉米为原料，每年约消耗美国年内玉米总消费量的 40%。而美国是世界上最大的玉米生产国、消费国和出口国，因此大量玉米被用作燃料乙醇生产是国际玉米价格上涨的一大推动因素。燃料乙醇的出现，使得原油价格与玉米价格的单向影响关系通过燃料乙醇的中介变得复杂化。

第 3 章

我国能源与玉米行业发展分析

3.1

我国原油行业发展现状

原油即石油，也称黑色金子，是一种由各种烃类组成的黑褐色或暗绿色黏稠液态或半固态的可燃物质。原油主要被用来作为汽油和燃油，而汽油和燃油组成世界上最重要的一次能源。原油也是许多化学工业产品，如化肥、塑料、溶剂、杀虫剂等的重要原料，在世界各国经济发展和社会稳定中起着极其重要的作用。

人类正式进入原油时代是在 1867 年。这一年原油在一次能源消费结构中的比例达到 40.4%，而煤炭所占比例下降到 38.8%。原油需求的增长和原油贸易的扩大起因于原油在工业生产中的大规模使用。第一次世界大战以前，原油主要被用于照明，主要产油国美国和俄罗斯同时也是主要的消费国。在第一次世界大战中，原油的战略价值已初步显现出来，由于原油燃烧效能高，轻便，对于军队战斗力的提高具有重大战略意义。20 世纪 20 年代，由于原油成为内燃机的动力，原油需求和贸易迅速扩大。截至 2002 年 1 月 1 日，全球原油估算探明储量为 1413.09 亿吨，沙特阿拉伯为世界石油储量之首。2001 全球原油产量为 31.8 亿吨，排名前 5 位的国家依次为俄罗斯、沙特阿拉伯、美国、中国和挪威。其中俄罗斯和中国产量分别增长了 9% 和 1.8%，俄罗斯取代沙特阿拉伯成为世界第一大产油大国，而中国也从上年的第五位升至第四位。石油是“工业生产的血液”，是重要的战略物资，世界产油国为了维护自身利益，于 1960 年 9 月成立石油输出国组织，简称欧佩克（OPEC），现有 13 个成员：伊拉克、伊朗、科威特、沙特阿拉伯、委内瑞拉、阿尔及利亚、厄瓜多尔、加逢、印度尼西亚、利比亚、尼日利亚、卡塔尔及阿拉伯联合酋长国。总部设在奥地利首都维也纳。欧佩克石油蕴藏量最新达到1133亿吨，占世界总储量近80%。

3.1.1 我国原油资源分布状况

图3-1显示我国原油资源集中分布在松辽、渤海湾、塔里木、鄂尔多斯、准噶尔、柴达木、东海大陆架和珠江口八大盆地，原油可采资源量约为172亿吨，占全国原油探明储量的81.1%[①]。

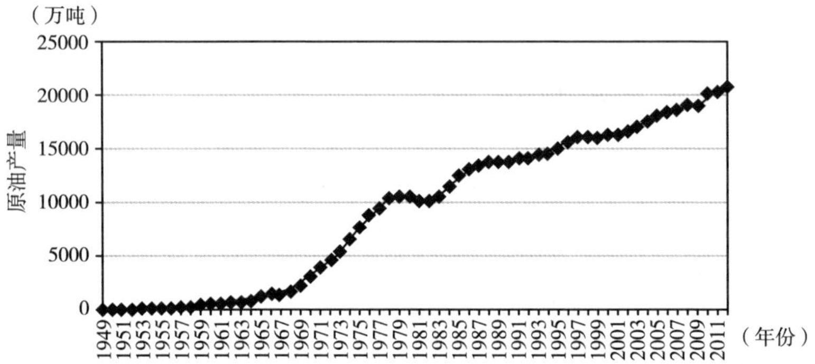

图3-1 我国天然原油年产量

资料来源：国家统计局。

从原油资源分布的地理环境看，我国原油可开采资源有76%分布在浅海、平原、戈壁和沙漠。从原油资源的分布深度看，我国原油可开采资源有80%集中分布在浅层地带（<2000米）和中深层地带（2000~3500米），而深层（3500~4500米）和超深层（>4500米）原油储量较少。从原油资源的品位看，我国原油可开采资源中优质资源比重为63%，低渗透资源比重为28%，重油比重为9%。

统计数据显示[②]，2012年我国原油新增技术可开采储量2.7亿吨，同比增长7%；新增地质探明储量15.2亿吨，同比增长13%，是新中国成立以来第十次也是连续第六次超过10亿吨的年份。自20世纪50年代初期以来，我国先后发现

① 资料来源：中国煤炭资源网 http://www.sxcoal.com/sy/318664/articlenew.html。

② 资料来源：网易财经 http://money.163.com/13/0327/17/8R07QTIV00253B0H.html。

油田 500 多个，并在全国 82 个主要的大中型沉积盆地展开油气勘探。

另外，我国原油资源分布极为不均，呈现出东多西少、北多南少的特点。同时我国原油品质较差，开采难度较大。我国超过 44% 的原油资源分布在地理环境复杂、气候恶劣的区域，如湖沼、山地、沙漠和高原等。约 1/4 埋藏在地下 3500 米以下，这些不利因素都极大制约着我国原油资源的开采和利用。我国的几大油田有大庆油田、胜利油田、辽河油田、克拉玛依油田、四川油田、华北油田、大港油田、中原油田、吉林油田、长庆油田、江汉油田、江苏油田、青海油田、塔里木油田、吐哈油田、玉门油田、冀东油田、滇黔桂石油勘探局、中国海洋石油南海东部公司。

3.1.2　我国原油生产状况

图 3 -1 我国天然原油产量图可以看出新中国成立以来我国原油产量总体上呈上升趋势，但在不同阶段又呈现出显著的阶段性特征。1949 ~ 1955 年，我国天然原油年产量基本维持在 100 万吨以下；1956 ~ 1978 年是我国原油产量的快速增长期，年产量从 1956 年的 116 万吨增加到 10405 万吨，22 年的时间里原油产量翻了 89.7 倍；1979 ~ 1984 年，我国原油产量处于徘徊期，年产量较前期并无显著增加。1985 年至今，我国原油产量保持平稳上升的态势，但每年的增长量不大，年均增长量仅为 305.8 万吨。

尽管我国原油产量每年仍保持一定的上升趋势，但老区产量递减、新区产量不足，开始出现青黄不接的现象。东北的松辽盆地和华北的渤海湾地区一直是我国石油生产的主力，但近年来由于原油储量下降和开采难度的增加等原因，这些原油主产区出现不同程度的产量下滑现象。而新的石油替代区由于其石油探明储量亦不足有效接替老区的生产，新增储量明显不足，使得近些年我国年均原油产量仅有 1.7% 左右，国内原油生产被动局面越来越凸显。

根据图 3 -2 国家发展和改革委员会最新公布的统计数据显示，2012 年我国生产原油 2.0748 亿吨。从省份情况来看，原油产量最大的省份依次是：黑龙江 4001.5 万吨，占比 19.3%；陕西 3523.6 万吨，占比 17.0%；天津 3028.8 万吨，占比 14.6%；山东 2778.9 万吨，占比 13.43%；新疆 2656.0 万吨，占比 12.8%。这五个省份的产量占比累计 77.2%。

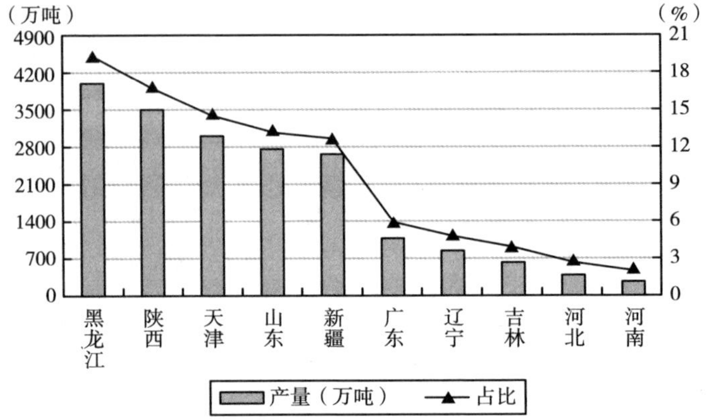

图 3－2　2012 年我国原油生产主要省区市情况

资料来源：和讯网。

它们的产量实际上和我国油气资源的分布状况是一致的。黑龙江的大庆油田是我国第一大油田，年产量在 5000 万吨以上。陕西的延长油田有我国大陆上的第一口油井——“延 1 井”，2005 年延长石油集团重组后，年产原油产量迅速增长，2007 年后开始跨入千万吨油田行列。此外，天津有大港油田，而山东的胜利油田主要分布在东营、烟台、潍坊、淄博、济南、德州、滨州、聊城等 8 个城市的 28 个县（区）境内，开采范围达 6.1 万平方公里，是我国第二大油田。而新疆的克拉玛油田是 1955 年发现的第一个大油田，原油产量居中国陆上油田第四位，此外新疆还有塔中油田。

3.1.3　我国原油消费状况

国家经济发展离不开能源与动力的支撑，而原油是 GDP 发展的重要推动力量。随着我国经济的增长、GDP 的不断提高，我国对原油的消费量也持续增加。2003 年我国原油消费首次超过日本成为继美国之后的第二大原油消费国。图 3－3 显示 20 世纪 80 年代以来我国原油消费一直呈上升趋势。1980～1995 年原油消费增长缓慢，年均消费增长量仅为 355.1 万吨。1996 年我国原油年消费量首次超过原油年生产水平达 15865.1 万吨，由此我国开始进入原油消费的快速增长期。尤其是进入新世纪以来，装备制造业和重化工业等产业成为我国产业结构的重心，原油产品的需求以更高的速度增长。2011 年，我国原油消费达 43965.8 万吨，是

2000 年 21232.0 万吨的 2 倍，该期间原油消费量年均增长率达 8.9%。原油消费占整个能源消费总量的比重总体上呈上升趋势，同时国内石油生产能力不足，导致了我国石油供求矛盾日益突出。

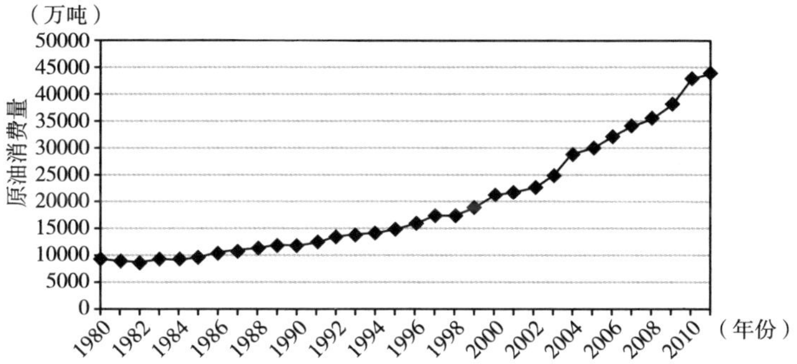

图 3-3　我国天然原油年消费量

资料来源：国家统计局。

3.1.4　我国原油进口状况

图 3-1 和图 3-3 可以看出我国原油供需缺口巨大，对外依存度不断攀升。图 3-4 显示我国从 1993 年变为原油净进口国以来，原油消费量一直居高不下。2009 年原油净进口量达 20379 万吨，为全球第二大原油进口国，石油对外依存度达 53.45%，预计 2020 年我国原油对外依存度可达 57.37%。

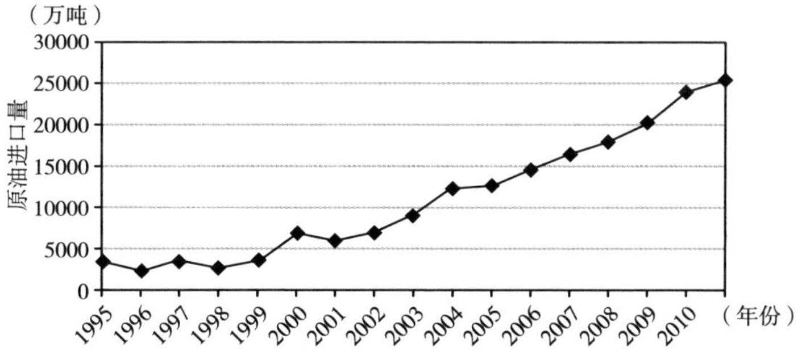

图 3-4　我国天然原油年进口量

资料来源：国家统计局。

据中国海关总署（2013）公布数据显示，2012 年中国共计进口原油 2.71019327 亿吨，同比增加 6.79%。2012 年中国前十大原油来源国分别为：沙特阿拉伯，5391.6 万吨，同比增加 7.2%；安哥拉，4015.2 万吨，同比增加 28.9%；俄罗斯，2432.9 万吨，同比增加 23.4%；伊朗，2192.2 万吨，同比下降 21.0%；阿曼，1956.7 万吨，同比增加 7.8%；伊拉克，1568.4 万吨，同比增加 13.9%；委内瑞拉，1529.1 万吨，同比增加 32.8%；哈萨克斯坦，1070.4 万吨，同比下降 4.5%；科威特，1048.9 万吨，同比增加 9.9%；阿拉伯联合酋长国，874.4 万吨，同比增加 29.8%。随着我国汽车保有量的不断增加，我国的石油消费继续呈现刚性上升的局面，原油对外依存度也不断攀升。节能环保、开发可再生能源、能源多元化，与原油进口多渠道，应该成为当前我国能源政策的共同选项。

尽管从国外进口原油是缓解我国原油供求矛盾的重要举措，但原油进口渠道安全与否是事关我国能源安全的重大问题。原油进口安全隐患主要表现在两个方面：第一，从我国进口原油的主要来源看，我国原油进口主要来自中东、非洲地区。中东地区又是中国第一大原油进口地区，占中国进口原油总量的一半以上（贾文瑞等，2002）。然而中东、非洲地区社会动荡，国际政治经济局面混乱，频频发生武装冲突和恐怖事件，一些发达国家为了控制这些石油产出地，更是尝试各种手段，加重了该地区政局的混乱情况。第二，从我国进口原油的渠道来看，目前中国进口原油的主要渠道是东部沿海地区的海轮运输，其中绝大部分的原油运输通过马六甲海峡（李果仁，2005）。而这一“海上咽喉”却并不太平。近期频频发生的海盗攻击运油船的事件，为我国原油安全敲响了警钟。同时一旦国际形势有变，原油供应极有可能由于政治因素和战争因素被切断。这样我国原油安全将受到极大威胁。

上述对于我国原油分布、生产、消费及进口状况的分析可以看出，我国原油资源暴露出来的主要问题有：第一，生产能力有限，但需求量巨大，导致供求矛盾突出。第二，原油对外依存度过大，原油进口渠道、来源单一，受制于大国。第三，我国原油战略储备体系不完备，石油储备与欧美等国相比还有较大差距。

3.2 我国玉米产业发展现状

3.2.1 国内玉米生产状况

3.2.1.1 我国玉米种植区域分布

中国的玉米种植面积有3亿亩左右。分布在约24个省、市、自治区。包括黑龙江、吉林、辽宁、河北、山东、山西、河南、陕西、四川、贵州、云南、广西等省区。全国玉米分为六个种植区：北方春播玉米区，以东北3省、内蒙古和宁夏为主，种植面积稳定在650多万公顷，占全国36%左右；总产2700多万吨，占全国的36%左右。黄淮海平原夏播玉米区，以山东和河南为主，种植面积约600多万公顷，约占全国32%，总产约2200万吨，占全国34%左右。西南山地玉米区，以四川、云南和贵州为主，面积约占全国的22%，总产占18%左右。南方丘陵玉米区，以广东、福建、台湾、浙江和江西为主。种植面积为全国的6%，总产不足5%。西北灌溉玉米区，新疆维吾尔自治区和甘肃省一部分地区。种植面积约占全国的3.5%，总产约占3%。青藏高原玉米区，青海省和西藏自治区海拔高，种植面积及总产，都不足全国的百分之一。

玉米生产在我国各地区分布并不均衡，主要集中在东北、华北和西南地区，大致形成了从东北到西南的狭长形玉米栽培带。种植面积最大的省份为山东、吉林、河北、黑龙江、辽宁、河南、四川七省。表3-1表明我国玉米种植形式多样，主要以春玉米和夏玉米为主，春玉米主要分布在黑龙江、吉林、辽宁、内蒙古、宁夏全部玉米种植区，河北、陕西两省的北部，山西省大部分和甘肃省部分地区，西南诸省的高山地区和西北地区，其共同特点是由于纬度及海拔高度的原因，积温不足，难以实行多熟种植，以一年一熟春玉米为主。相对于夏播区，大部分春播区玉米生长期更长，单产水平也更高。夏玉米主要集中在黄淮海地区，包括河南全省、山东全省、河北省的中南部、陕西省中部、山西省南部、江苏省北部、安徽省北部、西南地区的部分面积。

表 3－1　　国内玉米种植区划分　　单位：%

种植区	分　布	面积占比
北方春播玉米区	黑龙江、吉林、辽宁、宁夏和内蒙古的全部，山西的大部，河北、山西和甘肃的一部分	36
黄淮海夏播玉米区	位于北方春玉米以南，淮河、秦岭以北	32
西南山地丘陵玉米区	四川、贵州、重庆、广西和云南、湖北和湖南西部。陕西南部及甘肃的一小部分	22
南方丘陵玉米区	广东、海南、福建、浙江、江西、台湾等全部，江苏、安徽的南部，广西、湖南、湖北的东部	6
西北灌溉玉米区	新疆的全部和甘肃的河西走廊以及宁夏河套灌溉区	3.5
青藏高原玉米区	青海和西藏	0.5

资料来源：布瑞克农产品数据库。

3.2.1.2　我国玉米播种面积和单产现状

国内玉米播种面积整体上呈递增趋势，增幅在近十年尤其明显。2000 年国内玉米总播种面积为 2306 万公顷，2011 年为 3354 万公顷，增幅达 45.5%。图 3－5 显示 2012～2013 年度玉米播种面积最大的省区依次为黑龙江、吉林、河北、山东、河南、内蒙古、辽宁等，这 8 个省区玉米播种面积占全国玉米总播种面积的 66.0%。同时，近几年来，国内玉米发展速度最快的省份当属东北地区，黑龙江是玉米播种面积最多的省份，2012～2013 年玉米播种面积达 573 万公顷，较 2006 年上涨 133.2%。

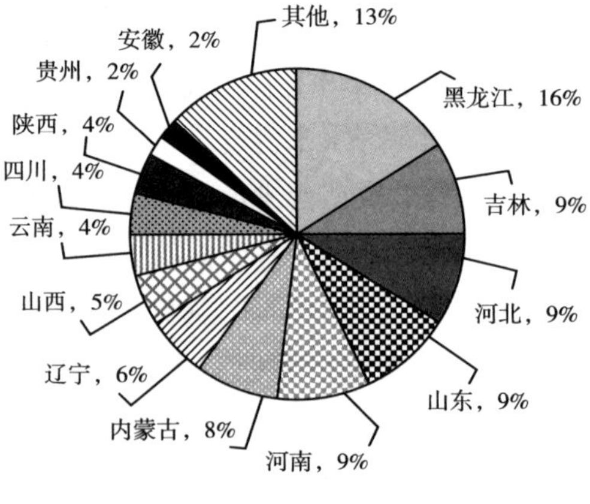

图 3－5　我国 2012～2013 年度玉米分省份播种面积

资料来源：布瑞克农产品数据库。

图 3－6 显示改革开放以来，我国玉米单产整体上呈上升趋势。尤其是 1980 年以后玉米产业进入发展时期，也是玉米单产增速最快的时期。主要原因在于：一是国家采取一系列有利于玉米发展的政策和措施，特别是家庭联产承包责任制和收购价格的提高，极大地激发了农民的生产积极性，国家继 1979～1984 年粮食收购价平均每年上涨 12.1%，1986～1989 年又上涨了 14.9% 之后，1992～1996 年均再次上涨 23.3%。二是确立了玉米在饲料中的主导地位，特别是进入 20 世纪 90 年代后玉米发展为粮食、饲料、经济兼用作物，需求量大增，拉动了玉米生产。三是技术创新和扩散在玉米增产中发挥重要作用，包括采用抗病、高产杂交品种，提高种子纯度；增施肥料，主要是化肥用量大增，肥料品种更加齐全，施肥技术优化。80～90 年代是我国玉米单产增长率最大的阶段，这一时期玉米单产的提高也见证了国内科技水平的大幅度提高。但同时我们也应该看到我国三大主力粮食品种中，水稻和小麦单产已经接近发达国家水平，而玉米单产差距依旧较大。美国和法国等发达国家玉米单产在 9000～10000 公斤/公顷，我国目前仅为 5740 公斤/公顷。而 2000～2012 年玉米增产缓慢，近十年的平均单产在 344 千克/亩。进一步讲，单纯依靠改善外界条件（土壤、化肥、农药、机械化等），我国玉米单产继续提升的空间有限，若想取得突破性的进展，对玉米种子进行改进更为有效。

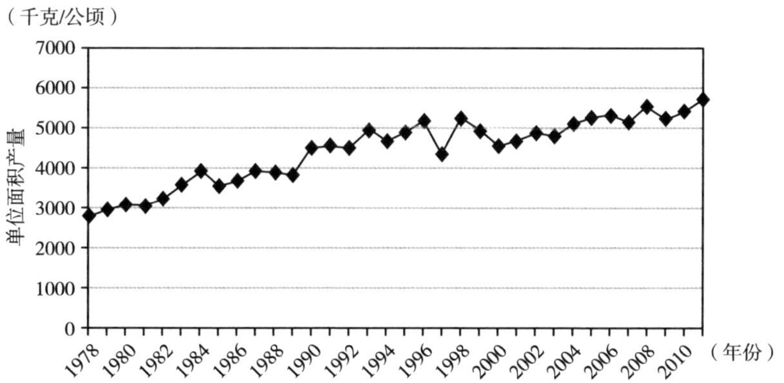

图 3－6　我国玉米单位面积产量走势

资料来源：单位面积产量为作者根据国家统计局网站玉米年度总产量和播种面积计算而来。

3.2.2 国内玉米消费状况

我国不仅是世界玉米的主要生产国，也是玉米的主要消费国，年总消费水平在1.2亿吨左右，约占世界玉米消费总量的19%，从消费结构来看，我国食用、饲用玉米总量稳定增长，但相对比例逐年下降，而工业用玉米的绝对量和相对比例都大幅上调，成为未来玉米消费的主要趋势。

3.2.2.1 我国按地区玉米消费状况

我国玉米消费的一个突出特点就是地区消费分布极不平衡。从玉米主产区和主销区的分布来看，可分为："自给有余"型，主要是玉米带北段的东北平原区。"自给自足"型，主要是玉米带中段的黄淮海平原，区域内消化略有剩余。而"自给不足"型，主要包括长江流域以南及其他地区。由此可以看出我国玉米产业存在产销不匹配的状况，如玉米产区主要集中在东北、华北和西南地区，而消费区主要集中在长江流域以南的地区，该地区虽然玉米产量仅占全国的20%，但由于饲料工业和畜牧业发达，消费量却超过全国总产量的50%。

我国玉米市场这种生产、消费分布不均衡的特点，使得我国玉米市场形成了以东北、华北玉米产区为供应主体、以南方沿海和内陆省区为消费主体的"北粮南运"的格局。进入21世纪以来，随着玉米需求总量的增大和国内市场运力日趋紧张，玉米市场"北粮南运"的格局也将逐步发生变化，长江流域以南地区的玉米需求会在国际市场价格有优势的时机通过适量进口弥补国内玉米供给的不足。同时，为了维持国内玉米市场的供需均衡，北方将在保证国内基本需求的基础上继续保持一定数量的出口，使得我国国内玉米市场在"北粮南运"的基础上，形成"南进北出"的国际新格局。

3.2.2.2 我国玉米分用途消费状况

如前所述，玉米的用途非常广泛，既可作为口粮，又是很好的工业原料。随着经济发展和人民生活水平的提高，我国的玉米消费结构逐渐由过去的以口粮为主向饲料、工业加工为主的多领域、多方向、多层次的消费结构转变。我国玉米消费从用途来看分为食用消费、饲料消费、工业消费和种用消费，其中饲料消费在我国玉米消费中占主导地位。但工业玉米消费属于玉米产业中的朝阳行业，是玉米总消费中增长最快的部分。玉米加工在食品、医药、化工等领域得到了很多应用。而我国玉米加工产业正处于高速成长期，属于国家重点扶持的产业，未来发展前景看好。此外，随着运输方式和储藏条件的改善，玉米的损耗率逐年下降，这也为玉米产业的进一步发展奠定了基础。

玉米工业消费在全国的分布相对较为集中，即主要集中在东北及华北黄淮海产区。其中工业消费玉米量最大的是山东和吉林，其次是黑龙江、河北、河南、内蒙古、辽宁等地区。工业玉米消费主要集中在北方产区，广大的南方销区工业消费数量较少（张智先，2009）。

（1）饲用玉米。

玉米是我国重要的饲料作物，可直接用作猪、牛、羊、鸡等畜禽的饲料，是反刍动物良好的饲料来源。图 3－7 可见，我国饲料用玉米一直保持在玉米总消费量的 70% 左右，占我国玉米消费总量的绝大部分。目前饲用玉米的主要地区有广东、四川、山东、河南、河北等省份，是我国饲用玉米消费量最大的地区；其次是云南、广西、浙江、江苏、黑龙江、吉林、辽宁、内蒙古等地区。饲用玉米消费具有典型的全国性分布特征，覆盖了产区和销区。

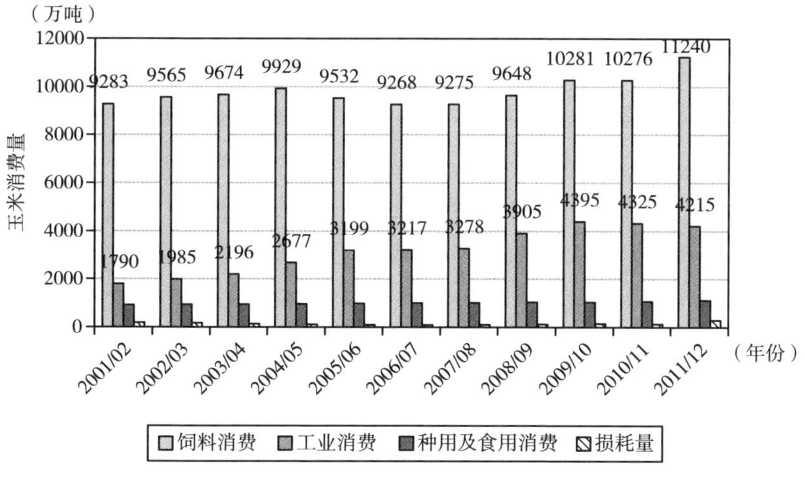

图 3－7　2001～2012 年我国玉米按用途消费状况

资料来源：中国玉米网。其中 2011/12 年的数据为预测值，其余为真实值，2011/12 年是指从 2011～2012 年。

（2）工业用玉米。

玉米深工业的特点是加工空间大、产业链长，产品包括以淀粉及酒精为主。据测算，深加工玉米可比原粮玉米增值 3 ~ 8 倍。我国玉米深加工起步较晚，20 世纪 80 年代以前不足玉米整个消费量的 1%，且加工品档次也较低，80 年代以后玉米工业加工转化的速度明显加快。图 3 – 8 显示，2000 年以来，我国工业用玉米呈稳步上升的态势。从目前来看，我国淀粉和酒精行业中玉米消费量最大。

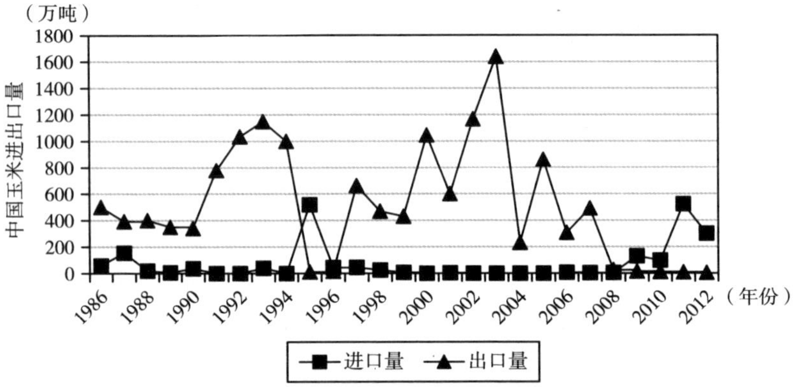

图 3 – 8　1986 ~ 2012 年我国玉米进出口状况

资料来源：国家统计局。

（3）食用玉米。

我国玉米食用消费量和食用种类随居民生活水平的变化而有所变化。20 世纪 80 年代以前，玉米是我国人民的主要口粮来源，约 95% 以上是玉米初级加工食品，即玉米粉、玉米渣等。随着经济发展和人民生活水平的改善，玉米作为口粮的消费量逐年减少。到 20 世纪 90 年代以后，玉米在口粮中的比重大大下降，非口粮用玉米消费量大大提高。进入 21 世纪以来，我国种用及食用玉米消费量基本保持稳定。

3.2.3　我国玉米进出口状况

中国在世界玉米贸易中一直扮演着极其重要的角色，我国玉米进出口业务可以追溯到 20 世纪 60 年代初期。到 80 年代，由于科技的进步和农业结构的调整，玉米产量大增，同时玉米在口粮中的地位逐渐下降，中国玉米生产大部分转供饲料，并开始进入国际市场，中国玉米出口量逐步上升。1986～1993 年，中国成为玉米净出口国，出口量持续增加，并于 1993 年达到玉米出口历史的高峰，出口量达到 1169 万吨，占当年世界玉米贸易总量的 16.2%，是世界上第二大玉米出口国。1994～1996 年中国玉米由净出口国转为净进口国。1997～2008 年，我国在国际玉米市场上一直处于净出口国的地位。其中，2003 年中国玉米出口总量为 1638.9 万吨，达到历史最高水平，比上年同期增长 40.4%。2004 年国家从国家粮食安全和宏观经济发展的角度出发，对玉米进出口政策做出调整，减少玉米出口配额，限制玉米出口，同时取消了对玉米的出口补贴。2004 年中国玉米出口急剧下降，累计出口玉米 232.4 万吨，比上年同期下降 85.9%。2006 年中国玉米出口又大幅下降，比上年减少 554.3 万吨，接近 2004 年的出口水平。2007 年我国玉米出口量大幅下降，2008 年以后更是接近历史最低水平。从 20 多年的玉米出口贸易中我们可以看出：我国玉米出口在世界玉米市场上一度占据重要地位，呈现出出口贸易量大、贸易波动显著的特征。

与我国在玉米出口市场的重要地位相比，中国玉米的进口量相对较少。图 3－8 显示 2009 年以前，除 1995 年、1996 年之外其他年份我国玉米进口量均小于出口量。2003 年起，中国玉米进口量呈逐年上升的趋势，其中 2006 年的进口量是 2003 年的 65 倍。2009 年我国玉米进口量达 130 万吨，自 1997 年以来首次超过出口量，并在 2011 年达到中国玉米进口史上的最高峰，达 523 万吨。

从历年中国玉米进口来源情况看，中国玉米进口国非常集中，主要集中在美国、缅甸、阿根廷等少数几个玉米生产大国。而从玉米的出口地区结构来看，中国玉米出口多集中在中国周边地区，主要包括日本、韩国、印度尼西亚、马来西亚等东亚、东南亚国家和南亚地区，占中国玉米出口量的九成以上。

3.3

我国燃料乙醇发展现状

燃料乙醇是指添加变性剂进行变性处理后，可以混入汽油用作车用点燃式内燃机燃料的无水乙醇，其乙醇体积含量为 92.1%。同时，因其加入了金属腐蚀抑制剂，也只适合作为车用点燃式内燃机燃料。目前，我国销售的乙醇汽油，即为汽油与燃料乙醇按照 90：10 的比例混合后的汽油。

按照技术和工艺的发展进程，目前学术界将燃料乙醇分为三类：第1代的粮食乙醇、第1.5代的非粮乙醇、第2代的纤维素乙醇。粮食燃料乙醇是指基于玉米、小麦等粮食作物为原料，使用传统发酵法获得的燃料乙醇；而非粮燃料乙醇是指使用甘蔗、木薯、红薯、甜高粱秆等经济作物为原料，使用发酵法和工业转化法获得的燃料乙醇。其中第1代和第1.5代燃料乙醇均属于淀粉质燃料乙醇，即将原料中的可发酵糖直接发酵制取乙醇，因此技术上不存在根本差异，当前我国燃料乙醇生产正处于由第1代燃料乙醇向第二代燃料乙醇的过渡阶段。而第2代纤维素乙醇是指使用玉米芯、玉米秸秆等纤维物质为原料，经预处理后通过高转化率的纤维素酶，将原料中的纤维素转化为可发酵的糖类物质，然后经特殊的发酵法制造燃料乙醇，在技术上同粮食乙醇和非粮食乙醇存在较大的差别，第2代燃料乙醇生产技术目前是国内外科研机构和企业的研发重点①。

现阶段我国的燃料乙醇行业实行严格的行业准入制度，已有5家企业获得燃料乙醇定点采购资格，其中吉林燃料乙醇股份有限公司、中粮生化能源（肇东）有限公司、河南天冠燃料乙醇有限公司和安徽丰原生物化工有限公司4家企业主要以玉米、小麦生产粮食乙醇（第1代），广西中粮生物质能源有限公司主要以木薯为原料生产非粮乙醇（第1.5代）。燃料乙醇生产技术及优缺点如表3－2所示。

表3－2　燃料乙醇生产技术及其优缺点

代次	第1代	第1.5代	第2代
产品	粮食乙醇	非粮乙醇	纤维素乙醇
原料	玉米、小麦	木薯、红薯、甜高粱	农、林产品废弃物
核心技术	将淀粉转化为可发酵糖、然后发酵制取乙醇	将淀粉转化为可发酵糖、或直接将可发酵糖类发酵	1. 原材料预处理 2. 高效纤维素酶制取 3. 将纤维素转化为可发酵糖 4. 糖化发酵制取乙醇的工艺
优点	工艺简单成熟	工艺相对成熟	不与人畜争粮、不与粮林争地、资源丰富
缺点	与人畜争粮、资源有限	与粮林争地、资源有限	目前技术尚未普及

资料来源：《2011年燃料乙醇行业分析报告》。

① 资料来源：中国玉米网 http：//chinamaize. com. cn/。

3.3.1　我国燃料乙醇产业的发展历程

我国推广使用燃料乙醇的最初设想始于 1999 年，而国家推广使用燃料乙醇的最初动力并非出于能源安全的考虑，而是未解决中国严重的粮食积压问题。2001 年，根据《国务院关于进一步深化粮食流通体制改革的意见》的有关规定，国家计委、财政部、国家工商总局、国家粮食局、中国农业发展银行制定了《陈化粮处理若干规定》，规定陈化粮必须在县级以上粮食市场公开拍卖，确定陈化粮的用途主要用于生产酒精、饲料等方面。于是在几个粮食主产区，国家规划了几个大的乙醇生产项目，用陈化粮来生产燃料乙醇，以满足车用乙醇汽油所需的变性燃料乙醇[①]。

我国的生物燃料乙醇开发从 2002 年正式在东三省开始试点工作，虽然时间不长，但发展速度很快。2002 年国家计委编制的《车用乙醇汽油"十五"发展专项规划》提出短期内燃料乙醇的试点项目主要以消化陈化粮为主，在技术成熟、进行燃料乙醇的推广时考虑使用商品粮作为变性燃料乙醇生产的原料。2004 年 2 月，经国务院同意，国家发展和改革委员会等八部门联合颁布了《车用乙醇汽油扩大试点工作实施细则》及《车用乙醇汽油扩大试点方案》，把推广使用车用乙醇汽油作为一项国家长期发展的战略性举措。迄今，我国燃料乙醇的生产技术已经较为成熟，东三省、安徽、河南及河北、山东、湖北、江苏的部分地区已经基本实现以燃料乙醇混合到车用汽油替代部分普通无铅汽油。

2006 年国家发展和改革委员会的统计数据显示，我国现有的 4 个燃料乙醇生产试点项目的年生产能力已经超过 100 万吨，其中 20 万吨是其他粮食和薯类植物质燃料乙醇，80 多万吨是玉米质燃料乙醇，粮食类燃料乙醇的原料主要是储备粮中时间比较久的陈化粮。按照我国当前的汽油与燃料乙醇的混配比例，2006 年的燃料乙醇产量可以混配 1020 万吨燃料乙醇汽油，而我国乙醇汽油的消费量已占全国汽油消费总量的 20%。但随着陈化粮使用殆尽和玉米等粮食价格的持续上涨，2007 年 9 月，国家发展和改革委员会发布了《关于促进玉米深加工健康发展的指导意见》，要求各地对在建、拟建项目进行全面清理，并立即停止备

---

① 资料来源：深圳市知识产权局 http://www.sz.gov.cn/gsj/zcwj/zcfg_1_10/fl/200911/t20091106_1222631_14077.htm。

案粮食类燃料乙醇生产项目，对已备案但尚未建的项目全面叫停。

国家叫停以玉米、小麦为主的第一代燃料乙醇的生产，各大生物燃料公司不得不寻找过渡性的非粮原料，在此背景下，甜菜、木薯、甜高粱等原料成为发展的重点。而甜菜、木薯、甜高粱等被视作燃料乙醇的第 1.5 代原料。随着非粮燃料乙醇生产技术的进步，2009 年 6 月，我国首个非粮生物质能源工程技术研究中心在广西科学院正式挂牌成立，这标志着我国非粮生物质能源的研发工作进入新的阶段，2006 ~ 2009 年我国燃料乙醇生产量如表 3 – 3 所示。

表 3 – 3　　2006 ~ 2009 年我国燃料乙醇生产量

企业名称	2006	2007	2008	2009	原料	主要供应区域
河南天冠集团	30	40.2	46.98	49.5	小麦	河南、湖北、河北
吉林燃料乙醇有限公司	60	41.9	48	46	玉米	吉林、辽宁
安徽丰原生物化学股份有限公司	44	34.9	39.82	42	玉米	安徽、山东、江苏、河北
中粮生物能源（肇东）有限公司	10	16.2	15	19.4	玉米	黑龙江
广西中粮生物质能源有限公司	—	—	11.72	16.3	木薯	广西
合计	144	132.2	161.52	173.2		
玉米燃料乙醇占比	80%	69%	64%	62%		

资料来源：《2011 年燃料乙醇行业分析报告》。

3.3.2　影响我国燃料乙醇行业利润水平的主要因素

燃料乙醇的价格及利润水平主要受原材料价格水平、石油价格、技术进步、政府扶持等因素的影响，但各类因素对第 1 代、第 1.5 代和第 2 代的影响程度各不相同。

我国燃料乙醇（第 1 代）的主要原料是玉米，近几年来随着陈化粮的消耗完毕及玉米价格的上涨，即使政府出台了多项税收优惠政策，以粮食为原料的第 1 代燃料乙醇生产企业仍处于亏损状态，毛利率介于 –20% ~ –10% 之间，在政府的弹性财政补贴下可实现 10% ~20% 的毛利，综合净利润约为 12%。由于玉米成本占燃料乙醇成本的比例高达 83.53%，企业难以通过技术进步等取得盈利。

因此，玉米价格、石油价格、政府补贴是第 1 代燃料乙醇盈利水平波动的主要因素。

目前国内非粮乙醇（第 1.5 代）的主要原料是木薯和甜高粱，与粮食乙醇相比，非粮食燃料乙醇目前具有一定的成本优势，但随着木薯价格的上涨，非粮食乙醇的成本已开始增加。虽然国内的木薯种植面积已经超过 700 万亩，但难以满足国内生产燃料乙醇的需要，必须从泰国、越南进口。根据海关的统计，2010 年 1 ~3 月我国进口木薯干 192.4 万吨，较 2009 年同期增长 62.3%。由于我国广西和泰国木薯减产，木薯价格已由 2009 年 2 月的 120.6 美元/吨涨至 2010 年 3 月的 195.3 美元/吨，涨幅达 59%，使燃料乙醇成本由 2450 元/吨涨至 3970 元/吨。由于国际木薯产量在短期内难以大幅度上涨，而燃料乙醇对木薯的需求大幅增加，木薯进口价格上涨必然导致非粮乙醇生产成本逐步上升，从而降低燃料乙醇生产企业的盈利能力。因此，与第 1 代燃料乙醇类似，木薯等原材料价格、石油价格、政府补贴是第 1.5 代燃料乙醇利润水平变动的主要因素。

但目前第 2 代燃料乙醇项目成本主要来自秸秆、玉米芯等直接原材料和酶制剂成本，由于秸秆、玉米芯等农作物废弃物数量庞大，价格短期内不会出现大幅上涨情况，随着技术的进步，酶制剂成本必然大幅度下降，从而提高纤维素乙醇的盈利能力。因此，原油价格上涨和燃料乙醇生产技术的进步是影响纤维素乙醇企业盈利能力的重要因素。

3.3.2.1　有利因素

（1）国家政策扶持。

为了保证能源安全、加强环境保护、国家大力支持燃料乙醇行业的发展，并出台了《中华人民共和国可再生能源法》《生物能源及生物化工非粮引导奖励资金管理暂行办法》《秸秆能源化利用补助资金管理暂行办法》《国务院办公厅关于加快推进农作物秸秆综合利用的意见》《关于变性燃料乙醇定点生产企业有关税收政策问题的通知》等一系列政策，给予燃料乙醇定点生产企业实行减免税、定点销售、产品补贴等优惠政策。

（2）石油资源的有限性与消耗速度加快。

由于石油资源有限，而人类对石油需求量的逐步上升，石油资源逐步枯竭，短期内导致国际油价处于高位，为燃料乙醇的发展提供了较大的利润空间，提高了燃料乙醇的竞争力。长期来看，石油资源枯竭必然要求人类寻找新的能源，对燃料乙醇的需求量必然持续增长，为燃料乙醇行业的长期、快速发展提供保障，国际油价上涨有助于车用乙醇已有的推广和产业化发展。

（3）技术进步。

随着各国对燃料乙醇特别是纤维素乙醇研发投入的增大，燃料乙醇生产中的原材料预处理、酶制剂研制、糖转化、残渣利用技术必然逐步成熟，从而在技术上降低燃料乙醇的生产成本，为燃料乙醇行业的增长提供技术保障。

3.3.2.2 不利因素

（1）成本的上升。

随着各国对燃料乙醇生产的投入力度越来越大，用于生产燃料乙醇的玉米、小麦等原料的数量和价格逐渐上涨，导致粮食乙醇（第1代）的成本逐步上升，生产企业出现亏损，第1.5代非粮食乙醇所需的原料木薯的价格已开始上涨，第2代的纤维素乙醇也有可能因产量的增长，对秸秆、玉米芯等需求增加而导致原材料价格上涨，降低生产企业的盈利能力。

（2）原材料运输半径对单厂产能的限制。

由于秸秆、玉米芯等原材料价格较低，不利于长途运输，因此纤维素乙醇厂家的单厂产能易受区域原材料供应限制，影响企业规模的不断壮大。企业要想扩大产能，必须实行异地设厂或采用拉长产业链，实现循环经济以降低成本。

3.3.3 我国燃料乙醇行业的发展趋势

燃料乙醇在我国尚处于起步阶段，作为新能源产品具有广阔的市场空间。从2001年开始，我国先后在10个省市开始试用车用乙醇汽油，采取地方立法的手段，在试点城市封闭运行。随着近年来试点规模的扩大，我国燃料乙醇产销量迅速增长，2010年产量达到187万吨，成为世界第三大燃料乙醇生产国。国家能源局在2012年年底发布的《生物质能“十二五”规划》中明确指出，2015年生物燃料乙醇产量达到400万吨，这给燃料乙醇行业提供了巨大的发展空间。

燃料乙醇是指添加变性剂进行变性处理后，可以混入汽油用作车用燃料的无水乙醇，具有无毒、可生物降解、提高汽油燃烧度等优势，从而可以大幅降低汽车尾气中碳氧化物、硫氧化物、碳氢化合物等多种大气污染物的排放，改善空气质量，减少雾霾天气出现。在对这一行业进行深入研究的基础上，找出了未来我国燃料乙醇行业将呈现两大发展方向：

第一，改进燃料乙醇的特性。目前各国都采用的是将乙醇以一定比例添加进汽油制成乙醇汽油的方式来使用燃料乙醇。但是乙醇汽油的保质期只有一个月，过期后容易出现浑浊、分层现象，打不着火。这将大大阻碍人们对燃料乙醇的使用。另外，乙醇汽油对环境要求特别高，较普通汽油对储存、运输各环节的要求严格很多，这将大幅增加物流成本。因此，加快实现技术突破，发明出相应的添加剂来改进其属性显得尤为重要。一旦这些问题被克服，市场对燃料乙醇的需求将大增。

第二，以非粮食纤维素制造燃料乙醇将逐渐成为燃料乙醇产业的行业主流。目前我国燃料乙醇企业主要以玉米、小麦等粮食作物为原料，在国际粮食危机和国际粮价飙升的背景下，发展遇到很大“瓶颈”。国家为了保证粮食安全，也已经禁止新建粮食乙醇项目，重点发展非粮燃料乙醇，并努力实现纤维素燃料乙醇的产业化，粮食乙醇不再是我国生物能源发展的主要方向，而以木薯、甜菜、玉米芯等非粮原料生产纤维素燃料乙醇是未来燃料乙醇产业的发展方向。虽然目前我国一些企业在利用纤维素制造燃料乙醇的技术方面取得了突破性进展，但纤维素燃料乙醇的产量和规模并不大。由于其使用的原材料主要是植物废料，因此原料成本具有优势，目前主要难题在于提高转化率来降低其他成本。根据国家原来的规定，生产纤维素乙醇可享受增值税（税率 17%）先征后返和消费税（税率 5%）减免政策，此外每吨纤维素乙醇可获得数量可观的补贴。另外，国家已经取消了民间资本进入燃料乙醇行业的限制。因此未来几年纤维素燃料乙醇有望在政府扶持和大量民间资金支持下得到快速发展。

根据尚普咨询发布的《2013 ~ 2017 年中国燃料乙醇市场分析及投资前景研究报告》显示：燃料乙醇产品符合节能环保的发展方向，在国家的大力扶持下这一产业将快速发展，“十二五”期间燃料乙醇产销量将增长 1 倍以上，燃料乙醇行业将迎来大发展。未来这一产业将出现两大趋势：一是改进燃料乙醇的属性，以增加需求量和节约成本；二是更多采用非食品纤维素作为原料进行生产，以节省粮食、实现食品制造过程中的废物利用。预计，未来几年受这两大因素影响，燃料乙醇行业将出现一次变革。

3.4 本章小结

新中国成立以来我国原油产量总体上呈上升趋势，但在不同阶段又呈现出显著的阶段性特征。1949～1955年，我国天然原油年产量基本维持在100万吨以下；1956～1978年是我国原油产量的快速增长期，年产量从1956年的116万吨增加到10405万吨，22年的时间里原油产量翻了89.70倍；1979～1984年，我国原油产量处于徘徊期，年产量较前期并无显著增加。1985年至今，我国原油产量保持平稳上升的态势，但每年的增长量不大，年均增长量仅为305.84万吨。

尽管我国原油产量每年仍保持一定的上升趋势，但老区产量递减、新区产量不足，开始出现青黄不接的现象。而国家经济发展离不开能源与动力的支撑，原油是GDP发展的重要推动力量。随着我国经济的增长、GDP的不断提高，我国对原油的消费量也持续增加。2003年我国原油消费首次超过日本成为继美国之后的第二大原油消费国。2011年，我国原油消费达43965.8万吨，是2000年21232.01万吨的2倍，该期间原油消费量年均增长率达8.9%。可见，我国从1993年变为原油净进口国以来，原油消费量一直居高不下。2009年原油净进口量达20379万吨，为全球第二大原油进口国，原油对外依存度达53.5%，预计2020年我国原油对外依存度可达57.4%。

在原油资源储量有限、油价居高不下、环境污染日益严重的背景下，各国政府不断更新能源政策，大力发展生物质燃料乙醇，以降低各国经济发展对原油的依存度、提高能源独立性、保护环境。由于燃料乙醇具有无毒且可生物降解的特性，同时作为汽油添加剂可作为增氧剂提高汽油的燃烧度，因此生物燃料的推广在减少原油消耗量、降低原油依赖性的同时，可以起到良好的环境保护的效果。另外，燃料乙醇作为新兴行业，可以充分带动农业、制造业等行业的协同发展，维持社会均衡，因而得到各国政府的青睐而发展迅速。

我国的生物燃料乙醇开发从2002年正式在东三省开始试点工作，虽然时间不长，但发展速度很快。2002年国家计委编制的《车用乙醇汽油“十五”发展专项规划》提出短期内以陈化粮为主开展燃料乙醇的试点项目，在技术成熟、进行燃料乙醇的推广时考虑使用商品粮作为变性燃料乙醇生产的原料。2004年2

月，经国务院同意，国家发展和改革委员会等八部门联合颁布了《车用乙醇汽油扩大试点方案》和《车用乙醇汽油扩大试点工作实施细则》，把推广使用车用乙醇汽油作为国家一项战略性举措。目前，我国生物燃料乙醇生产技术已经成熟，东三省、河南、安徽及河北、山东、湖北、江苏部分地区已经基本实现燃料乙醇混配部分汽油来降低普通无铅汽油的使用量。

我国燃料乙醇60%左右以玉米为原料，燃料乙醇的发展在一定程度上带来了玉米价格的上涨。因此，正确把握原油、玉米、燃料乙醇三者之间的关系，对维护我国能源安全和粮食安全意义重大。

第4章

能源市场与玉米市场价格波动效应理论分析

"能源"的第一层含义是指能量的来源。例如，地球上许多能量的主要来源，太阳光就是重要的能源。"能源"的第二层含义就是含有能量的资源。例如，存在于自然界中的石油、煤炭、天然气等化石燃料，钍、铀等核工业燃料，以及风能、太阳能、生物质能、潮汐等都属于能源；由上述能源加工而成的煤气、煤油、液化气、焦炭、电、沼气等也是能源（林伯强和黄光晓，2011）。

人类利用能源的历史，也就是人类认识和征服自然的历史。人类利用能源的历史可分为五大阶段：（1）火的发现和利用；（2）畜力、风力、水力等自然动力的利用；（3）化石燃料的开发和热的利用；（4）电的发现及开发利用；（5）原子核能的发现及开发利用。人类对能源的利用经历了三次转换：第一次是煤炭取代木材等成为主要能源；第二次是石油取代煤炭而居主导地位；第三次是20世纪后半叶开始出现的能源结构多元化趋势（林伯强和黄光晓，2011）。

而玉米是世界三大粮食作物之一，在食品消费、饲料原料和工业加工等方面占有重要地位。能源安全和粮食安全是世界各国均需面对的重大问题，而频繁波动的能源价格和粮食价格，使得世界各国能源安全和粮食安全面临严峻挑战。为缓解一次能源危机、确保能源独立性，新能源，尤其是生物能源得以重视和发展。由于目前世界约有三分之二的燃料乙醇生产以玉米为原料，因此生物能源的出现和发展也使得能源与粮食价格间的波动关系及其作用机制呈现出不同的特征。本章将在分析影响能源价格与玉米价格波动的因素基础上，探索能源市场与玉米市场价格波动的效应理论，以期为后续研究奠定坚实的理论基础。逻辑框架如图4－1所示。

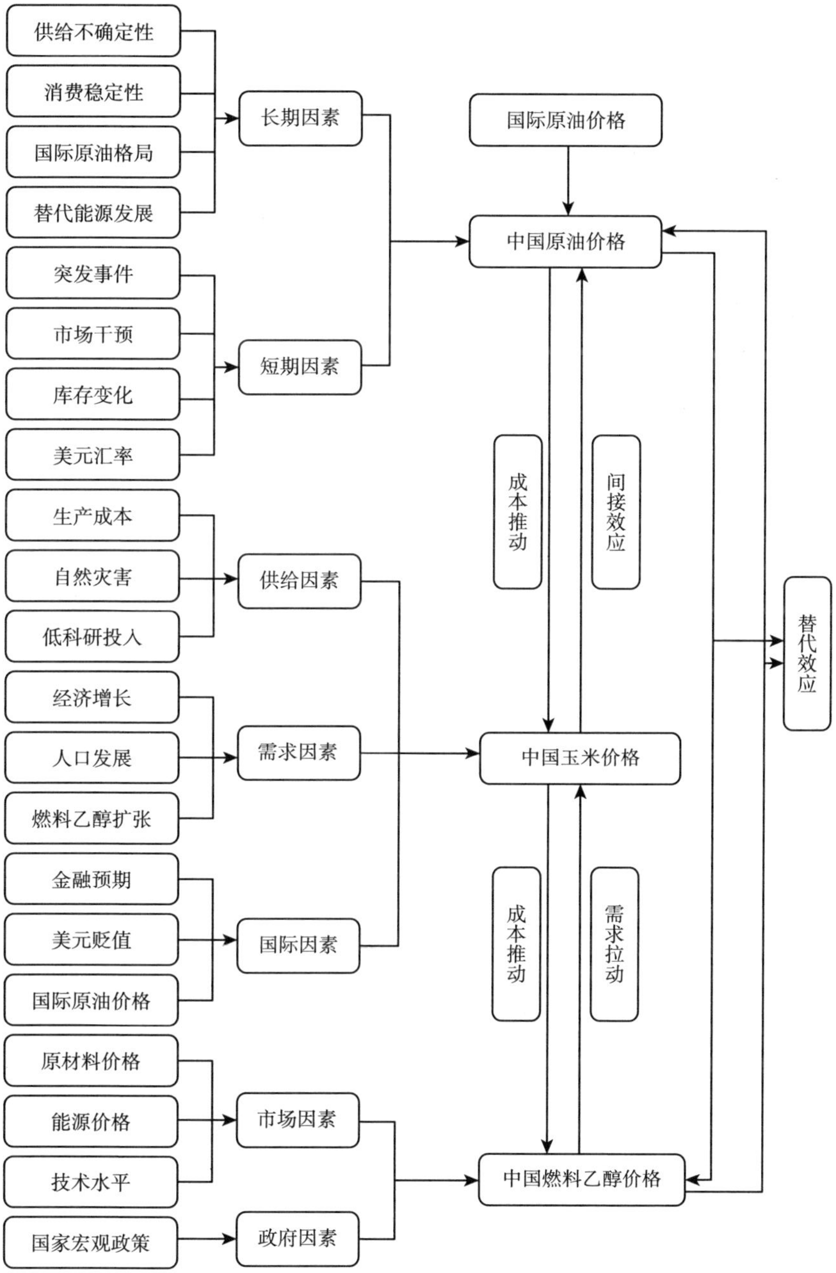

图 4－1　能源与玉米价格波动影响因素及作用机制示意图

4.1 原油价格波动及其影响因素分析

4.1.1 世界原油定价体系及价格波动状况

随着世界原油市场的开放程度不断加深和原油贸易的日趋国际化，当前众多原油长期贸易合同中原油价格均采用公式计算法，即选用一种或几种参照原油的价格体系为基准价格，再加原油贸易升贴水，其基本公式为：P = B + W。其中，P 为原油最终结算价格，B 为基准价格，W 为贸易升贴水。值得注意的是原油参照价格并不是某个具体时间某种原油的真实成交价，而是综合成交前后一段时间的原油现货价格、期货价格，或某报价机构的报价按比例计算出来的价格，原油定价参照的油种叫基准油。不同贸易地区所选基准油不同。例如，出口到欧洲或从欧洲出口的原油，基本是选英国北海布伦特原油（brent）；出口到北美或从北美出口的原油，主要选美国西得克萨斯中质原油（WTI）；而中东出口远东则参照阿曼和迪拜原油、出口欧洲参照英国北海布伦特原油、出口北美参照美国西得克萨斯中质油。

4.1.1.1 英国北海布伦特原油定价体系

英国北海布伦特原油市场是欧洲发展较早且较为完善的原油市场，其原油市场既有现货市场，又有期货市场。由于该地区原油市场发育比较成熟，英国北海布伦特轻质原油已经成为该地区原油出口和向该地区出口原油的基准参照油。英国北海布伦特原油交易市场主要包括的地区有：西北欧、地中海、北海、非洲以及部分中东国家如也门等。英国北海布伦特原油现货价格可分为两种：第一种为即期布伦特现货价（dated brent），即指定时间范围内指定船货的价格；第二种为远期布伦特现货价（15 days brent）。即指定交货月份，但并未确定具体交货时间的船货价格，其具体交货时间由卖方至少提前 15 天通知买方。

4.1.1.2 美国西得克萨斯原油定价体系

除欧洲原油市场外，美国和加拿大同样拥有较为成熟的原油市场。其主要交易方式为 NYMEX 交易所交易，价格波动频繁，成交非常活跃。在该地区交易或向该地区出口的原油定价主要以美国西得克萨斯中间基原油 WTI（west texas intermedium）为基准，如沙特阿拉伯向美国出口的阿拉伯轻油、阿拉伯中油、阿拉伯重油，厄瓜多尔出口美国东部和墨西哥湾的原油和贝里超轻油。

4.1.1.3　中东迪拜、阿拉伯联合酋长国原油定价体系

中东地区原油主要出口远东、北美和西欧地区。其定价中参照的基准原油通常取决于其原油的出口方向。但中东产油国出口油定价方式有别于英国北海布伦特原油定价体系和美国西得克萨斯原油定价体系，其原油定价分为两类：一类是出口国自己公布价格指数，石油界称为“官方销售价格指数”（简称：“官价”或 OSP）；另一类是与基准油挂钩的定价方式。从 OSP 的定价机制可以看出，原油价格指数受所在国政府的政策导向影响较大，包括政府对市场趋势的判断和随之采取的相应对策；参照基准油定价的中东国家也区分不同市场。OSP 是 1986 年欧佩克放弃固定原油价格之后才出现的，如当前亚洲市场的多数原油现货交易与 OSP 价格挂钩。也有一些国家在参照原油的选择上，对所有市场只选用一种参照原油，但会根据不同市场选择不同的升贴水。如科威特对出口不同市场的原油，其参照定价原油均为阿拉伯中质油，但其针对不同的出口方向对阿拉伯中质油的升贴水则不同。

图 4－2 显示世界三大原油定价体系：英国北海布伦特原油定价体系、美国西得克萨斯原油定价体系和中东迪拜、阿拉伯联合酋长国原油定价体系的原油价

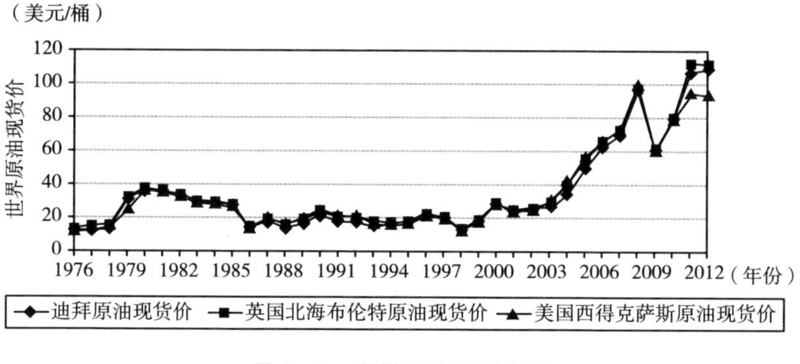

图 4－2　世界原油现货价格

资料来源：《BP 世界能源统计 2013》。

格走势呈高度相关性。2000 年以前，世界原油价格波动不大，2000 年以后，除 2008 ~ 2009 年世界原油价格出现较大幅度的下跌外，2000 ~ 2012 年世界原油价格均呈现高位运行态势。

4.1.2 世界原油价格波动的影响因素

影响国际原油价格波动的因素可以从短期和长期的视角分析。短期因素通过影响市场心理预期而对原油价格产生影响，往往以突发事件的形式发生。长期因素则是通过影响原油供求关系而影响原油价格的走势（林伯强和黄光晓，2011）。

4.1.2.1 短期影响因素

原油是一种不可再生的稀缺性资源，因此，在短期内我们一般认为原油是一种供给和需求都缺乏弹性的商品，即在短期内原油的供需无法根据价格变化而进行及时有效的调整供需具有一定的粘性，这是短期内原油价格波动剧烈的根本原因。另外，市场干预、突发事件、美元汇率、库存变化和市场投机等因素通过影响市场心理造成原油市场短期价格波动。

4.1.2.2 长期影响因素

（1）供给的不确定性。

由于原油储量和产量变化均面临较大的不确定性，从而对原油长期供应状况的判断也面临较大的不确定性。这种不确定性包括：第一，原油的储量和可开采量是不确定的；第二，受制于原油工业规模化、专业化和自然垄断的特性，原油生产往往滞后于市场信息，出现原油供应和市场周期不同步的现象。

（2）消费的相对稳定性。

原油是一国经济发展及国民收入的重要物资投入，原油消费与经济增长息息相关。但相较于原油价格的大幅波动，原油需求的变化相对平缓。随着经济发展、技术进步，经济结构、能源结构的调整，原油的需求价格弹性会发生相应的变化。但长期来看，在一段相对时期内，一国经济发展达到一定水平后，其原油的消费弹性将会保持在一个相对稳定的水平。

（3）国际原油市场格局的演化。

进入 21 世纪以来，国际原能源消费结构日趋多元化，国际原油市场的供需格局也发生了一些调整。随着原油消费量的逐步攀升，原油价格也不断攀升，原油供需之间维持着一种短期且脆弱的平衡状态过高的原油价格会带来诸如激化国际争端、抑制市场需求、带来经济的衰退给整个原油产业链甚至世界经济造成沉重打击。另外，由于原油资源的不可再生性，过高的原油价格会刺激世界各国积极寻求替代品。因此，长期来看，国际原油格局对世界原油消费和原油价格影响较大。

（4）原油替代能源的发展。

当前世界各国经济发展高度依赖一次能源的消耗，使得各国经济出现较大的能源价格弹性和需求脆弱性。因此，当能源的价格不确定性增大时，企业或居民将会通过减少能源使用量或寻求替代能源等方式应对过高的能源价格。从经济学的角度来讲，能源替代可以通过劳动力、资本、技术和相关能源之间的替代来实现，如能源技术创新；寻求不同形式的替代能源，如生物乙醇对汽油的替代。但是，不论何种形式的能源替代，都取决于不同能源间的相对价格。

4.2 燃料乙醇价格波动及其影响因素分析

4.2.1　燃料乙醇价格波动

“新能源”和“可再生能源”作为一个专业化名词的首次使用是在 1978 年 12 月 20 日联合国第 23 届大会第 148 号决议中，它泛指常规能源以外的所有能源。而对新能源含义的界定则是在 1981 年 8 月内罗毕召开的联合国新能源和可再生能源会议上通过的《促进新能源和可再生能源的发展与利用的内罗毕行动纲领》。该会议上将新能源界定为以逐步替代可耗竭、污染环境的常规能源为目的，以新技术和新材料为基础，通过现代化手段进行开发利用的、起源于可持续补给的自然过程的能源①。

① 资料来源：《促进新能源和可再生能源的发展与利用的内罗毕行动纲领》。

新能源和可再生能源与常规能源的不同之处在于：新能源和可再生能源资源丰富，且可以再生；高度分散，且能量密度低；利用过程清洁无污染；具有随机性和间歇性。因此，新能源和可再生能源的开发利用对于解决目前的环境污染、气候变迁、生态恶化，实现人类社会可持续发展意义重大。

生物质能资源丰富、发展潜力巨大，是仅次于煤炭、石油和天然气的世界第四大能源。生物燃料和生物质发电是生物质能产业化、规模化、商业化的主要方式。而生物燃料是指通过生物质生产生物乙醇和生物柴油等，替代汽油和柴油。而生物乙醇通常是以谷类、甘蔗和其他含淀粉或糖类的农作物及其废弃物为原料经生物发酵方法制成，掺入汽油作为车用混合燃料。因此我们将重点关注燃料乙醇价格的波动和影响因素。

由于世界各国燃料乙醇的发展程度、使用的原料有所差异，燃料乙醇市场国际化程度较低，因此燃料乙醇价格因国别和所用原料的不同而有所差异。我们以世界玉米质燃料乙醇比较成熟的美国市场为例阐释燃料乙醇的价格走势。

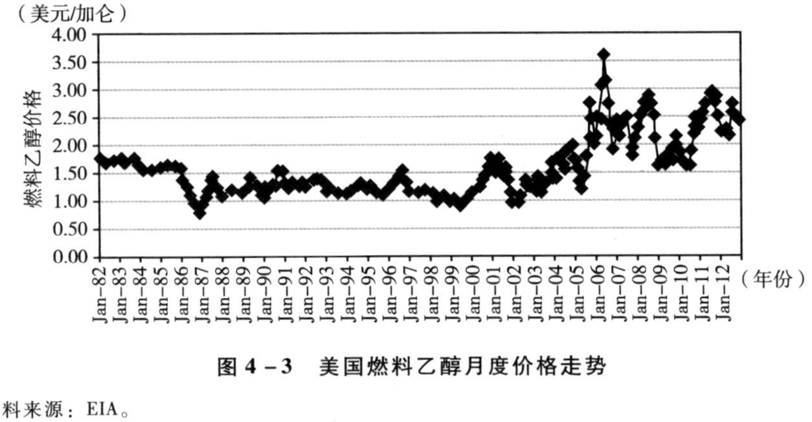

图 4－3　美国燃料乙醇月度价格走势

资料来源：EIA。

图 4－3 显示 2002 年以前，美国燃料乙醇价格走势较为平稳，基本维持在 1.3 美元/加仑。2002 年以后，燃料乙醇价格波动剧烈。例如，2002～2005 年，燃料乙醇价格持续走高，由 2002 年 1 月的 0.9 美元/加仑增长到 2005 年 9 月的 2.7 美元/加仑。此后燃料乙醇价格涨跌幅度较大，于 2008 年 7 月达到燃料乙醇价格的历史最高水平，高达 2.9 美元/加仑；2010 年 4 月价格又下跌到 1.6 美元/加仑。

燃料乙醇作为世界各国重点发展的环保、可再生能源，其价格波动主要受石油价格、原材料价格水平、技术进步及生产工艺的革新、政府扶持政策等因素的影响，但不同因素对第 1 代、第 1.5 代和第 2 代的影响程度有所差异。由于数据可得性和完备性的限制，该部分我们将采用美国燃料乙醇的数据进行分析。

4.2.2　影响燃料乙醇价格波动的因素

4.2.2.1　原材料价格

随着各国对燃料乙醇生产的投入力度越来越大，用于生产燃料乙醇的玉米、小麦等原料的数量和价格逐渐上涨，导致粮食乙醇（第 1 代）的成本逐步上升，生产企业出现亏损，第 1.5 代非粮食乙醇所需的原料木薯的价格已开始上涨，第 2 代的纤维素乙醇也有可能因产量的增长，对秸秆、玉米芯等需求增加而导致原材料价格上涨，降低生产企业的盈利能力。

4.2.2.2　能源价格

世界各国发展燃料乙醇主要出于解决一次能源危机和确保能源独立性的考虑，因此一次能源价格对燃料乙醇价格的影响取决于两个方面：第一，燃料乙醇作为汽油的替代品，在中国按 10∶90 的比例混合到汽油中；在美国以 20∶80 的比例混合到汽油中，因此燃料乙醇价格受其与汽油相对价格的影响。第二，在玉米到燃料乙醇的转化过程中，原油作为动力投入是必不可少的，因此，原油价格从成本方面对燃料乙醇价格产生影响。

4.2.2.3　技术水平

燃料乙醇产业的技术水平和技术创新直接影响燃料乙醇的生产成本。以第一代粮食乙醇为例，美国的玉米对燃料乙醇的转化率为 2.7∶1，而中国为 3.3∶1，相比于中国，美国较为先进的燃料乙醇生产技术将从原料投入角度节约较为可观的生产成本。但技术水平对燃料乙醇生产成本的影响不仅表现在原料成本的节约，还表现在运输成本、能源投入、储藏成本等多个方面。

4.2.2.4　国家政策

为弥补燃料乙醇产业作为新兴产业在成本和规模方面的劣势，各国政府对于燃料乙醇的发展在财税方面给予了一定的扶持政策。例如，对燃料乙醇的开发投资进行直接补贴，或对混入燃料乙醇的汽油消费给予财政补贴，从生产和消费角度提高燃料乙醇的市场竞争力，加快其市场化、商业化的进程。以美国的燃料乙醇混合企业为例，1990 年以前，政府给予燃料乙醇混合企业的税收补贴是 0.6 美元/加仑；1991～2008 年为 0.51 美元/加仑；2009～2012 年为 0.45 美元/加仑。尽管这一税收补贴呈下降趋势，但不可否认，政府对燃料乙醇产业的政策补贴效应对燃料乙醇价格的正向影响。

4.3 玉米市场价格波动及其影响因素

玉米作为世界三大粮食作物之一，也是用途最为广泛的粮食品种，在粮食市场和粮食安全中占据重要地位。进入 21 世纪以来，国际和国内玉米价格波动频繁，并呈现不断加剧的特点，对玉米产业及相关产业造成较大影响，并威胁粮食安全，因而备受瞩目。

4.3.1 玉米价格波动特点

4.3.1.1 玉米价格波动趋势性特点

根据国际货币基金组织（IMF）的统计数据，国际玉米现货价格从 2001 年 1 月的 94.3 美元/吨上涨到 2013 年 6 月的 297.1 美元/吨，累计涨幅达 215.1%。其间经历了 5 次较大的波动，第一次波峰出现在 2004 年 4 月，峰值达 133.4 美元/吨。第二次波峰出现在 2007 年 2 月，峰值达 177.4 美元/吨。第三次波峰出现在 2008 年 6 月，峰值达 287.1 美元/吨。第四次波峰出现在 2011 年 4 月，峰值达 318.7 美元/吨。第五次波峰出现在 2012 年 7 月，峰值达 333 美元/吨，创历史新高。

表 4－1　2001～2013 年国际玉米价格趋势性波动情况

波动序数	升降时间	价格区间（美元/吨）	升降幅度（%）
第一次	上升：2001.01～2004.04	83.2～133.4	升幅：60.1
	下降：2004.05～2005.10	129.3～93.4	降幅：38.4

续表

波动序数	升降时间	价格区间（美元/吨）	升降幅度（%）
第二次	上升：2005.11～2007.02	96.0～177.4	升幅：84.8
	下降：2007.03～2007.07	169.5～147.1	降幅：15.2
第三次	上升：2007.08～2008.06	147.1～287.1	升幅：95.2
	下降：2008.07～2010.06	266.9～150.6	降幅：77.2
第四次	上升：2010.07～2012.07	163.9～333.0	升幅：103.2
	下降：2012.08～2013.06	332.2～280.3	降幅：18.5

注：2013 年为 1～6 月数据。

资料来源：根据国际货币基金组织（IMF）统计数据整理。

4.3.1.2　玉米价格波动的周期性特性

国际玉米价格的周期性特点比较明显，周期不重复不对称。按波谷—波谷划分，2001～2013 年 6 月可划分四个周期：2001 年 6 月～2004 年 10 月为第一周期，经历了 3 年零 4 个月，上升期为 1 年零 10 个月；下行期为 1 年零 6 个月。2005 年 11 月～2007 年 7 月为第二周期，共 1 年零 9 个月，上升期为 1 年零 3 个月，下行期 6 个月。2007 年 7 月～2009 年 9 月为第三周期，共 2 年零 3 个月，上升期为 1 年零 6 个月，下行期为 8 个月。2010 年 6 月～2013 年 4 月为第四个周期，经历 2 年零 10 个月，上升期为 1 年 3 个月，下行期为 1 年零 7 个月。第四个周期的最大值和均值都高于以前三个周期。

表 4－2　　2001～2013 年国际玉米价格周期性波动情况

序数	周期起止时间	周期总长	上行时长	下行时长	最大值（美元/吨）	平均值（美元/吨）
1	2001.06～2004.10	3 年零 4 月	1 年零 10 月	1 年零 6 月	133.4	103.2
2	2005.11～2007.07	1 年零 9 月	1 年零 3 月	6 个月	177.4	132.9
3	2007.07～2009.09	2 年零 3 月	1 年零 6 月	8 个月	287.1	190.2
4	2010.10～2013.04	2 年零 10 月	1 年零 3 月	1 年零 7 月	333.0	277.2

注：2013 年为 1～6 月数据。

资料来源：根据国际货币基金组织（IMF）统计数据整理。

玉米价格波动趋势性特征表现为玉米期货价格（芝加哥期货交易所玉米）与现货价格（如美国 2 号黄玉米）走势大体相同，现货价格略高于期货价格。而玉米价格波动的周期性特色的特征同样较为明显，呈现出周期不对称不重复的特点。

4.3.2 玉米价格波动的影响因素

玉米价格波动的影响因素将在第5章详细解释。

4.4 能源价格与玉米价格波动效应模型分析

4.4.1 原油价格与玉米价格间的波动效应分析

图4－4显示原油在农业生产中占有重要地位，不仅是化肥的主要生产原料，也是农业生产和运输的动力来源。因此，以原油为主的能源价格上涨，导致农用生产资料价格上涨，农业生产成本普遍提高，这是包括玉米在内的国际农产品价格上涨的重要原因之一。例如，根据美国农业部统计，美国玉米生产成本在2001年是162.3美元/亩，到2012年达到349美元/亩，增加了一倍多，其中化肥和燃料占生产成本的比重50%左右，2008年国际油价升至历史高位时这一比重也最高，达到61.5%。

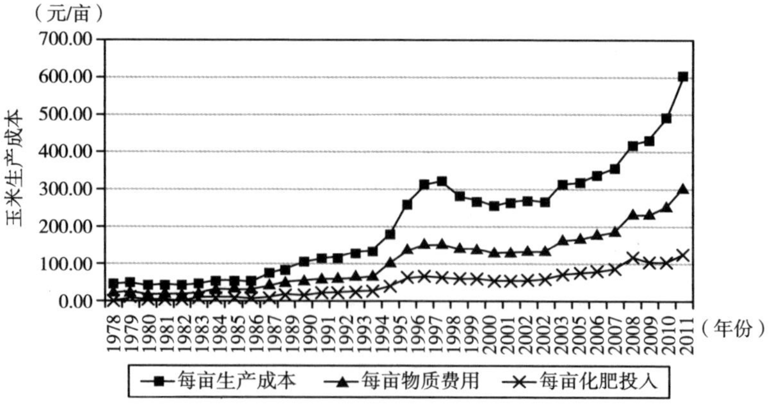

图4－4 1978～2011年中国玉米生产成本、物质费用和化肥投入年度趋势

资料来源：1979～2012年《全国农产品成本收益调查资料汇编》。

同时图 4－4 我国玉米生产成本、物质费用和化肥投入年度走势图显示，1978～1994 年，我国玉米生产成本，包括所消耗的化肥投入和其他物质费用均较低。1995～2004 年玉米生产成本缓慢上升，但 2004 年以后，我国玉米生产成本上升速度明显加快，其中作为重要的物质投入，投入的货币化化肥量在 2004 年仅为 74.6 元/亩，2011 年增加到 129.5 元/亩。2004 年以后，化肥投入成本在玉米物质投入成本和总成本中的比重约为 50% 和 30%。由此，原油价格波动是玉米价格波动重要的成本型推动因素。但相对而言，玉米价格波动对原油价格波动的影响较弱，直接效应较小。可以认为原油与玉米价格的作用机制中，原油价格将是绝对的主导地位。

4.4.2　原油价格与燃料乙醇价格间的波动效应分析

图 4－5 显示高油价加速了生物能源生产的扩张，从而提高了对农作物的需求，导致玉米等主要农产品国际市场供需结构变化。高油价推动各国加快生物能源发展，美国作为全球最大能源消费国，为确保能源安全和能源独立性，积极实施生物能源发展战略。如 2005 年 8 月，美国颁布《能源政策法案》，在全国范围内实施可再生燃料标准（RFS），该标准规定燃料生产商混合生物燃料的年生产量 2006 年为 40 亿加仑，2012 年要达到 75 亿加仑。2007 年 12 月，美国颁布

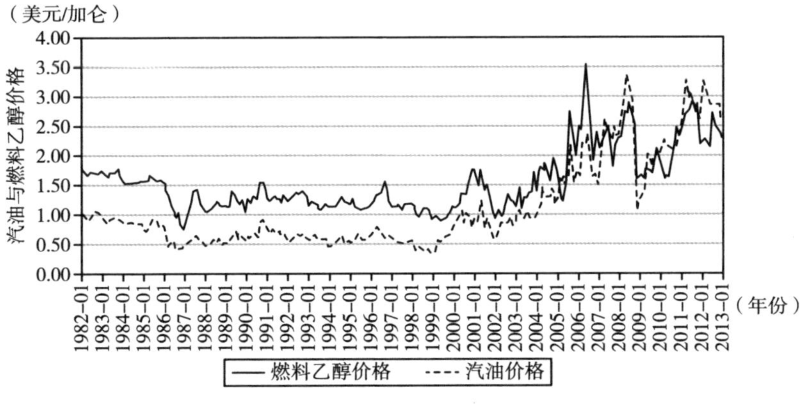

图 4－5　1982～2013 年美国汽油与燃料乙醇价格月度走势

注：2013 年的数据仅包括 2013 年 1 月。

资料来源：EIA。

《新能源法案》，该法案规定到2022年乙醇年产量将增至360亿加仑，其中，玉米乙醇产量将达到150亿加仑。美国成为全球最大的燃料乙醇生产国。美国、巴西等国家还强制规定了汽油与燃料乙醇的混配比例，如美国规定汽油与燃料乙醇的混配比例不低于80：20；而巴西规定汽油与燃料乙醇的混配比例不低于70：30。高油价刺激了燃料乙醇等新能源的开发和更新换代，两者之间互为替代，涨跌相随。

原油价格与燃料乙醇价格的作用机制表现在两个方面：一方面，燃料乙醇作为可混合到汽油的清洁可再生能源，其产量和价格取决于一次能源、原油和新能源、燃料乙醇价格的比率。从图4－4美国汽油与燃料乙醇价格月度走势图可以看出，1982~2013年美国汽油与燃料乙醇价格走势图大致吻合。另一方面，在燃料乙醇生产过程中，汽油也是重要的动力投入要素，因此，我们判定原油价格对燃料乙醇价格具有相对主导的价格引导作用。如果燃料乙醇产量达到一定程度，且混合技术逐渐提高，即可以更高的比例混入汽油中，则燃料乙醇价格也将对原油价格产生一个反作用。

4.4.3 玉米价格与燃料乙醇价格间的波动效应分析

目前，世界燃料乙醇生产主要以玉米和甘蔗等为原料，如中国和美国的玉米质燃料乙醇和巴西的甘蔗质燃料乙醇，因此玉米是燃料乙醇生产重要的原料来源。燃料乙醇作为生物质能源的典型代表，原材料价格是生物能源价格的重要组成部分。按照美国燃料乙醇和玉米1：2.7的转化率，每生产1吨燃料乙醇约需消耗2.7吨玉米。图4－6向我们展示了1982年1月到2013年1月美国燃料乙醇价格中，玉米价格所占的百分比。从图中可以看出，除少数月份外，美国燃料乙醇的价格中，玉米成本价格所占的比重超过五成。1996年7月，玉米成本价格占燃料乙醇价格的比重高达117.2%。尤其值得注意的是，自2007年1月以来，除2009年之外，该比重递增趋势明显。因此，玉米成本价格波动是燃料乙醇价格波动不容忽视的重要力量。

另外，统计，2008~2009和2012~2013年，全球玉米消费年均增长3.3%，其中燃料乙醇消耗的玉米占70%以上。而美国生产燃料乙醇所消耗的玉米年均达1.2亿吨，约占全球玉米产量的15%。美国作为全球第一大玉米生产国和出口

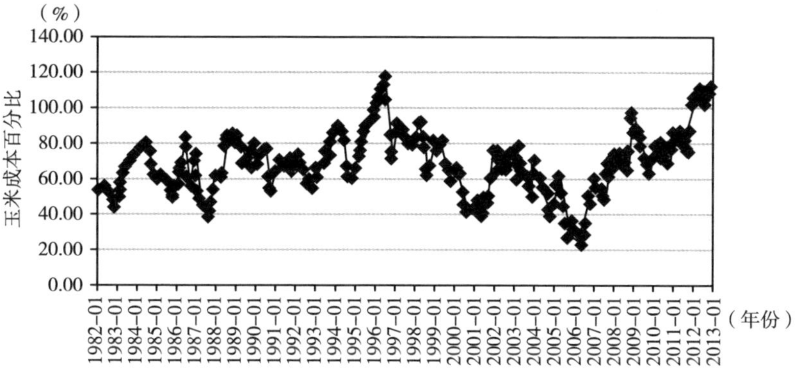

图 4-6　美国玉米成本价格占燃料乙醇价格百分比月度走势

资料来源：EIA。

国，其玉米生产及贸易与许多国家特别是玉米进口大国有着密切的联系。美国玉米出口量下降，对国际玉米市场的供求格局产生重大影响。2007～2008 年以前，美国玉米出口量在全球玉米出口量中的比重大部分年份都在 60% 以上，在 20 世纪 80 年代末和 90 年代中期曾经超过 80% 年均 5000 万吨以上。自 2008～2009 年以来，美国玉米出口量呈下降趋势，2011～2012 年和 2012～2013 年的出口不足 4000 万吨，占全球比重分别降至 33.5% 和 18.8%。可见，美国燃料乙醇发展，加剧了全球供求紧张局面，推动了国际市场玉米价格不断上涨。由此可知，在玉米和燃料乙醇的价格波动机制中，合理的假设为两者互为因果，相互影响。

4.5

本章小结

本章内容首先在总结原油、玉米、燃料乙醇价格波动状况的基础上，进一步挖掘三个市场价格波动的影响因素。得出，影响国际原油价格波动的因素可以从短期和长期的视角分析。短期因素通过影响市场心理预期而对原油价格产生影响，往往以突发事件的形式发生。长期因素如供给的不确定性、需求的相对稳定性、国际原油格局的变化和新能源的发展，则是通过影响原油供求关系而影响原油价格的走势。影响玉米价格的因素则可以从需求、供给和外部冲击的视角分析。而影响燃料乙醇价格波动的因素包括原材料价格、与原油等一次能源的价格比率、技术进步和政府政策。基于此，本章构建了原油、玉米、燃料乙醇市场价格波动的效应理论模型，分析三者之间价格波动的传导机制和作用机理，为后续实证分析奠定理论基础。

第 5 章

玉米托市收购政策效应分析

5.1 引言

发展中国家尤其像中国这样农业人口仍占多数的国家，农产品价格波动对百姓生产生活影响深远（Rausser & Gorter，2013；吴海霞等，2013）。由于农业生产具有显著的周期性，因此其价格极易受到如天气、供求、存储等外界因素的干扰。同时，农产品，尤其是粮食作物，其生活必需品的属性使得粮食需求收入弹性和需求价格弹性波动幅度较小，因此价格波动对供给波动的反应更为敏感，从而容易出现“谷贱伤农”“米贵伤民”的状况，严重的，还将引起国家政治混乱（Trostle，2008）。因此，联合国粮农组织在 20 世纪 70 年代提出必要时政府可实施粮食价格稳定政策，对粮食市场进行宏观干预，增加全社会福利（李光泗和郑毓盛，2014）。

为最小化粮食价格波动对生产者和消费者的影响，稳定粮食价格，政府的宏观干预手段一直作为市场调节手段的有效补充，在我国粮食市场上发挥着重要作用。20 世纪 50 ~ 70 年代末国家开始推行粮食统购统销制度；随后于 90 年代实施粮食专项储备制度。进入 21 世纪，为应对粮价波动，保护农民的种粮积极性，国家相继出台了一系列粮食流通管理政策，其中影响最大的政策即为 2004 年和 2005 年国家分别在稻谷和小麦主产区推行的粮食最低收购价政策，以及 2008 年在玉米、大豆和油菜籽主产区实施的粮食临时收储政策。2005 年以来，在国家最低收购价和临时收储政策的带动下，粮食价格“刚性”提升，这在一定程度上缓解了农户“谷贱伤农”的担忧；生产积极性逐步提高，宏观政策的“托市效应”显现（张建杰，2013）。

但粮食托市收购政策①的长期执行，在托升粮食价格的同时，其弊端也日益凸显。其一，该政策导致粮食收购价格一直处于上行通道，与国际市场的价格差距在拉大，导致国内外粮食价格倒挂（詹琳和蒋和平，2015），例如，万德中国宏观经济数据库统计数据显示，2014 年 6 月，中国国内谷物价格为 3040 元/吨，而进口谷物税后价格为 1980 元/吨，两者差异显著。其二，专项粮食储备加上“托市收购”，粮食价格波动的市场调节空间逐渐萎缩，“政策效应”越来越大（谢洪燕等，2013）。其三，粮食是诸多工业的初级原材料，是诸多产业的源头，粮食托市收购价格看涨使得与农业相关的加工企业生产成本居高不下，产业链深化受到较大冲击。随着粮食托市政策的推行，粮食收购价格日益攀升，国家财政也由此背上沉重的包袱，并难以长期维持下去。

毋庸置疑，国内粮食价格在全球粮食价格急剧波动的背景下呈现出明显的上涨态势。而致使粮价上涨的因素很多，究竟粮食最低收购价政策和粮食临储政策在粮价上涨中扮演了何种角色，托市政策是否有助于粮食价格的稳定以及在多大程度上提高或降低了粮食价格是一个亟待回答的问题。对这一问题的回答是对国家近十年来粮食托市政策市场效果的检验，也将为粮食市场政策的进一步改革和完善提供理论参考。

5.2 文献综述

国家宏观政策，尤其是价格支持政策对粮食价格波动的影响一直是国内外学术界和政界关注的焦点问题（Johnson，1975；Kim & Jean – Paul，2002；Jayne et al.，2006）。而国内学者对这一问题的观点有所分歧，部分学者就粮食托市政策给予了较大程度的肯定。丁声俊（2008）认为托市收购对激发和保护农民种粮积极性、振兴粮食产业、确保国家粮食安全产生了正向引导效应，国家专款购买农民的余粮不会增加政府财政负担。且从最低收购价的市场效果看，临储政策与粮食最低收购价有机结合，宏观调控和市场调节的相互补充，收到了积极的市场效

① 一般意义上认为粮食托市收购政策包括小麦和稻谷的最低收购价政策以及玉米、大豆、油菜籽的临时收储政策。

果（全国粮食局课题组，2009）。翁贞林（2010）、刘克春（2010）以及王镇江（2014）认为在现行的粮食生产支持政策中，农户对粮食价格的刺激反应更为灵敏，其程度远远超过了对粮食直接补贴的刺激反应。因此，粮食托市政策对粮食价格的正向提升作用不仅提高中国农民粮食生产积极性，也在很大程度上影响了农户的粮食种植决策行为，对粮食生产起着显著刺激和调节作用，并在维护粮食市场稳定、保护国家粮食安全方面起到了积极效果，其正向作功能应予以肯定。

另一部分学者认为托市政策由于存在流通环节“暗补”的效率损失，从而引起市场价格的扭曲和供求调节的滞后效应等，对主要靠土地和劳动力为生的农民的收入补贴作用微乎其微，且应该立即取消（朱志刚等，2006；顾和军，2007）。张劲松和王雅鹏（2008）、李经谋和杨光焰（2008）认为由生产过剩引起的粮食价格下跌是挫伤农民积极性的主要因素，基于此，诸多国家在历史上都曾实施过粮食保护价政策，而托市政策作为粮食保护价的一种，本身是针对粮食产能过剩提出的，其保护粮农种粮积极性的初衷及刺激效应在当前粮食供不应求、价格暴涨的背景下意义甚微。托市收购加上专项粮食储备成为粮价上涨的重要推动力量，但由此带来的负面效应也日渐凸显，如粮食价格波动的市场调节空间逐渐萎缩，“政策效应”却越来越大（谢晓燕等，2013）。牛松（2013）认为托市政策放大了政府在粮食市场中的功能，弱化了市场的调节作用，从而产生了“挤出效应”，不利于国有粮食企业的改革和粮食相关产业的发展。朱满德（2014）认为中国现有粮食价格支持政策主要实施于粮食流通环节而非生产环节，从而大大降低了政策对农民收入的转移补贴效率。同时，据 OECD 测算，在这种支持体制下，每补贴 1 美元，农民只能得到 0.25 美元，收入支持的效率仅有 25% 左右，其余则消耗在了流通和储备环节（Moyer & Josling，2002）。

作为一项重要的支农惠农政策，粮食托市收购政策在突出政府宏观调控的同时弱化了市场调节功能，部分学者对粮食收购价可能退回到保护价老路上的担忧日渐增多。我国农业分散的小农生产和粮食市场发育不完善的现实表明，摒除政府的宏观调控，完全依靠市场的资源配置效应难以构建长期有效的粮食安全机制（王薇薇等，2009），有必要对粮价实施政策干预（施勇杰，2007；杨光焰，2006；王士海和李先德，2012）。且建立在收购主体多元化、充分竞争化基础上的粮食最低收购价兼具生产支持与收入支持的双重功能，本质上有别于之前的保护价（周学忠，2005），有助于合理调节工农及城乡（生产者与消费者）之间的利益分配（周应恒和赵文，2009）。因此，有些学者在肯定粮食托市政策效果的同时，提出要合理确定定价标准（方鸿，2009），发挥其价格导向与“影子价格”的作用等（邹凤羽和国娜，2009）。例如，贺伟和朱善利（2011）认为国家应继续深化托市政策的市场化改革方向和改革力度，探索和建立以目标价格补贴方式为主要内容的粮食托市政策。

综上所述，就粮食托市收购政策国内外学者做了诸多尝试和探讨，也为本章的写作提供了诸多启发。纵观国际社会，不论以小规模作业为特点的日韩等国还是以大规模农业为特点的北美国家，粮食价格支持系统都在世界各国的农业政策体系中发挥或曾经发挥过重要作用。粮食托市收购政策实施的十余年间，就该政策的政策效应的评价文献颇多，但现有研究仍有进一步探讨的空间：其一，而就目前的研究方法看，由于数据获取的难度和政策实施的复杂性，现有研究大多集中于对基本现象的描述性分析（施勇杰，2007；陈洁等，2007；贺伟，2010；胡锋，2011），对政策有效性的实证分析文献资料并不丰富；其二，不同粮食品种由于其种植结构、生产周期、市场用途的差异，价格波动特征有所不同，托市收购的政策效果必然有所差异，因此笼统地以粮食市场为样本，将降低实证结果对现实的指导意义。我国粮食托市政策实施近十年来，究竟该政策在粮食价格波动中起了多大作用是一个亟须回答的问题，基于此，本书尝试以玉米临储政策为例，通过倍差法和类倍差法模型，利用我国 2001 ~ 2014 年玉米主产区相关年度数据，量化分析粮食托市收购政策对粮食价格波动的影响程度和作用方向，以期为市场参与者和政策制定者提供有价值的理论参考。

5.3 模型与数据说明

5.3.1 理论模型

简单比较不同年份玉米价格上涨或下跌无法反映临储政策的真实影响。首先，不同年份价格涨跌的变化可能反映宏观环境的系统性差异，而不能完全归为临储政策改革的影响。其次，不同省份玉米价格受一系列省域及地区特征的影响，不同年份玉米价格的变化可能是地区差异引致的，而非临储政策的影响。

更为有效的政策评估工具是采用倍差法（difference in difference method, DID）识别临储政策的影响。本章采用倍差法分析有利的实验环境包括：首先，2008年的玉米临储政策是以省为单位推进改革的，而且并不是在全国各省市全面推进，仅限于东三省和内蒙古，这才可以找到实验组和控制组；其次，玉米临储不允许跨省收购，这避免了实验组和控制组存在溢出效应而引起的估计偏差。

在研究设计中，基本思路是利用实验组（推行临储政策的省份）在政策推行前后年份玉米价格的变化，减去控制组（未推行临储政策的省份）在改革前后玉米价格的变化，来识别临储政策的效应。因此，可把样本划分为4组，即临储政策实施前的对照组、临储政策实施前的处理组、临储政策实施后的对照组和临储政策实施后的处理组。据此，为度量这样的划分本文设置两个虚拟变量：分别为dc（处理组取值为1，对照组取值为0）和dz（临储政策推出前取值为0，临储政策推出后取值为1）。具体回归方程为：

$$p_{it} = \alpha_0 + \alpha_1 dc_{it} + \alpha_2 dz_{it} + \alpha_3 dc_{it} \times dz_{it} + \varepsilon_{it} \tag{5-1}$$

其中，p_{it}反映了省份i在时期t的玉米价格。ε_{it}为随机扰动项。这样在对照组中，$dc_{it}=0$。由式（5－1）可得，临储政策实施前后p_{it}的变化为：

$$p_{ij} = \begin{cases} \alpha_0 + \varepsilon_{it}; dz_{it} = 0 & \text{临储政策实施前} \\ \alpha_0 + \alpha_2 + \varepsilon_{it}; dz_{it} = 1 & \text{临储政策实施后} \end{cases} \tag{5-2}$$

可见，玉米临储政策实施前后，对照组的玉米价格变动为$\Delta P_0 = \alpha_2$。类似地，在处理组，即$dc_{it}=1$，由式（5－1）得，临储政策实施前后p_{it}的变化为：

$$p_{ij} = \begin{cases} \alpha_0 + \alpha_1 + \varepsilon_{it}; dz_{ij} = 0 & \text{临储政策实施前} \\ \alpha_0 + \alpha_1 + \alpha_2 + \alpha_3 + \varepsilon_{it}; dz_{ij} = 1 & \text{临储政策实施后} \end{cases} \tag{5-3}$$

临储政策实施前后，处理组的玉米价格变动为$\Delta P_t = \alpha_2 + \alpha_3$。因此，临储政策的实施对玉米价格的“净影响”为：$DID = \Delta P_t - \Delta P_0 = \alpha_2 + \alpha_3 - \alpha_2 = \alpha_3$，即式（5－1）中的交叉项$dc_{it} \times dz_{it}$的系数为$\alpha_3$。DID方法如此巧妙的设计让其能测度出临储政策推出的独立效果。如果临储政策的推出提高了玉米价格，那么α_3显著为正；如果临储政策的推出降低了玉米价格，那么α_3显著为负；临储政策的效果不明显，那么α_3不显著。DID各参数含义，详见表5－1。

表 5-1　　DID 中各参数含义

	临储政策实施前 (dz=0)	临储政策实施后 (dz=1)	Difference
实施临储政策省份 (dc=1)	$\alpha_0+\alpha_1$	$\alpha_0+\alpha_1+\alpha_2+\alpha_3$	$\Delta P_t=\alpha_2+\alpha_3$
未实施临储政策省份 (dc=0)	α_0	$\alpha_0+\alpha_2$	$\Delta P_0=\alpha_2$
DID			$\Delta\Delta P=\alpha_3$

影响玉米价格的因素很多，在这里，可在式（5-1）中加进相应的控制变量，具体为：

$$p_{it}=\alpha_0+\alpha_1 dc_{it}+\alpha_2 dz_{it}+\alpha_3 dc_{it}\times dz_{it}+\beta X+\varepsilon_{it} \tag{5-4}$$

其中，X 为控制变量，包括影响玉米价格波动的其他因素，如每亩玉米生产成本、单位面积产量、种植面积和农业固定资产投资。

DID 方法，最重要的前提是处理组和控制组必须满足共同趋势假设，即如果不存在临储政策，各地区的玉米价格的变动趋势随时间变化并不存在系统性差异。但无论是从经典的经济收敛理论还是玉米主产区各省份的发展现实来看，DID 方法的这一假定很可能无法满足。同时是否推行临储政策以及哪些省份推行临储政策并不由各省份自主决定，所以推行与否，以及何处推行并不是随机发生的，而是有选择的，且不能像实验设计那样控制混杂因素，这种数据被称为非随机数据。对于非随机数据，如果只是简单的分组分析，就会对临储政策的效果产生选择性偏倚和混杂偏倚。从而无法评价临储政策的真实作用。

因此，本章将采用倾向得分匹配法（propensity score matching，PSM）对 DID 的结果进行稳健性检验。PSM 模型的倾向得分测算的是个体基于自身特定属性接受某种外在干预的概率，即每个省份推行或未推行某项政策的概率。基于此，本书基本思路是首先建立一个概率预测模型，在对照组中寻找与临储政策试点省份受干预后结果尽可能相同的省份，与之匹配后再察看各对照组中省份和处理组中省份结果变量的差异，以期排除混杂和选择性偏倚。根据最大配对法则 PSM 模型寻找对照组中合适的配对省份，并通过倾向得分配对使多维化的问题变成少维或一维，从而简化配对过程，平衡了不完全和不恰当配对引起的估计结果不准确的问题，实现了函数形式的稳健性，但并未对个体的随机效应加以限制，从而允许样本异质性的存在。

5.3.2　数据说明

我国玉米种植分布很不平衡，其中北方的吉林、黑龙江、辽宁、内蒙古、河北、山西、山东、河南、安徽 9 省区集中了全国 75% 以上的玉米产量（中国玉米网）。因此，本章立足我国玉米主产区，考察玉米临储政策对玉米主产区玉米价格的影响。文中所用数据包括：各省份玉米每 50 公斤出售价格（元/公斤）、各省份每亩玉米生产成本，包括物质费用和人工成本（元/亩）、各省份玉米亩均产量（公斤）、各省份玉米播种面积（千公顷）、各地区农业固定资产投资（亿元），以上数据均来自 2001 ~ 2014 年《全国农产品成本收益汇编》，为消除通胀，用各地区农业生产价格指数进行调整。各变量的统计性描述如表 5 - 2 所示。需要说明的是，就省份虚拟变量而言，黑龙江、吉林、辽宁和内蒙古是我国春播玉米种植区，赋值为 1；河北和山西既有春播玉米又有夏播玉米种植，赋值为 2；山东、河南和安徽是我国夏播玉米种植区，赋值为 3。

表 5 - 2　　各变量统计性描述

变　量	符号	观察值	均值	标准差	最小值	最大值
玉米每 50 公斤出售价格	P	126	73.53	23.48	36.17	118.01
每亩玉米生产成本	cost	126	282.05	64.10	169.97	533.56
玉米亩均产量	yield	126	440.77	65.09	126.00	627.42
玉米播种面积	acre	126	2286.05	967.32	485.90	5447.50
农业固定资产投资	invest	126	93.85	85.88	8.90	353.58
相应省份推出临储政策	dc	126	0.44	0.50	0	1
相应年份推出临储政策	dz	126	0.3846	0.49	0	1
相应省份在相应年份推出临储政策	dc_dz	126	0.17	0.38	0	1
省份虚拟变量	local	126	1.89	0.88	1	3

5.4 实证结果分析

5.4.1 倍差法回归结果

表 5-3 报告的回归（1）~回归（2）是采用 Pool-OLS 估计方法，在 DID 框架下验证临储政策对玉米价格波动政策效果的实证结果。其区别在于是否添加了地区变量，对比各回归方程，变量的系数符号和显著性基本与预期一致，由此说明实证结果是比较稳健的。本章所关心的临储政策对玉米价格的净影响 dc_dz 系数 α_3，在两个回归方程中都显著为正。这表明，在样本期内，若以玉米临储政策作为一个独立因素考量，其的确有效托升了玉米价格。从玉米价格的托升幅度看，样本期间，α_3 系数为 6.5558，表明临储政策带来的玉米价格上涨幅度为 6.5558 元每 50 公斤，显示临储政策调控效果显著，有效托举了玉米价格。回归（2）添加了地区虚拟变量以剔除省份个体的异质性影响，其交叉项系数为 6.8089，表明在推行玉米临储政策的省份，该政策显著提高了玉米价格，幅度为 6.8089 元每 50 公斤，或可表述为，在实行玉米临储政策的省份比没有实行玉米临储政策的省份，玉米价格多上涨了 6.8089 元每 50 公斤。相比于样本省份的玉米价格，该增幅约为 9.26%。这表明，通过玉米临储政策的实施，我国玉米市场价格稳步提高，国家宏观调控效果显现，调控幅度显著，玉米价格在宏观调控政策下向高位运行。

表 5-3　　临储政策效果（DID 法检验）

变量	参数	标准误	t 值	P 值	参数	标准误	t 值	P 值
constant	12.9330	7.7364	1.6717	0.0975*	-4.4726	11.5642	-0.3868	0.6997
L_p	0.1579	0.0540	2.9232	0.0042***	0.1395	0.0540	2.5811	0.0112***
dc	-5.1440	2.7224	-1.8895	0.0615*	2.6663	4.7343	0.5632	0.5745
dz	25.9530	3.4124	7.6056	0.0000***	25.7667	3.3666	7.6536	0.0000***
dc_dz	6.5558	3.9516	1.6590	0.1000*	6.8089	3.8991	1.7463	0.0837*
cost	0.0609	0.0269	2.2684	0.0253**	0.0609	0.0265	2.3007	0.0234**
yield	-0.0385	0.0224	-1.7166	0.0889*	-0.0496	0.0228	-2.1752	0.0318**

续表

变量	参数	标准误	t 值	P 值	参数	标准误	t 值	P 值
acre	-0.0017	0.0014	-1.2380	0.2184	-0.0022	0.0014	-1.5789	0.1173*
invest	0.0229	0.0188	1.2192	0.2255	0.0102	0.0196	0.5211	0.6034
省份虚拟变量					-0.5565	0.2279	-2.0029	0.0477**
R^2	0.8349				0.8409			
F 统计量	67.6368***				62.2596***			
观察值	116				116			

注：***，**，*分别表示在 1%，5%，10% 水平上显著。

我们来看其他控制变量，不论包含地区变量与否，控制变量对玉米价格的影响方向基本与预期一致，且系数变化不大。以包含地区变量的 Pool - OLS 回归结果为例，其中，玉米滞后一期的价格对当期玉米价格影响显著，在 1% 的显著性水平下，系数为 0.1395，即当年玉米价格受上年玉米价格影响较大，前期玉米每 50 公斤价格变动 1 元，当期玉米价格将变动 0.1395 元。在 5% 的显著性水平下，生产成本对玉米价格波动的影响系数为 0.0609，即玉米生产成本每提高 1 元，每 50 公斤玉米价格将上升 0.0609 元。在 5% 的显著性水平下，玉米单产对玉米价格的影响系数为 -0.0496，即玉米单产每提高 1 公斤，每 50 公斤玉米价格将下降 0.0496 元。在 10% 的显著性水平下，玉米播种面积对玉米价格的影响系数为 -0.0022，即玉米播种面积每增加 1000 公顷，每 50 公斤玉米价格将下降 0.0022 元。在 5% 的显著性水平下，地区变量对玉米价格的影响系数为 -0.5565，即我国玉米价格从春播区到夏播区每过渡一个单位，每 50 公斤玉米价格将下降 0.5565 元。但农业固定资产投资对玉米价格影响并不显著。

5.4.2　类倍差法回归结果

本章使用 DID 方法证实了在剔除其他因素后，玉米临储政策有效托举了玉米价格。在此基础上，本章借鉴才国伟和黄亮雄（2010）以及 Martinez - bravo 和 Qian（2011）以及韩永辉等（2014）中的类方法 DID 进一步验证本文结论。其具体做法如下：

首先，构建虚拟变量（dd），当某省份某一年度发布玉米临储政策起，以后的值取值为 1，其余取值为 0。例如，黑龙江、吉林、辽宁和内蒙古自 2008 年起实施玉米临储政策，那么黑龙江、吉林、辽宁和内蒙古在2008年之前取值为0，2008年及以后取值为1。

具体的回归模型如下：

$$p_{it} = \beta_0 + \beta_1 dd + \gamma X + \mu_{it} \tag{5-5}$$

β_1 是本章关心的系数，度量玉米临储政策的绩效。如果推出临储政策加速玉米价格上涨，那么 β_1 将显著为正；如果推出临储政策抑制了玉米价格上涨则 β_1 将显著为负；如果临储政策的效果不明显，则 β_1 不显著。

表5-4以类DID方法考察了临储政策对样本地区玉米平均价格的影响。关注系数 β_1，回归（1）~回归（2）显示，在1%的显著性水平下，该系数显著为正，且逐步增加不同的控制变量进行回归，其系数的显著程度并没有降低，且相对稳定。类DID法的考察结果同样表明，临储政策有效托升了玉米市场价格。以包含地区变量的回归结果为例，dd系数 β_1 的值为8.7362，表明在推行玉米临储政策的省份，该政策显著提高了玉米价格，幅度为8.7362元每50公斤，或可表述为，在实行玉米临储政策的省份比没有实行玉米临储政策的省份，玉米价格多上涨了8.7362元每50公斤。相比于样本省份的玉米价格，该增幅约为11.88%，玉米临储政策对价格的托升效果十分显著。

表5-4　　　　临储政策效果（类DID法检验）

变量	参数	标准误	t值	P值	参数	标准误	t值	P值
constant	-19.1693	8.3821	-2.2869	0.0241**	-32.8679	9.3308	-3.5225	0.0006***
L_p	0.3401	0.0613	5.5457	0.0000***	0.2780	0.0629	4.4211	0.0000***
dd	7.5519	1.5710	4.8071	0.0000***	8.7362	1.5138	5.7710	0.0000***
cost	0.1624	0.0296	5.4890	0.0000***	0.1384	0.0297	4.6557	0.0000***
yield	0.0142	0.0269	0.5266	0.5996	-0.0460	0.0281	-1.6354	0.1049*
acre	0.0022	0.0017	1.2534	0.2128	-0.0033	0.0017	-1.9348	0.0556*
invest	0.0834	0.0207	4.0316	0.0001***	0.0477	0.0234	2.0424	0.0435**
省份虚拟变量					-0.7021	0.2375	-2.9568	0.0038***
R^2	0.7330				116			
F统计量	49.8623***				47.0241***			
观察值	116				0.7530			

注：***，**，*分别表示在1%，5%，10%水平上显著。

相比 DID 方法，类 DID 方法允许处理组和对照组共同时间趋势的存在。所以，若被解释变量的时间趋势是上升的，类 DID 方法相比于 DID 方法对临储政策效果的估计会偏高；若被解释变量的时间趋势是下跌的，类 DID 方法相比于 DID 方法对临储政策效果的估计结果会偏低。在相关研究中我们发现玉米价格波动的时间趋势是上升的，这一结果可以有效解释为何本章的估计结果中类 DID 方法相比于 DID 方法对临储政策效果的估计会偏高。

5.4.3　PSM 稳健性检验

由于各个省份实行临储政策不是随机分配的，而是政府选择的结果，简单地比较实行临储政策的省份和没有实行临储政策的玉米价格变动差异，并不能准确地反映临储政策对玉米价格的影响。另外，在现实状况下，也无法观测到实行临储政策的省份在没有实行临储政策状态下的玉米价格状况。因此，要准确评估玉米临储政策的效果，就必须有效地控制样本的选择偏误。Rosenbaum 和 Rubin（1983）的 PSM 模型由于有效解决了这个问题而受到关注，而变量的匹配是该模型的难点，主要包括半径匹配法、核匹配法、最临近方法和分成匹配法。

表 5 - 5 是使用 PSM 方法分析推行临储政策对玉米价格的影响。四种不同的匹配方法的结果显示，临储政策施行的平均政策效果（ATT）的差异都是正的，分别为 7.1810、7.2330、7.6270 和 70080。表明实行临储政策对推动玉米价格上涨有明显的推动作用。平均而言，施行临储政策的省份比未推行临储政策的省份每 50 公斤玉米价格平均涨幅为 7.2624 元。就估计的显著性而言，四种匹配方法的 T 值检验均比较大，均在 1% 的显著性水平下拒绝该结果在统计上等于零的假设。这意味着临储政策确实显著提高了玉米价格。对比发现，PSM 方法估计结果比 DID 和类 DID 方法估计的结果都要小，这可能源于 PSM 方法能找到与处理组相近的样本为对照组，控制了样本的选择性偏误。

表 5 - 5　　　　临储政策效果（PSM 法检验）

	实行临储政策的省份个数	未实行临储政策的省份个数	差值 ATT	标准差 SD	T 值
最临近方法	52	65	7.1810	1.4528	4.9430
半径匹配法	52	65	7.2330	1.6045	4.5080

续表

	实行临储政策的省份个数	未实行临储政策的省份个数	差值 ATT	标准差 SD	T值
分成匹配法	52	65	7.6270	1.8977	4.0190
核匹配法	52	65	7.0080	1.7900	3.9150

5.5 结论与政策建议

“卖粮难”“买粮贵”问题日益困扰着农业生产者和消费者。面对近年来频繁波动的玉米价格，2008年政府相继推出了包括临储政策在内的一系列玉米价格调控措施。如今，临储政策已经持续一段时间，亟待对其效果进行总结分析。本章以全国9个玉米主产区2001～2014年的年度数据为研究样本，通过倍差法、类倍差法，利用面板Pool－OLS计量分析方法，全面检验临储政策对玉米价格波动的影响。倍差法实证结果表明，统计意义上，在推行玉米临储政策的省份，该政策显著提高了玉米价格，幅度为6.8089元每50公斤（0.1362元/公斤）；类倍差法实证结果指出，实行玉米临储政策的省份比没有实行玉米临储政策的省份，玉米价格多上涨了8.7362元每50公斤（0.1747元/公斤）。相比于样本省份的平均玉米价格，该增幅约为11.88%，玉米临储政策对价格的托升效果十分显著。

随后我们采用倾向得分匹配法四种绩效评价模型对倍差法和类倍差法的估计结果进行稳健性检验。检验结果表明，临储政策施行的平均政策效果（ATT）的差异均为正，7.1810、7.2330、7.6270和70080。表明实行临储政策对推动玉米价格上涨有明显的推动作用。平均而言，施行临储政策的省份比未推行临储政策的省份每50公斤玉米价格平均涨幅为7.2624元。这一结论有效支撑了倍差法和类倍差法的估计结果。

调控玉米价格并使其处于合理的水平，实现生产者和消费者的共赢是重大的民生问题。实证结果也表明临储政策有效托升了玉米价格，且幅度较大。这表明，在一段时期内，若要保护农民的种粮积极性，稳定粮价，避免出现“谷贱伤农”的现象，临储政策在一段时间内仍需贯彻落实，防止玉米价格持续剧烈下行；另外，由于农业生产本身具有复杂性，涉及面广，产量和价格往往难以预测，同时受制于诸多制度安排，牵一发而动全身，仅凭单一的市场调节或宏观调控政策恐怕难以如愿，这就需要在实际操作中综合协调使用多种政策手段，如农业信贷改革与税费改革等，发挥政策的辐射效应，共同稳定玉米价格。

相对于市场调控，临储政策是一种非市场、非经济的调控手段，只要施行力度够大，在一定时间内能够有效地稳定玉米价格保护农户的种粮积极性。为了稳定玉米价格实行玉米临储政策有其合理性，但是，必须承认的是，与市场经济不相容的调控手段往往会造成市场效率的损失，降低社会福利，并可能为以后市场机制的运行埋下潜在的隐患。因此本章认为临储政策仅为玉米价格稳定的权宜之计，其作为直接的行政命令应为以后的经济手段预留空间。政府在实施临储政策时，需审慎考虑玉米价格稳定与效率损失之间的权衡。至于如何权衡，临储政策应何时“松绑”，则是值得学术界和政界未来继续深究的重要话题。

第 *6* 章

国际能源价格对我国玉米价格波动的影响

6.1 引 言

粮食是社会的基本物资，相比于其他产品，粮价波动的社会、经济及政治效应最为显著（Trostle，2008）。2006 年以来，国际农产品价格呈现出前所未有的上涨趋势。相比于 2006 年，2008 年中期，小麦、玉米、稻谷等农产品的价格翻了两番（Cooke & Robles，2009）。同时由于农业生产在发展中国家的经济活动中占据较大比重，家庭消费中很大一部分支出为食品支出，粮价的高位运行对发展中国家的影响往往尤为显著。因此 2006 年以来两次大规模的农产品价格上涨引发了世界范围内对农产品价格波动的极大关注（Rausse & Gorter，2013）。

作为世界上最大的发展中国家，农产品价格，尤其是粮食价格近年来呈现出显著的上涨趋势。如图 6－1 所示，2006 年年初到 2011 年年底，玉米、小麦、稻谷的全国农贸市场价格分别从 1.3 元/公斤、1.5 元/ 公斤、2.93 元/公斤上涨到 2.2 元/公斤、2.3 元/公斤、4.7 元/公斤，上涨幅度达 74%、56%、62%。国家统计局 2011 年统计资料显示：2010 年我国 CPI 的上涨中粮食价格上涨的贡献约占 70%，是我国整体 CPI 上涨的主要推动力量。

宏观层面上对整体粮食价格波动影响因素的分析有别于对单一粮食品种影响因素的分析。如对单一粮食品种价格波动解释力较弱的影响因素可能对整体粮食市场而言影响显著；对整体粮食市场价格波动解释力较弱的某些因素可能对单一粮食品种作用显著（Gilbert，2010）。因此尽管某些共同因素，如成本推动、需

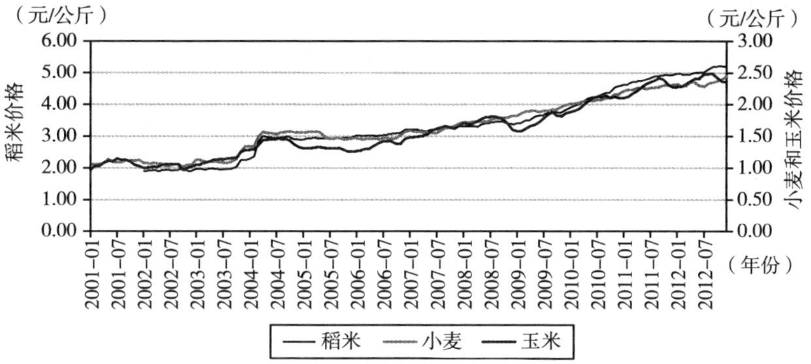

图 6-1　2001～2012 年我国小麦、玉米、稻米月度价格走势

注：其中小麦、玉米月度价格序列为 2001～2012 年；稻米月度价格序列为 2002～2012 年。

资料来源：《中国农产品价格调查统计年鉴（2002～2013）》。

求拉动、政府政策、宏观经济形势导致不同粮食品种价格同期上涨，但不同的粮食品种在某种程度上影响因素有所差异。因此，区分粮食品种，寻找各自不同的影响因素意义重大。作为世界传统的三大粮食作物之一，2002 年以来，尤其是 2006 年后，世界范围内玉米价格呈现出大幅上扬的趋势。不同于稻谷和小麦，玉米作为世界三大粮食作物除了是世界各国重要的口粮外，还兼具饲料作物和能源作物的特征，由此可见，理论上影响玉米价格波动的因素有不同于小麦、稻谷市场的力量。

毫无疑问，多种因素，如需求方面的经济发展、人口增长，供给方面的成本推动、自然灾害、原油价格上涨以及外部生物能源的发展、金融预期、美元贬值等，共同作用导致近年来玉米价格大幅波动。在此，我们从国内需求方面、供给方面以及外部冲击三个层面区分影响中国玉米价格波动的主要贡献力量。

首先，供给方面的解释因素包括自然灾害、较低的科研投入以及持续上涨的化肥农药价格。Abbott 等（2008）、Mitchell（2008）认为 2006 年和 2007 年的恶劣天气导致世界范围内粮食减产，粮食产量跟不上粮食需求的脚步，导致粮食价格从 2006 年第四季度到 2008 年第一季度显著增长。但 Headley 和 Fan（2008）、Gilbert（2010）实证检验发现天气变化并不是推动粮价上涨的因素，生产投入，尤其是 2000 年以来化肥价格的上涨是粮食价格飞涨的主要推动力量。同时日益缩减的政府和国际机构的科研发展投入使得农产品增收缓慢，导致粮食价格上涨

(Braun, 2007; Trostle, 2008)。

第二，来自需求方面的拉动效应也不容忽视。Trostle (2008)、Carter 等 (2011) 认为来自全球范围内发展中国家的收入增长和人口增长大大抬升了粮食价格。随着人均收入的提升，来自发展中国家的消费者不仅增加了他们的粮食消费，也日益多样化了肉类消费，这反过来也增加了粮食需求。

此外，随着我国政府日益放松对粮食市场的监管和市场化程度的加深，来自世界原油市场的冲击 (Tyner, 2010)、国际金融市场的冲击，如美元贬值 (Trostle, 2008; Mitchell, 2008; Benavides & Capistrán, 2009)、活跃的农产品期货市场 (Irwin, 2008; Abbott et al., 2008)、活跃的农产品进出口市场 (OECD, 2008; Carter et al., 2011)、蓬勃发展的农业相关市场 (Serra, 2011; Baffes & Haniotis, 2010) 日益显著。除此之外，另一个重要且不容忽视的因素即来自美国燃料乙醇的发展，尤其是近年来玉米乙醇的激增也大大抬高了国际玉米价格 (Park & Fortenbery, 2007; Carter et al., 2012; Babcock, 2012; Rausser & Gorter, 2013)。

在美国，作为清洁能源，对石油的部分替代效应使得燃料乙醇近年来进入了快速发展期。2005 年，美国燃料乙醇产量为 194.7 亿升，占世界燃料乙醇总产量的 47.45%，超过巴西成为世界上最大的燃料乙醇生产国；2011 年，美国燃料乙醇产量达 527.1 亿升，占世界燃料乙醇总产量的 61.24%。同时，另一个不容忽视的方面为美国 90% 的燃料乙醇生产以玉米为原料，2001 年，美国燃料乙醇生产约消耗了 2017 万吨玉米，占美国玉米总产量的 8.36%；2005 年，美国燃料乙醇生产约消耗了 3024 万吨玉米，占美国玉米总产量的 16%；2011 年，美国燃料乙醇生产约消耗了 1.27 亿吨玉米，占美国玉米总产量的 26%。美国燃料乙醇的发展导致大量粮食被从食物链中抽离，2011 年燃料乙醇生产约消耗了世界 3.3% 的粮食总产量，给世界粮食市场带来巨大压力 (Carter et al., 2012)。

作为世界上最大的玉米生产国和出口国，美国玉米行业的生产和在不同领域的分配对世界各个国家玉米现货市场和期货市场影响显著，由此将进一步改变世界玉米产业的生产和发展格局。因此，尽管诸如来自国内需求拉动和成本推动等多方面的影响，但是国际原油价格上涨和生物能源的快速发展引起的玉米价格上涨不容忽视。因此，本章我们将检验国际能源价格波动对我国玉米价格波动的影响。

6.2

理论框架

本章的研究目的包含两大部分：第一，对国际原油价格、玉米质燃料乙醇价格和国内玉米价格之间的格兰杰因果关系进行检验，主要考察国际原油市场、玉米质燃料乙醇价格和我国玉米市场间是否存在整合关系；第二，如果三市场间的整合关系存在，那么国际原油价格和玉米质燃料乙醇价格波动是否对我国玉米价格波动具有经济意义上的显著影响，两者对我国玉米价格的影响程度如何，价格波动的渠道和作用机制又是如何。

6.2.1　国际能源价格同玉米价格的整合关系

周章跃、万广华（1999）认为在完全竞争的市场结构下，若两个市场之间存在整合关系，则一个市场上的价格波动将传导至另一个市场；若市场间不存在整合关系，则不存在市场间的价格传导效应。由于国际玉米价格并非处在完全的“真空”状态中，且国内市场和国际市场存在较大的空间距离，生产、运输、交割等过程中的时滞，都要求我们假定国内玉米价格受国际石油和燃料乙醇滞后价格的影响。因此依据市场运行中的实际情况，根据该部分的数据特征和市场特性，我们假定我国玉米价格受国际原油价格和燃料乙醇的滞后价格的影响。这也是本部分研究选用 VAR 模型或 VEC 模型的理论基础，在此基础上我们提出如下假设。

假设 6 -1：国际原油价格和燃料乙醇价格与中国玉米价格存在整合关系。

这一假设只表明了市场间存在格兰杰意义上的因果关系，但未说明市场间因果关系的方向。考虑到该部分的研究任务，基于上述假设我们进一步提出两个有待检验的命题：

假设 6 -2：中国玉米价格变动受国际原油价格变动的影响显著。

假设 6 -3：国际玉米质燃料乙醇价格变动是中国玉米价格变动的显著影响因素。

这里的“因果”指的是经济意义上的因果关系，超越了格兰杰意义上的因果关系。假设 6 -2 和假设 6 -3 是本部分的重点研究内容。通过时间序列分析，我们只能证明假设 6－2 和假设 6－3 是否为伪命题；如果通过格兰杰因果关系检验和 VAR/VEC 模型分析，假设 6－2 和假设 6－3 未被证伪，我们要进行下一步的分析以确定命题是否为真。

6.2.2 国际能源价格对中国玉米价格的影响

这部分的主要任务在于根据文献综述确定推动我国玉米价格波动的重要贡献力量，从而为构建考察我国玉米价格影响因素的 VAR/VEC 模型提供理论参考。

本部分的核心要旨在于考察国际能源价格波动对我国玉米价格波动的影响，假设 6－2 和假设 6－3 中已经将该因素纳入考察框架中。实际上，现有文献从不同侧面对类似问题进行了初步探讨，例如，罗锋和牛宝俊（2009）通过脉冲响应函数和方差分解得出国际期货价格波动对国内农产品价格波动影响显著；丁守海（2009）通过配对 Johansen 检验，认为间接贸易造成了某些食品价格的国际输入型影响。这样，在控制了其他因素的情况下，如果国际能源价格显著影响了我国玉米价格，则作为解释变量的能源价格同我国玉米价格应呈正相关关系。

在引言部分中我们已经总结了影响玉米价格波动的几大因素，上述影响中国玉米价格的供求因素将作为国际能源价格影响效应的“控制因素”，据此我们提出假设 6－4：

假设 6－4： 宏观经济景气指数越高、投入成本越大、猪肉价格越高、玉米离岸价格越高、玉米期货价格越高、人民币兑美元的汇率越低，则我国玉米价格越高。

引申假设 6－4 中的许多子命题虽然并不是本书关注的焦点问题，但在进行计量分析时可以验证各子命题的真伪。

6.3 数　据

6.3.1 数据说明

我们将对本章所用数据的来源、处理方法加以说明。除了玉米价格数据外，本章所用数据还包括反映玉米价格影响因素的来自国内供给方面、需求方面和外部冲击方面的主要力量，所有的数据均基于月度频率。在供给方面，我们考虑玉米生产月度成本，包括材料成本（如化肥、农药、农业生产工具租赁费用）和劳动成本①。在需求方面，我们考虑宏观经济形势对玉米价格的影响，同时利用月度猪肉价格来度量来自需求层面的冲击②。外部冲击包括月度国际原油价格、月度燃料乙醇价格、月度美国 2 号黄玉米墨西哥湾离岸价格、月度美国芝加哥商品交易所（Chicago Board Of Trade，CBOT）2 号黄玉米期货价格③、月度人民币兑美元的汇率。然后我们对价格数据利用 CPI 来消除通胀，并对所有数据取对数以消除数据的过度波动。所有数据和变量的描述及来源如表 6－1 所示。

表 6－1　数据来源

变　量	简写	描　述	来　源
中国玉米价格	CP	中国玉米农村集贸市场月度价格（元/公斤）	《中国农产品价格调查统计年鉴 2002～2013》
宏观经济景气指数	INDEX	宏观经济景气指数：一致指数	国家统计局
玉米生产成本	COST	玉米生产过程中的玉米平均生产成本（元/亩）	《全国农产品成本收益汇编 2002～2013》
猪肉价格	PP	中国猪肉农村集贸市场月度价格（元/公斤）	《中国农产品价格调查统计年鉴 2002～2013》
国际原油市场价格	OIL	月度迪拜原油现货离岸价格（美元/桶）	美国能源情报署

① 在《国家农产品成本－收益汇编》中没有玉米生产成本的月度数据，所有的数据均为年度数据。因此，我们利用 E－views 软件的二次方程插值法将年度数据转化为月度数据。

② 《中国统计年鉴（2012）》统计资料显示在中国猪肉是最大的肉类消费品。2011 年城镇居民人均消费猪肉 20.63 千克，占肉类消费总量的 59%。基于此，本部分中，我们以猪肉价格代表来自需求因素的冲击。

③ 尽管此处我们考虑中国玉米期货价格波动将会使得结论更为准确，但是直到 2004 年 9 月 22 日，大连商品交易所才有几个玉米期货上市，因此如果我们考虑中国玉米期货价格将导致数据序列过短，无法获得预期的实证结果。由于 CBOT2 号黄玉米期货价格是世界玉米价格的一个良好的指向标，且越来越多的研究已经证明中国大连商品交易所玉米价格和 CBOT 玉米价格高度相关。例如，大连商品交易所（2012）年研究报告显示二者的相关系数为 0.93。因此，此处我们考虑用 CBOT2 号黄玉米期货价格代替中国玉米期货价格。考虑到 CBOT 期货价格的市场引导功能，此研究中，我们考虑提前一个季度的 CBOT2 号黄玉米的期货价格。

续表

变　　量	简写	描　　述	来　　源
燃料乙醇价格	ETH	美国玉米质燃料乙醇月度价格（美元/加仑）	美国能源情报署
玉米期货价格	CFP	美国 2 号黄玉米期货月度平均价格（美分/蒲式耳）	美国芝加哥商品交易所
美国玉米出口价格	FOB	美国 2 号黄玉米墨西哥湾出口离岸价格（美元/吨）	USDA
汇率	ER	人民币兑美元的汇率	国家外汇管理局

6.3.1.1　宏观经济景气指数

经济景气指数来源于企业景气调查，它是西方市场经济国家建立的一项统计调查制度。它是通过对企业家进行定期的问卷调查，并根据企业家对企业经营情况及宏观经济状况的判断和预期来编制的，由此反映企业的生产经营状况、经济运行状况，预测未来经济的发展变化趋势。

宏观经济景气指数包括：预警指数、一致指数、先行指数、滞后指数。一致指数是反映当前经济的基本走势，由工业生产、就业、社会需求（投资、消费、外贸）、社会收入（国家税收、企业利润、居民收入）等 4 个方面合成；先行指数是由一组领先于一致指数的先行指标合成，用于对经济未来的走势进行预测；滞后指数是由落后于一致指数的滞后指标合成得到，它主要用于对经济循环的峰与谷的一种确认；预警指数是把经济运行的状态分为 5 个级别，“红灯”表示经济过热，“黄灯”表示经济偏热，“绿灯”表示经济运行正常，“浅蓝灯”表示经济偏冷，“蓝灯”表示经济过冷①。

一致指数能反映出当前经济形势，也是本章用以衡量我国宏观经济形势的指标。图 6-2 显示 2001 年 1 月至 2008 年 7 月我国宏观经济形势保持良好的上升态势；但 2008 年 7 月至 2009 年 1 月，我国国内宏观经济走势较为恶劣；经过 2009 年一年的恢复期，到 2010 年、2011 年处于比较平稳的时期，到 2012 年宏观经济形势出现下滑。

① 资料来源：国家统计局网站。

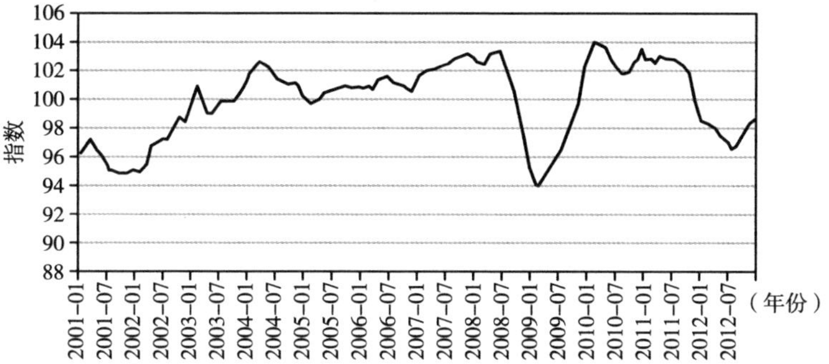

图 6-2　2001～2012 年中国宏观经济景气指数

6.3.1.2　玉米生产成本

对于玉米生产成本我们采用月度平均成本，单位为元/亩。它包括材料成本，如化肥。农药、农业生产工具租赁费用，和劳动成本，数据来源于 2002～2013 年的全国农产品成本收益汇编。从图 6-3 可以看出，2001 年以来我国玉米生产成本呈稳定增长趋势。尤其是 2008 年第一季度以来，玉米生产成本增长迅猛，到 2012 年第四季度，玉米生产成本翻了两倍有余。

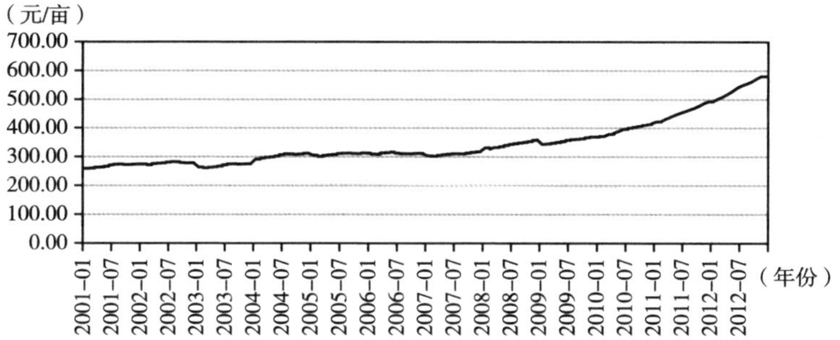

图 6-3　2001～2012 年中国玉米生产月度成本

6.3.1.3　猪肉价格

近年来中国经济取得了巨大发展，因此颇受争议的一点是国内人均收入的提高导致家庭消费中肉类品的比例提高，这一消费结构的改变使得用于饲料业的粮食需求量增加。从图 6-4 可以看出，2001～2004 年，猪肉价格呈平稳上升趋势；

2005 年以后，中国猪肉价格波动频繁。2006 年的第三季度到 2008 年的第二季度，以及 2010 年的第三季度到 2011 年的第四季度，猪肉价格增长迅速，在短短两年的时间里价格翻了两倍有余。

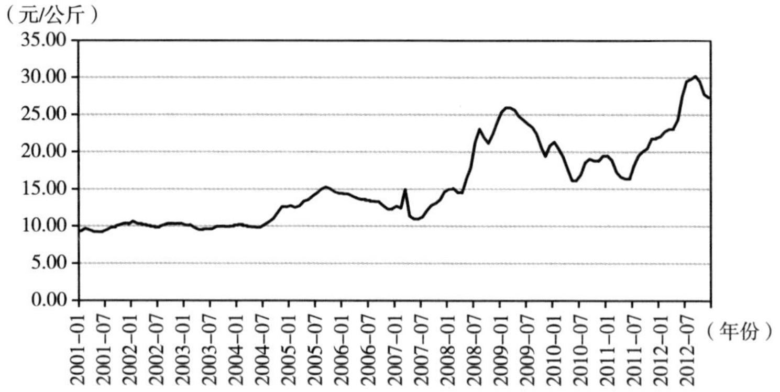

图 6－4　2001～2012 年我国猪肉月度价格走势

6.3.1.4　国际原油价格

国际原油月度价格数据来源于美国能源署。现代国际油价有美国西得克萨斯中质原油（WTI）价格、欧洲布伦特（BRENT）油价及 OPEC 一揽子价格三大价格体系，由于中国原油进口国主要集中在中东各国，约占中国原油进口量的九成左右，因此此处我们采用迪拜原油现货离岸价来衡量来自国际原油价格波动的冲击。由图 6－5 可以看出，2001～2008 年国际原油现货价格持续增长，由此引起世界范围内的原油恐慌；但是 2008 年第三季度后原油价格迅速下降，2008 年年

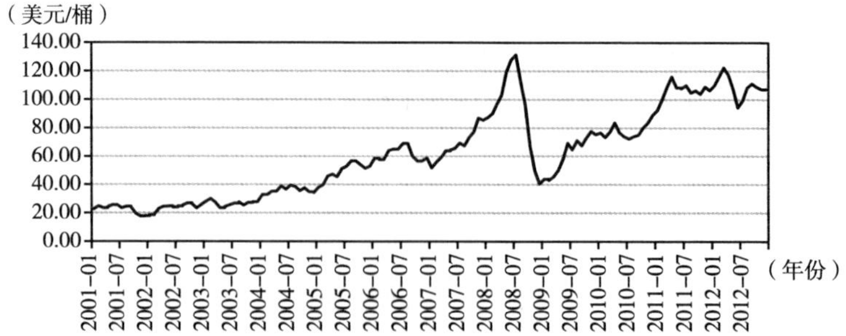

图 6－5　2001～2012 年国际原油月度价格走势

底价格触底到 2005 年年初的水平；2009 年上半年国际原油价格再度回升，但价格水平一直没有超越 2008 年中期的价格水平。

6.3.1.5 美国燃料乙醇价格

美国是世界上最大的玉米生产国和出口国，同时又是世界上最大的燃料乙醇生产国。美国的燃料乙醇生产大约 90% 以玉米为原料，因此，燃料乙醇与原油的价格比例将影响投入燃料乙醇生产的玉米量，进而影响宏观玉米市场。尽管燃料乙醇在美国整个能源领域占比较小，但燃料乙醇生产用玉米却已经成为美国玉米需求增长的一大因素。2006 ~ 2007 年，美国约有 20.1% 的玉米产量用于燃料乙醇的生产，这一比例在 2009 ~ 2010 年约达到 24.2%，2008 年美国燃料乙醇约替代了 5.6% 的汽油消费量[①]。从图 6 - 6 可以看出 2001 年到 2005 年上半年，美国燃料乙醇价格处于比较平稳的上升时期；随着 2005 年 8 月美国新能源法案的颁布，美国燃料乙醇价格 2006 年 6 月一举达到 3.58 美元/加仑的高峰，随后燃料乙醇价格波动频繁。

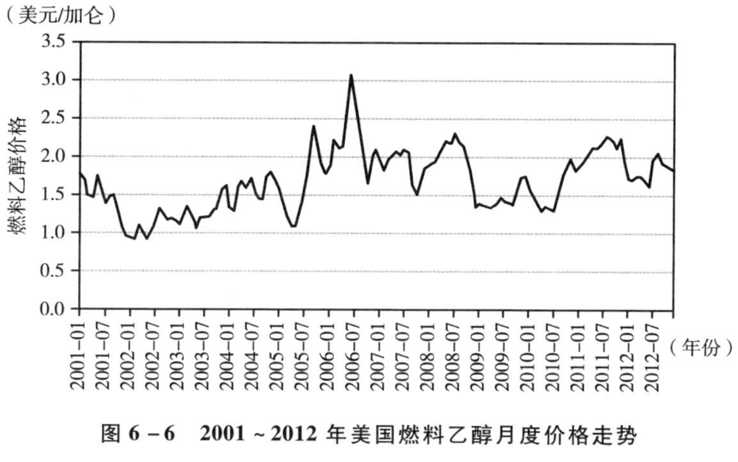

图 6 - 6 2001 ~ 2012 年美国燃料乙醇月度价格走势

6.3.1.6 玉米期货价格

IFPRI（2008）指出农产品价格预期可能是近年来农产品现货价格上涨的一

① 根据美国能源署年度报告计算得出。

大促进因素，农产品期货价格上涨是未来农产品价格走势的重要指标，因此，当农产品期货价格上涨时，会导致农产品供给市场货源紧缺和需求市场上需求量增加，从而导致农产品现货市场上价格上升。大量研究已经表明 CBOT 上农产品期货价格是世界农产品价格走势重要的指向标，因此我们采用美国 2 号黄玉米期货月度平均价格（美分/蒲式耳）来衡量来自玉米期货市场的冲击。从图 6－7 可以看出，2006 年以前，美国 2 号黄玉米期货价格较为平稳，2007 年至 2008 年第三季度，玉米期货价格迅速上涨，增长率超过 240%。此后，玉米价格迅速下降，从 2008 年 6 月的 558 美分/蒲式耳下降到 2010 年 6 月的 278 美分/蒲式耳。2010 年 7 月至 2011 年 4 月，玉米期货市场出现了第二个较为显著的价格下降趋势。

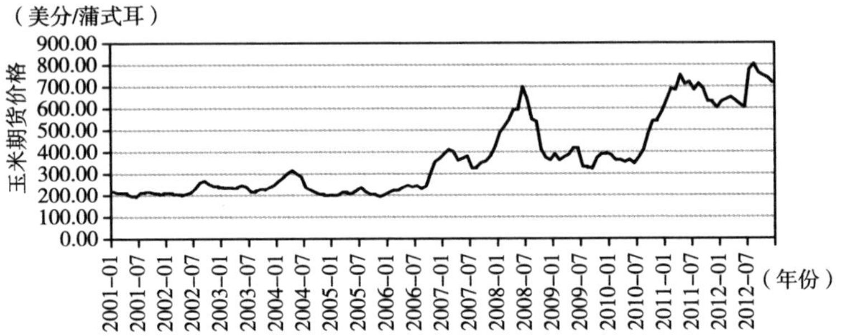

图 6－7　2001～2012 年美国 2 号黄玉米期货月度平均价格

6.3.1.7　美国玉米出口价格

美国是世界上最大的玉米出口国，玉米出口数量和出口价格对世界玉米经济宏观走势影响显著。从图 6－8 可以看出从 2001 年 1 月至 2006 年 1 月美国 2 号黄玉米墨西哥湾出口价格基本保持在 100 美元/吨的价格水平，价格起伏不大；从 2006 年 1 月开始，美国 2 号黄玉米墨西哥湾出口价格波动较大，但总体上呈上升趋势。2007 年 7 月到 2008 年 7 月，美国玉米出口价格呈现急剧上涨趋势，达 280.95 美元/吨，比 2007 年同期玉米的价格上涨了 88%。2008 年下半年到 2011 年上半年，美国 2 号黄玉米出口价格在经历了较长时间的价格下跌和价格稳定之后呈现较大幅度的价格反弹，在 2009 年 9 月达到历史最高水平，为 323.07 美元/吨。

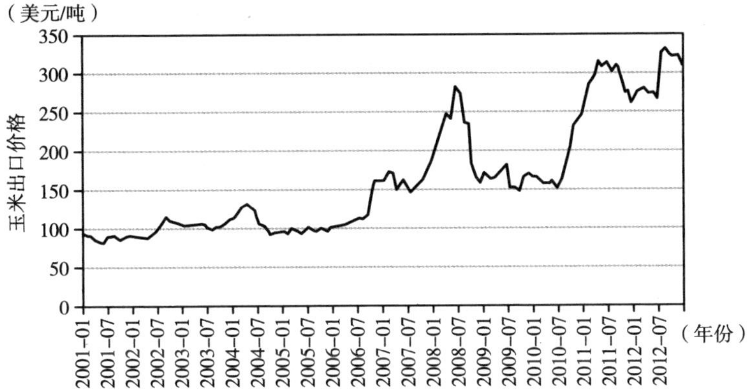

图 6-8　2001~2012 年美国 2 号黄玉米墨西哥湾月度出口价格

6.3.1.8　汇率走势

2002 年年初，美元进入显著的贬值期，主要表现在美元对经济合作与发展组织成员方货币上。直到 2005 年第三季度，美元兑人民币进入显著的贬值期。美元兑人民币的贬值在 2005 年以后有两个明显的贬值期：2005 年第三季度至 2008 年第三季度和 2010 年第三季度至 2012 年第二季度。由于世界主要粮食品种多以美元为主要计量单位，因此美元贬值将导致粮食价格上涨（见图 6-9）。

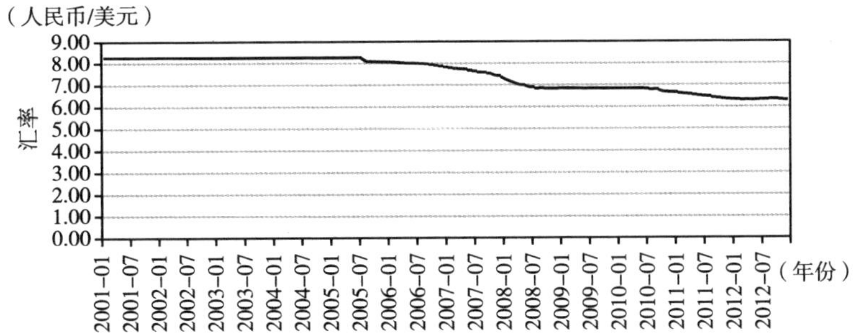

图 6-9　2001~2012 年人民币兑美元汇率月度走势

6.3.2　数据统计性描述

由表 6-2 可以看出 2001~2012 年我国玉米最高价格为 2.5 元/公斤，最低价格为1.0元/公斤，平均价格为1.6元/公斤，价格分布呈现明显的右偏性峰度低于正态分布的峰度3。2001～2012年我国宏观经济指数最高位104点，最低为94点，平均指数为100.01点，宏观经济指数分布呈现明显的左偏性，峰度低于正态分布的峰度3。2001～2012年玉米生产成本最高位585.23元/亩，最低位259.2元/亩，平均生产成本为345.6元/亩，价格分布呈现明显的右偏性峰度低于正态分布的峰度3。2001～2012年我国猪肉价格最高为30.2元/公斤，最低位9.5元/公斤，平均猪肉价格为16.8元/公斤，价格分布呈现明显的右偏性峰度低于正态分布的峰度3。2001～2012年世界原油价格最高为131.4美元/桶，最低为17.7美元/桶，平均原油价格为61.4美元/桶，价格分布呈现明显的右偏性峰度低于正态分布的峰度3。美国燃料乙醇最高价格为3.6美元/加仑，最低为0.9美元/加仑，平均价格为2.0美元/加仑，价格分布呈现明显的右偏性峰度低于正态分布的峰度3。2001～2012年美国玉米期货价格最高为803.5美分/蒲式耳，最低价格为192.7美分/蒲式耳，平均价格为372.1美分/蒲式耳，价格分布呈现明显的右偏性峰度低于正态分布的峰度3。2001～2012年美国玉米出口最高价格为331.2美元/吨，最低价格为82.5美元/吨，平均价格为162.6美元/吨，价格分布呈现明显的右偏性峰度低于正态分布的峰度3。2001～2012年人民币兑美元的汇率最高为8.3，最低为6.3，平均为7.5，价格分布呈现明显的左偏性峰度低于正态分布的峰度3。

表6－2　数据统计性描述

	CP	INDEX	COST	PP	OIL	ETH	CFP	FOB	ER
均值	1.59	100.01	345.55	16.78	61.42	1.96	372.10	162.58	7.52
中值	1.47	100.84	312.47	14.99	57.82	1.88	326.56	150.20	7.81
最大值	2.49	104.00	585.23	30.23	131.42	3.58	803.47	331.17	8.28
最小值	0.97	94.00	259.23	9.51	17.67	0.94	192.71	82.48	6.29
标准差	0.45	2.67	80.21	5.89	31.39	0.56	177.42	73.73	0.76
偏度	0.50	-0.57	1.35	0.48	0.38	0.17	0.89	0.89	-0.33
峰度	2.07	2.17	4.02	2.00	1.96	2.25	2.47	2.48	1.41
JB统计量	11.12	12.07	50.21	11.38	9.98	4.06	20.71	20.63	17.67
概率	0.00	0.00	0.00	0.00	0.01	0.13	0.00	0.00	0.00
观察值个数	144	144	144	144	144	144	144	144	144

6.4 计量模型

1980 年 Sims 提出了向量自回归模型（vector autoregressive model，VAR）。向量自回归是基于数据的统计性质建立模型，VAR 模型把系统中的每一个内生变量作为系统中所有内生变量的滞后值的函数来构建模型，从而将单变量自回归模型推广到由多元时间序列变量组成的“向量”自回归模型。VAR 模型是处理多个相关经济指标的分析与预测最容易操作的模型之一，并且在一定的条件下，多元 MA 和 ARMA 模型也可转化为 VAR 模型，因此，近年来 VAR 模型受到越来越多的经济工作者的重视（高铁梅，2009）。

VAR 模型采用多方程联立的形式，它不以经济理论为基础，在模型的每一个方程中，内生变量对模型的全部内生变量的滞后项回归，从而估计全部内生变量的动态关系。

根据 Christiano 等（1998a，b）、Bernanke 和 Blinder（1992）等人的研究，一个典型的 VAR 模型可以表示为：

$$By_t = C(L)y_t + D(L)x_t + \varepsilon_t \tag{6-1}$$

其中，y_t 是一个 $m \times 1$ 维的内生变量列向量；x_t 是一个 n 维外生变量列向量；B，C，D 是待估计的系数矩阵；L 是滞后阶数；ε_t 是扰动列向量，它们相互之间可以同期相关，但不与自己的滞后值相关且不与等式右边的变量相关。

为了叙述方便，下面考虑不含外生变量的非限制 VAR 模型，得到 VAR 模型的简化式为：

$$y_t = A(L)y_t + \nu_t, A(L) = B^{-1}C(L) = A_1L + A_2L^2 + \cdots + A_iL^i \tag{6-2}$$

其中，i 为 VAR 模型的滞后阶数，$\nu_t = B^{-1}\varepsilon_t$

如果行列式的根都在单位圆外，则式（6-2）满足平稳性条件，可以将其表示为无穷阶的向量动平均（vector moving average，VMA（∞））形式：

$$y_t = \frac{1}{[1 - A(L)]}\nu_t = K(L)\nu_t \tag{6-3}$$

不管待估的 VAR 模型是否稳定，式（6-3）给出了一个待估 VAR 模型的结构方程形式，由此，我们可以估计脉冲响应函数和方差分解方程。

但如果 VAR 模型中所有变量均为一阶单整，[I（1）]，并且变量间存在协整关系，我们应利用向量误差修正模型（vector error correction，VEC）来估计脉冲响应函数和方差分解方程。

Engle 和 Granger（1987）将协整与误差修正模型结合起来，建立了向量误差修正模型。只要变量之间存在协整关系，误差修正模型可以由自回归分布滞后模型导出。而在 VAR 模型中的每个方程都是一个自回归分布滞后模型，因此，可以认为 VEC 模型是含有协整约束的 VAR 模型，多应用于具有协整关系的非平稳时间序列模型建模（高铁梅，2009）。

若式（6－2）的 y_t 所包含的 k 个 I（1）序列间协整关系存在，则式（6－2）可写为：

$$\Delta y_t = \alpha\beta' y_{t-1} + \sum_{i=1}^{p-1} \Gamma_i \Delta y_{t-1} + \varepsilon_t \tag{6-4}$$

t＝1，2，…，T，式（6－4）中每个方程的误差项都应具有平稳性。协整关系有多种表示形式，误差修正模型是当前处理协整关系的普遍方法，即：

$$\Delta y_t = aecm_{t-1} + \sum_{i=1}^{p-1} \Gamma_i \Delta y_{t-1} + \varepsilon_t \tag{6-5}$$

式（6－5）中 $aecm_{t-1} = \beta' y_{t-1}$ 是误差修正项，反映变量之间的长期均衡关系。系数矩阵 α 反映了变量之间偏离长期均衡时，误差修正项将其调整到均衡状态的速度。所有作为解释变量的差分项的系数反映各变量的短期波动对作为被解释变量的短期变化的影响，我们可以剔除其中不显著的滞后差分项（高铁梅，2009）。

6.5 国际原油价格、燃料乙醇价格与我国玉米价格波动分析

6.5.1 单位根检验

由于对非平稳的时间序列使用最小二乘法进行估计时会导致结果的有偏估

计，因此，一般而言，第一步为时间序列的平稳性（单位根）检验。如果时间序列均是水平平稳的序列或非同阶单整，后续研究将采用 VAR 模型；如果变量为同阶单整，我们将进一步检测协整方程的存在性，决定是否采用 VEC 模型。在此，我们利用 Augmented Dickey – Fuller（简写为 ADF）检验和 Philips – Perron（简写为 PP）检验来验证各变量的平稳性，如果水平序列非平稳，我们将检验各变量一阶滞后的平稳性。平稳性检验结果如表 6 – 3 所示。

表 6 – 3　　2001 ~ 2012 年变量 ADF 和 PP 单位根检验结果

	ADF 单位根检验			PP 单位根检验		
变量	（C，T，L）	t – 统计量	概率	（C，T，L）	PP 统计量	概率
LNCP	（C，T，1）	–3.5632**	0.0367	（C，T，4）	–3.2490*	0.0793
LNINDEX	（C，T，4）	–3.8155**	0.0185	（C，T，7）	–2.3891	0.3836
LNCOST	（C，T，1）	0.6701	0.9996	（C，T，3）	0.9813	0.9999
LNPP	（C，T，1）	–2.6762	0.2481	（C，T，3）	–2.3315	0.4140
LNOIL	（C，T，1）	–3.2841*	0.0731	（C，T，3）	–2.9218	0.1588
LNETH	（C，T，2）	–2.9589	0.1477	（C，T，4）	–3.3287*	0.0658
LNCFP	（C，T，1）	–2.9011	0.1654	（C，T，4）	–2.7508	0.2182
LNFOB	（C，T，1）	–2.6808	0.2462	（C，T，6）	–2.8016	0.1992
LNER	（C，T，3）	–2.4119	0.3718	（C，T，9）	–2.0917	0.5457
ΔLNCP	（C，0，0）	–7.8714***	0.0000	（C，0，4）	–7.8867***	0.0000
ΔINDEX	（C，0.5）	–4.9340***	0.0001	（C，0.2）	–5.4871***	0.0000
ΔLNCOST	（C，0，0）	–8.5988***	0.0000	（C，0，5）	–8.7951***	0.0000
ΔLNPP	（C，0，0）	–9.3511***	0.0000	（C，0，6）	–9.3061***	0.0000
ΔLNOIL	（C，0，0）	–8.3659***	0.0000	（C，0，3）	–8.4263***	0.0000
ΔLNETH	（C，0，1）	–10.0054***	0.0000	（C，0，11）	–8.7306***	0.0000
ΔLNCFP	（C，0，0）	–8.6968***	0.0000	（C，0，0）	–8.6869***	0.0000
ΔLNFOB	（C，0，0）	–9.5999***	0.0000	（C，0，4）	–9.7232***	0.0000
ΔLNER	（C，0，2	–3.1400**	0.0259	（C，0，7）	–6.5887***	0.0000

注：C，T，L 分别指截距项、趋势项和滞后阶数；在水平序列检验中，变量包含截距项和趋势项，但是在一阶滞后变量中，仅包括截距项，不包含趋势项；滞后阶数由 SIC 准则确定。

表 6 – 3 单位根检验结果表明，在 5% 的显著性水平上，各变量的水平序列均为非平稳序列，但这些序列的一阶均为平稳的，因此我们应该进行 Johansen 检验考察变量间的协整关系。

6.5.2 Johansen 协整检验

在进行 Johansen 协整检验和向量误差修正模型检验前，我们首先应该确定模型的滞后阶数，这一滞后阶数由几个标准来决定：第一，必须满足数学上的稳定性，即满足平稳性的要求，这要求所有单位根膜的倒数应该全部落在单位圆内；第二，必须满足 LR 检验标准；第三，必须通过模型设定误差检验，如正态性、自相关、ARCH 效应和异方差效应。为简化检验，我们遵循 Wang，Wang 和 Ju（2011）等的研究，如果 VAR 模型的滞后阶数为 n，则 Johansen 协整检验和 VEC 模型的滞后阶数为 n－1 由此得到 Johansen 协整检验和 VEC 模型的最优滞后阶数为 2。

表 6－4 显示了 2001～2012 年 Johansen 协整检验的结果，该假设前提为变量间不存在协整关系。最大特征根检验表明 2001～2012 年各变量间至少存在 4 个协整方程，即各变量间存在长期协整关系。由于协整关系存在则我们可以建立 VEC 模型，同时证明了假设 6－1 的正确性。

表 6－4　　2001～2012 年序列协整检验的结果

协整方程的个数	最大特征根	最大特征根统计量	0.05 临界值	Prob. **
None *	0.8934	315.6720	58.4335	0.0000
At most 1 *	0.3801	67.4304	52.3626	0.0008
At most 2 *	0.3088	52.6844	46.2314	0.0106
At most 3 *	0.2506	40.6686	40.0776	0.0429
At most 4	0.1756	27.2229	33.8769	0.2516
At most 5	0.1436	21.8576	27.5843	0.2278
At most 6	0.1233	18.5560	21.1316	0.1104
At most 7	0.0412	5.9367	14.2646	0.6214
At most 8	0.0217	4.8848	5.8848	0.3887

注：迹统计量显示存在 4 个协整方程（在 5% 的显著性水平上）；

* 表明检验结果拒绝原假设（在 5% 的显著性水平上）；

** 指的是 Machinnon－Haug－Michelis（1999）p 值；

趋势性假设：协整检验和 VEC 模型中含有线性可决趋势项和截距项。

6.5.3　VEC 协整分析

由于前述理论分析，各序列之间至少存在一个协整关系，因此我们可以使用 VEC 模型来分析国际原油价格、燃料乙醇价格与我国玉米价格的因果关系走向及影响强度。

为此，我们得到如下协整方程：

$$
\begin{aligned}
LNCP_t = & 0.9998LNOIL_t + 0.1449LNETH_t + 0.2910LNFOB_t + 0.5425LNCFP_t \\
& (7.7860)^{***} \quad (0.8660) \quad (18.9335)^{***} \quad (6.3432)^{***} \\
& -0.0085LNER_t + 8.7509 \\
& (-0.4273)
\end{aligned} \tag{6-6}
$$

其中括号内的数字为 t 值。式（6－6）表明在长期均衡关系中，当国际原油价格上涨 1% 时，中国玉米价格将上涨 0.9998%；当美国 2 号黄玉米墨西哥湾出口价格上涨 1% 时，中国玉米价格将上涨 0.2910%。同样，当玉米期货市场价格上涨 1% 时，中国玉米价格将上涨 0.5425%。但是长期来看，美国燃料乙醇价格上涨对中国玉米价格上涨影响并不显著。

表 6－5 仅列出了误差修正模型中国际原油价格和玉米质燃料乙醇价格的一阶和二阶差分项，在 10% 的显著性水平上，滞后一阶和二阶的国际原油价格以及滞后二阶的燃料乙醇价格对我国玉米价格波动影响显著。其中误差修正项的系数为 －0.1013，表明长期均衡机制对中国玉米价格波动存在逆向调节机制。即在时刻 t，当中国玉米价格的短期波动偏离长期均衡一个百分点时，误差修正项将对中国玉米价格波动反向产生 0.1013 个百分点的调整力度，使得玉米价格回归长期均衡。

表 6－5　国际原油价格、燃料乙醇价格和我国玉米价格的 VEC 估计

变量名称	D(LNOIL(－1))	D(LNOIL(－2))	D(LNETH(－1))	D(LNETH(－2))	误差修正项
系数	0.0332*	0.0472**	0.0023	0.0333*	－0.1013***
t 值	1.6848	1.9706	0.1203	1.6816	－2.3369

该部分中我们首先利用月度数据，以我国玉米价格为被解释变量，相关的影响因素为解释变量进行 OLS 回归。上述 ADF 单位根检验和 PP 单位根检验同时表明所有时间序列的水平序列均为非平稳的，因此，在回归时我们将采用价格的变

动（一阶差分）形式进行回归。随后我们将月度数据合并，对国际原油价格和燃料乙醇价格的影响进行敏感性检验。

6.5.4 基准检验

当考察我国玉米价格变化的影响因素时，由于该部分变量均采用对数形式，因此估计系数具有弹性的含义。表 6－6 的结果显示，在 10% 的显著性水平下，国际原油价格的估计系数为 0.4403，即国际原油价格每上升 1 个百分点，国内玉米价格将上升 0.4403 个百分点。国际玉米质燃料乙醇价格的估计系数为 0.0495，在 1% 的显著性水平下显著，具有统计意义上的显著性，但其经济意义并不显著。使用时间序列存在虚假回归的可能性，因此我们对模型残差序列进行了单位根检验。单位根检验显示在 1% 的显著性水平下，ADF 统计量为 －4.2548，残差序列是平稳的，因此不存在虚假回归。基准检验的结果意味着国际原油价格对我国玉米价格存在经济意义上的显著影响，是我国玉米价格波动的显著原因。这一结论不仅印证了 VEC 模型的分析结果，同时验证了假设 6－2 的假说，但假设 6－3 的经济意义假说并不显著。

表 6－6　　我国玉米价格波动的影响因素

变量名称	回归系数	变量名称	回归系数
常数项	0.0026 * （1.6434）	D（LNETH）	0.0495 *** （2.5895）
D（LNINDEX）	0.2150 （0.6127）	D（LNFOB）	0.1867 （0.5903）
D（LNCOST）	0.3815 *** （2.3516）	D（LNCFP）	0.1038 ** （1.9486）
D（LNPP）	0.0544 * （1.6322）	（DLNER）	－0.6756 （－1.1974）
D（LNOIL）	0.4403 *** （2.6897）		
调整的 R^2	0.4928		
F 统计量	28.1752		
ADF 统计量	－4.2548		

其他控制变量的估计结果虽不是本部分的重点内容，但这些变量的估计结果可以更充分地反映影响我国玉米价格变动的因素。估计结果显示大多数变量的估计结果较为显著，且符号基本与预期相一致。我国玉米价格同玉米生产成本、需求增长和玉米期货市场预期显著正向相关。但美国 2 号黄玉米墨西哥湾离岸价格和人民币兑美元的汇率对我国玉米价格波动影响并不显著。

6.5.5　敏感性检验

为保证回归结果的稳健性，该部分中我们将月度数据合并为季度数据考察国际能源价格波动对我国玉米价格波动的影响。表 6－7 季度数据的敏感性回归结果基本与月度数据回归的结果相一致，国际原油价格的系数为 0.2055，表明国际原油价格每上升 1 个百分点，我国玉米价格将上涨 0.2055 个百分点，但在敏感性检验中，国际玉米质燃料乙醇价格波动对我国玉米价格波动影响不具有统计意义上和经济意义上的显著性。这一结论与回归结果相吻合，进一步验证了假设 6－2 的合理性。同时方程残差的 ADF 检验表明残差序列是平稳的，因此，总体来看，敏感性检验结果同样表明了国际原油价格对我国玉米价格具有显著的正向影响。

表 6－7　　敏感性检验：季度数据的回归

变量名称	回归系数	变量名称	回归系数
常数项	0.0051* (1.6140)	D (LNETH)	0.0563 (1.3226)
D (LNINDEX)	0.1055 (1.2898)	D (LNFOB)	0.1178 (1.2157)
D (LNCOST)	0.0620*** (2.8544)	D (LNCFP)	0.1563** (2.0133)
D (LNPP)	0.2111 (1.0664)	(DLNER)	－0.4565 (－0.0928)
D (LNOIL)	0.2055** (1.9968)		
调整的 R^2	0.4456		
F 统计量	25.2174		
ADF 统计量	－4.6632		

6.6 本章小结

本章利用2001年1月到2012年12月的月度数据，通过时间序列分析，分析了国际原油价格和玉米质燃料乙醇价格与我国玉米价格波动的因果关系。实证结果表明，国际能源市场与我国玉米市场存在高度的整合关系；向量误差修正模型的估计结果表明，无论在长期还是短期，国际能源价格波动都对我国玉米价格波动具有格兰杰意义上的因果作用。

随后我们采用传统OLS回归，对影响我国玉米价格波动的诸因素进行回归分析。由于该部分变量均采用对数形式，因此估计系数具有弹性的含义，结果表明，在10%的显著性水平下，国际原油价格的估计系数为0.4403，即国际原油价格每上升1个百分点，国内玉米价格将上升0.4403个百分点。国际玉米质燃料乙醇价格的估计系数为0.0495，在1%的显著性水平下显著，具有统计意义上的显著性，但其经济意义并不显著。

为保证结果的稳健性，我们随后进行了敏感性检验。检验结果表明在敏感性回归中国际原油价格的系数为0.2055，表明国际原油价格每上升1个百分点，我国玉米价格将上涨0.2055个百分点，但在敏感性检验中，国际玉米质燃料乙醇价格波动对我国玉米价格波动影响不具有统计意义上和经济意义上的显著性。

目前，我国玉米价格波动仍然在很大程度上受到国际因素的冲击，如原油价格的上涨和世界玉米质燃料乙醇的扩张。因此，中国玉米价格走势在未来存在极大的不确定性，粮价是百价之基，粮食安全是关系国计民生的重大问题，因而其价格波动，即使是暂时性波动都会对国民经济造成严重冲击。尤其是近年来玉米出口量减少而进口量的激增，来自国际市场的剧烈波动可能会在一定程度上引发中国价格的大幅波动。因此，建立农产品价格预警机制，并通过政策扶持等手段平抑国际能源价格波动对我国玉米价格波动的冲击是政府未来政策调整的一大方向。

第7章

我国能源市场与玉米市场价格波动风险分析

7.1 引言

粮食是安天下、定民心的重要物资，粮食供给安全、价格稳定更是社会发展、人民安居的重要前提。尽管近年来国家不断调整粮食市场价格政策，但粮食价格依然波动较大。尤其是2008年9月以来，国内大豆、玉米价格均出现了十几年来的高峰，粮食价格飙升带动整体农产品价格大幅波动。同时农业本身自然再生产和经济再生产相互交织的特点，决定了农业生产经营过程的复杂性和不确定性，也使得农业成为风险最为集中的产业。对粮食产业而言，价格波动已成为粮食生产面临的风险之一。

长期以来我国能源消费结构以煤炭为主，伴随中国经济的持续快速发展，以煤炭为主的消费格局不仅导致我国能源效率低下，同时给环境、生态带来巨大压力。20世纪90年代开始我国开始逐步调整能源结构，加大原油在能源消费结构中的比例，原油消费在一次能源消费中所占的比重出现了逐步上升趋势，如1990年原油消费在一次能源中的比例仅为16.6%；2003年则提升到22.7%；2010年比重超过了30%，维护原油安全已成为中国能源安全中最突出的问题。但中国原油过度依赖进口的现状使得原油安全的风险研究显得尤为重要。

因此，新能源的研究是当前世界各国解决一次能源危机的主要途径，其中燃料乙醇便是新能源发展中非常重要的一个分支。进入21世纪以来，我国也开始积极推进燃料乙醇的发展。如图7-1所示，2002年燃料乙醇产量仅为3万吨，

2011年燃料乙醇产量则达193万吨，在短短十年的时间内，产量翻了64倍。2009年中国燃料乙醇工业90%以上都以淀粉质原料进行生产，其中62%的燃料乙醇生产采用玉米为原料。燃料乙醇的发展使得最初的原油与玉米市场的单向决定关系变得复杂。因此，在此基础上研究原油、玉米、燃料乙醇市场的价格波动特征，将更好地了解三市场的价格变动规律，把握波动风险，对单一市场的政策制定具有重要的理论指导意义。本章我们将尝试利用ARCH类模型对我国能源市场和玉米市场的价格波动特征进行探索。

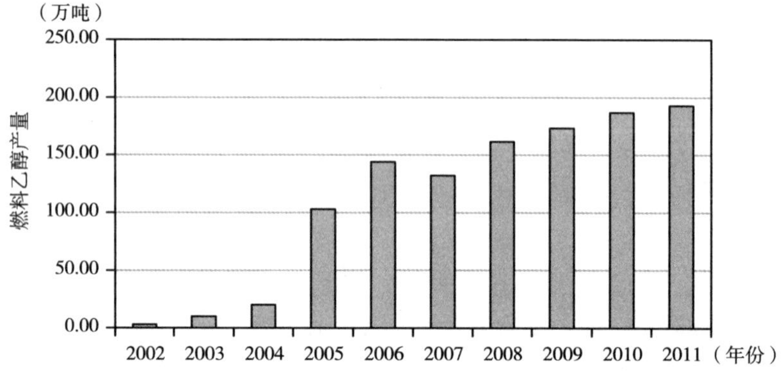

图7－1　2002～2011年我国燃料乙醇产量走势

资料来源：布瑞克农产品数据库。

7.2 理论模型与数据说明

7.2.1　理论模型

7.2.1.1　价格波动的集簇性

我们通常认为异方差性是截面数据的特点，而自相关问题是时间序列数据所特有的。但在分析时间序列时，我们往往发现模型中的扰动方差稳定性很难达到假设条件的要求（高铁梅，2009）。Engle于1982年提出了自回归条件异方差模型（autoregressive conditional heteroskedasticity model，ARCH模型），用以刻画预测误差的条件方差中可能存在的某种相关性。该模型解决了时变方差建模的难题并常用来描述时间序列呈现的波动集聚性和条件异方差性。

ARCH 模型的中心思想是：随机扰动项 u_t 的条件方差受它的前期值 u_{t-1} 的影响。ARCH（1）模型就是 u_t 的条件方差 σ_t^2 在时刻 t 依赖于时刻 t－1 的扰动项平方 u_{t-1}^2 的大小。

用公式表示，考虑 k 变量回归模型：

$$y_t = \gamma_0 + \gamma_1 x_{1t} + \cdots + \gamma_k x_{kt} + u_t \qquad (7-1)$$

如果随机扰动项 u_t 的均值为零，在 t－1 时刻，我们取 y_t 的期望 E_{t-1}（y_t），将得到如下关系：

$$E_{t-1}(y_t) = \gamma_0 + \gamma_1 x_{1t} + \cdots + \gamma_k x_{kt} \qquad (7-2)$$

由于式（7－1）的估计值近似等于 y_t 的条件均值，因此式（7－1）也称为均值方程。

在式（7－2）中，变量 y_t 的条件方差为：

$$var(y_t/Y_{t-1}) = E_{t-1}(y_t - \gamma_0 - \gamma_1 x_{1t} - \cdots - \gamma_k x_{kt})^2 = E_{t-1}u_t^2 \qquad (7-3)$$

其中，$var(y_t/Y_{t-1})$ 表示基于 t－1 时刻的信息集合 $Y_{t-1} = (y_{t-1}, y_{t-2}, \cdots, y_1)$ 的 y_t 的条件方差。

在 t－1 时刻，假设所有信息均可获得，扰动项的平方 u_t^2 服从 AR（1）过程：

$$u_t^2 = \alpha_0 + \alpha_1 u_{t-1}^2 + \varepsilon_t \qquad (7-4)$$

ε_t 是白噪声过程，即 $E(\varepsilon_t) = 0, E(\varepsilon_t \varepsilon_s) = \begin{cases} \lambda^2, t = s \\ 0, t \neq s \end{cases}$

这样，扰动项 u_t 的条件分布服从均值为 0，方差为 $\alpha_0 + \alpha_1 u_{t-1}^2$ 的条件正态分布。

由式（7－4）可以看出 u_t 的条件方差 σ_t^2 分为两部分：前一时刻关于变化量的信息，用前一时刻的扰动项平方 u_{t-1}^2 表示（ARCH 项）和一个常数项。由于式（7－4）中的 u_t 的条件方差变化仅依赖于前一期的扰动项平方的变化，因此称为 ARCH（1）过程。参数 γ_0，γ_1，…，γ_k，α_0，α_1 的有效估计通常通过极大似然估计获得。

一个自然的延伸是 ARCH（P）过程，可以写为：

$$var(u_t)=\sigma_t^2=\alpha_0+\alpha_1u_{t-1}^2+\cdots+\alpha_pu_{t-p}^2 \quad (7-5)$$

但由于 ARCH 模型存在滞后期的确定缺乏统一标准的缺陷，且滞后阶数过大时，无限制约束的估计常常会违背 $var(u_t)\geqslant 0$ 的限定条件，因此，Bollerslev（1986）将 ARCH 模型进一步扩展，创立了广义自回归条件异方差模型（generalized autoregressive conditional heteroskedasticity model，GARCH 模型）而在金融经济领域，GARCH（1，1）模型由于降低了高阶 ARCH 模型估计的难度而备受推崇。标准的 GARCH（1，1）模型为：

$$y_t=x'_t r+u_t \qquad t=1,2,\cdots,T$$

$$\sigma_t^2=\omega+\alpha u_{t-1}^2+\beta\sigma_{t-1}^2 \quad (7-6)$$

（7-6）式中，$x_t=(x_{1t},x_{2t},\cdots,x_{kt})'$是解释变量向量，$\gamma=(\gamma_1,\gamma_2,\cdots,\gamma_k)'$是系数向量，$\alpha u_{t-1}^2$为 ARCH 项，表示变量的外部冲击；$\beta\sigma_{t-1}^2$为 GARCH 项，表示变量过去的波动，一般要求 $\alpha\geqslant 0$，$\beta\geqslant 0$。如果 ARCH 项和 GARCH 项均较为显著，则表明粮食价格收益率的波动具有显著的集簇性。而 $\alpha+\beta$ 的大小反映了价格波动的持续性，当 $\alpha+\beta<1$ 时，冲击的影响会逐渐消失，持续性较弱；当 $\alpha+\beta>1$ 时，冲击的影响不但不会消失，反而会扩散，持续性较强。

7.2.1.2 价格波动的高风险高回报性

Black（1976）指出金融理论表明具有较高可观测到的风险的资产可以获得更高的平均收益，其原因在于人们一般认为金融资产的收益应当与其风险成正比，风险越大，预期的收益就越高。这种利用条件方差表示预期风险的模型称为 ARCH 均值（ARCH - in - mean）或 ARCH - M 模型。Engle 等（1987）在 GARCH 模型的均值方程中加入误差项的条件标准差提出的，表达式为：

$$y_t=x'_t\gamma+\rho\sigma_t^2+u_t \quad (7-7)$$

$$\sigma_t^2=\alpha_0+\alpha_1u_{t-1}^2+\alpha_2u_{t-2}^2+\cdots+\alpha_pu_{t-p}^2$$

其中，$x_t=(x_{1t},x_{2t},\cdots,x_{kt})'$是解释变量向量，$x_t=(x_{1t},x_{2t},\cdots,x_{kt})'$是系数向量，$\sigma^2$ 为条件方差，ρ 是条件标准差的一个倍数，表示可观测到的预期风险波动对 y_t 的影响程度，代表了风险和收益之间的一种权衡，若 ρ 为正数表明粮食市场具有高风险高回报的特征。

如果把 σ_t^2 看成是一个 GARCH（q，p）过程，则条件方差方程就可以写为：

$$\sigma_t^2 = \alpha_0 + \alpha_1 u_{t-1}^2 + \alpha_2 u_{t-2}^2 + \cdots + \alpha_p u_{t-p}^2 + \beta_1 \sigma_{t-1}^2 + \beta_2 \sigma_{t-2}^2 + \cdots + \beta_q \sigma_{t-q}^2 \tag{7-8}$$

式（7-7）和式（7-8）被称为 GARCH-M 模型。GARCH-M 模型有两种变形：

（1）用条件标准差 σ_t 代替条件方差 σ_t^2。

$$y_t = X'_t \gamma + \rho \sigma_t + u_t \tag{7-9}$$

$$\sigma_t^2 = \alpha_0 + \alpha_1 u_{t-1}^2 + \alpha_2 u_{t-2}^2 + \cdots + \alpha_p u_{t-p}^2 \tag{7-10}$$

（2）将条件方差 σt_t^2 换成其对数形式 ln（t_t^2）。

$$y_t = X'_t r + p\ln(\delta_t^2) + u_t \tag{7-11}$$

$$\sigma_t^2 = \alpha_0 + \alpha_1 u_{t-1}^2 + \alpha_2 u_{t-2}^2 + \cdots + \alpha_p u_{t-p}^2 \tag{7-12}$$

7.2.1.3 价格波动的非对称性

Nelson（1991）提出的单变量 EGARCH 解决了 Bollerslev 提出的 GARCH 模型中难以保证系数非负性的缺陷，在分析单变量序列波动的非对称性效应方面具有独特优势。具体的，波动程度的模型有如下假设：

$$y_t = \alpha + \sum_{i=1}^{k} \beta_i X_{i,t} + \varepsilon_t, \varepsilon_t \mid \Omega_{t-1} \sim N(0, \sigma_t^2) \tag{7-13}$$

$$\log(\sigma_t^2) = \omega + \sum_{i=1}^{p} \alpha_i \left| \frac{\varepsilon_{t-i}}{\sigma_{t-i}} \right| + \sum_{j=1}^{q} \beta_j \log(\sigma_{t-j}^2) + \sum_{k=1}^{r} \gamma_k \frac{\varepsilon_{t-k}}{\sigma_{t-k}} \tag{7-14}$$

式（7-13）和式（7-14）中，ε_t 为随机误差；Ω_{t-1} 为 t-1 时刻的信息集；σ_t^2 为条件方差；在信息集 Ω_{t-1} 条件下，ε_t 服从均值为 0，方差为 σ_t^2 的正态分布。式（7-14）左侧为条件方差的对数形式，这意味着杠杆效应是指数形式，而不是二次的，所以条件方差的预测值一定是非负的。

一般认为 EGARCH（1，1）模型相比于高阶 EGARCH 模型在数据拟合方面更具优势，因此式（7-14）转化为 EGARCH（1，1）可被简化为：

$$\text{Ln}(\sigma_t^2) = \omega + \alpha \left| \frac{\varepsilon_{t-1}}{\sigma_{t-1}} - \sqrt{\frac{2}{\pi}} \right| + \beta \text{Ln}({\sigma_{t-1}}^2) + \gamma \frac{\varepsilon_{t-1}}{\sigma_{t-1}} \tag{7-15}$$

非对称性效应的存在能够通过 $\gamma<0$ 的假设得以检验。若 $\gamma\neq0$，则冲击的影响就存在着非对称性。若 $\gamma<0$，则价格下跌的信息比等量的价格上涨的信息产生更大的波动性；若 $\gamma>0$，则价格上涨的信息比等量的价格下跌的信息产生更大的波动性。系数 β 用以衡量市场波动影响的持久性，如果 β 的绝对值接近 1，则说明波动冲击具有持久性。

7.2.2 数据说明

本章以 2003 年 9 月 5 日—2013 年 6 月 28 日全国原油出厂价格（美元/桶）、全国玉米批发市场价格指数、全国燃料乙醇平均出厂价格（元/吨）的周数据为研究对象①。由于部分统计数据的缺失，参考 Hamao 等（1990）等的做法，本章将几个市场没有重叠的数据删除②，得到样本数据 474 个。

图 7－2 全国原油平均出厂价格趋势图可以看出 2003 年以来我国原油价格经历了较大幅度的波动。2003 年下半年开始到 2006 年 8 月原油价格一直处于上升趋势，从 2003 年 9 月的 25.80 美元/桶上升到 2006 年 8 月的 75.09 美元/桶，增幅达 199.40%。2006 年底到 2007 年初，原油价格在经历了短暂的下跌之后，价格从 2007 年 1 月的 50.18 美元/桶攀升到 2008 年 7 月的 133.77 美元/桶，18 个月之内价格翻了三倍。此后原油价格急速下降，到 2008 年 12 月份下降到 38.01 美元/桶，接近 2004 年年底的价格水平。2009 年开始我国原油价格在波动中不断上升，虽未有大的价格波动，但涨落不定。

图 7－3 全国 2 号黄玉米批发市场价格指数趋势图可以看出，2003 年以来我国玉米市场价格整体上呈上升趋势。2003 年下半年到 2007 年年底，价格呈平稳上升态势，价格指数从 2003 年 9 月的 109.0 上升到 2007 年 11 月的 168.17，增

---

① 全国原油现货价数据来源于中国物流信息中心，玉米批发市场价格指数为全国 2 号黄玉米批发市场价格指数，数据均以 1994 年 6 月 =100 为基期，数据来源于中华粮网，全国燃料乙醇周平均价格数据来源于上海市化工行业协会。值得说明的是，后续针对三市场联动效应的研究中，全国 2 号黄玉米批发市场价格数据显著优于价格指数数据，但由于我国统计资料中缺乏玉米市场价格的周数据，且后续研究基于数据的价格收益率序列，这一对数化处理可以有效降低数据的波动性和统计误差。

② 由于统计数据不完全重合，参考 Hamao 等（1990）等的做法，当出现某一日期，缺失某一市场的统计数据时，本章将该日期删除。样本区间，不完全重合的数据样本日期为 15 个，分别为：03/05/2004，03/19/2004，05/07/2004，02/11/2005，01/13/2006，01/05/2007，02/21/2007，02/28/2007，10/05/2007，11/06/2009，06/25/2010，01/28/2011，02/11/2011，10/07/2011，12/30/2011。

图 7-2　2003～2013 年全国原油平均出厂价格趋势

资料来源：中国物流信息中心。

幅为 54.3%。2007 年年底到 2009 年年初，全国玉米批发市场价格指数在经历了短暂的下跌之后价格开始一路飙升，到 2011 年 9 月达到最高峰，为 239.7 点，是 2003 年 9 月的 2.2 倍，2009 年 2 月的 1.7 倍。

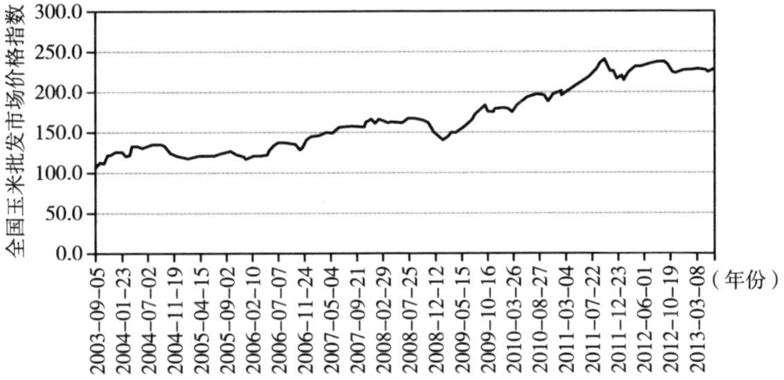

图 7-3　2003～2013 年全国 2 号黄玉米批发市场价格指数趋势

资料来源：中华粮网。

相比于原油和玉米市场价格波动，全国燃料乙醇市场价格波动幅度较小。图 7-4 全国燃料乙醇平均出厂价格走势图显示 2003 年 9 月以来，尽管燃料乙醇市场价格整体上呈上升趋势，但阶段性特征明显。2003 年 9 月到 2008 年 10 月我国燃料乙醇市场价格呈平稳上升趋势，价格从 3619 元/吨增长到 5840 元/吨，增幅达 61.37%。2008 年年底到 2009 年 8 月价格处于低迷时期，2009 年 9 月到 2011 年的 3 月是燃料乙醇价格的高速增长期，全国燃料乙醇市场价格从 5417 元/吨攀升到7967元/吨，年均增长率达31.38%。2011年7月开始全国燃料乙醇市场价格基本稳定。

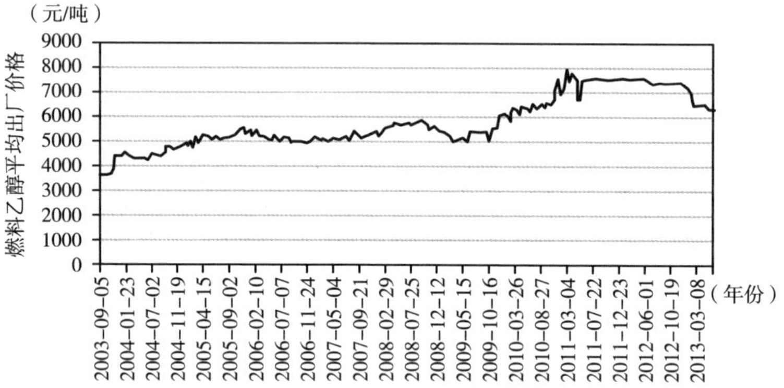

图7-4　2003~2013年全国燃料乙醇平均出厂价格趋势

资料来源：上海市化工行业协会。

表7-1原油、玉米、燃料乙醇市场价格统计性描述结果显示2003年9月至2013年6月，我国原油最高出厂价格为143.77美元/桶，最低出厂价格为25.8美元/桶，平均出厂价格为75.54美元/桶，偏度为0.21，呈右偏性，峰度为1.94，小于正态分布的峰度3，JB统计量显示，原油出厂价格分布不具正态性。2003年9月至2013年6月，我国玉米集贸市场价格指数最高为239.71点，最低为109.72点，平均价格指数为167.39点，偏度为0.43，呈右偏性，峰度为1.81，小于正态分布的峰度3，JB统计量显示，玉米集贸市场价格指数分布不具正态性。2003年9月至2013年6月，我国燃料乙醇最高价格为7967元/吨，最低价格为3600元/吨，平均价格为5768.50元/吨，偏度为0.45，呈右偏性，峰度为2.16，小于正态分布的峰度3，JB统计量显示，我国燃料乙醇价格分布不具正态性。

表7-1　原油、玉米、燃料乙醇市场价格统计性描述

	原油价格	玉米价格	燃料乙醇价格
均值	75.54	167.39	5768.50
中值	71.28	159.05	5446.50
最大值	143.77	239.71	7967.00
最小值	25.80	109.02	3600.00

续表

	原油价格	玉米价格	燃料乙醇价格
标准差	28.90	39.45	1069.48
偏度	0.21	0.43	0.45
峰度	1.94	1.81	2.16
JB 统计量	25.51	42.45	29.68
概率	0.00	0.00	0.00
观察值个数	474	474	474

7.3 我国能源价格与玉米价格波动风险实证结果分析

由于对数形式的数据具有良好的统计特征，本章的价格收益率以相邻两周原油出厂价格、玉米批发市场价格指数、燃料乙醇出厂价格对数的一阶差分表示，计算公式如下：

$$r_{i,t} = \ln(p_{i,t}/p_{i,t-1}) = \ln p_{i,t} - \ln p_{i,t-1} \quad i = 1,2,3 \tag{7-16}$$

其中，$r_{i,t}$表示第 i 个市场在第 t 周的价格收益率；$\ln p_{i,t}$、$\ln p_{i,t-1}$分别表示第 i 个市场在第 t 周和 t - 1 周价格的对数；r_1、r_2、r_3 分别表示原油市场、玉米市场、燃料乙醇市场的周对数收益率。三市场价格收益率序列的描述性统计见表 7 - 2。

表 7 - 2　原油、玉米、燃料乙醇价格收益率序列统计性描述

	平均值	标准差	偏度	峰度	JB 统计量
原油	0.0027	0.0504	-0.4845	4.6656	73.18588***
玉米	0.0016	0.0114	0.2177	6.6170	261.5765***
燃料乙醇	0.0012	0.0264	0.4786	8.4720	608.1813***
样本个数	473	473	473	473	473

注：***、**、* 分别表示在 1%、5%、10% 的水平上显著。

三市场的价格收益率序列均值分别为 0.0027、0.0016、0.0012，表明原油市场价格收益率最高。三市场价格收益率序列的标准差分别为 0.0504、0.0114、0.0264，表明相比于玉米市场和燃料乙醇市场，原油市场价格波动最大。三市场价格收益率序列的偏度分别为 -0.04845、0.2177、0.4786，表明原油价格收益率序列呈明显左偏性；而玉米和燃料乙醇价格收益率呈明显右偏性。三市场价格收益率的峰度分别为4.6656、6.6170、8.4720，均大于3，JB统计量在1%的显著性水平上高度显著，说明三市场价格收益率序列异于正态分布，具有典型的尖峰厚尾特征。

7.3.1 平稳性检验

为避免模型出现伪回归，在建模前需对序列进行平稳性检验。表7-3显示了原油、玉米、燃料乙醇价格收益率序列的ADF检验和PP检验结果：原油、玉米、燃料乙醇价格收益率的水平序列在1%的显著性水平上均拒绝单位根假设，为平稳的时间序列。因此对三者建模不会出现“伪回归”问题。

表7-3　原油、玉米、燃料乙醇价格收益率序列平稳性检验

	(C, T, L)	ADF统计量值	PP统计量	1%水平临界值	结论
原油	(C, T, 0)	-21.0512***	-21.1574***	-3.9776	平稳
玉米	(C, 0, 0)	-11.8420***	-19.8067***	-3.4440	平稳
燃料乙醇	(C, T, 0)	-29.9671***	-32.3382***	-3.9776	平稳

注：***、**、*分别表示在1%、5%、10%的水平上显著；C为截距项，T为趋势项，L为滞后阶数。

7.3.2 格兰杰因果关系检验

格兰杰因果关系检验（严格意义上为格兰杰非因果关系检验）是分析时间序列前需首先考虑的基础步骤（Gilbert，2010）。上述ADF和PP检验已表明在1%的显著性水平上三市场价格收益率序列均为平稳的时间序列，根据LR和AIC准则，确定格兰杰因果关系检验的最优滞后阶数为2，表7-4显示了格兰杰因果关系检验的结果。结果表明，在10%的显著性水平上，样本期间玉米价格波动与原油价格波动、燃料乙醇价格波动互为格兰杰因果关系，但燃料乙醇市场和原油市场间价格波动不存在格兰杰因果关系。

表 7－4 原油、玉米、燃料乙醇价格收益率序列格兰杰因果关系检验

原假设	观察值	F－统计量	概率	结论
玉米价格波动不是原油价格波动的格兰杰原因	471	4.2641	0.0146	拒绝
原油价格波动不是玉米价格波动的格兰杰原因	471	4.5521	0.0110	拒绝
燃料乙醇价格波动不是原油价格波动的格兰杰原因	471	0.2656	0.7668	接受
原油价格波动不是燃料乙醇价格波动的格兰杰原因	471	0.0751	0.9277	接受
燃料乙醇价格波动不是玉米价格波动的格兰杰原因	471	2.7235	0.0667	拒绝
玉米价格波动不是燃料乙醇价格波动的格兰杰原因	471	2.0731	0.1270	拒绝

7.3.3 自相关检验

通过对原油、玉米、燃料乙醇三市场价格收益率序列自相关性检验可知，我国原油价格收益率序列存在一阶自相关性；而玉米价格收益率序列与其 1、2 期的滞后值存在显著的相关性；燃料乙醇价格收益率序列与其 1、2 期的滞后值存在显著相关性。因此为消除序列自相关，原油、玉米、燃料乙醇价格收益率的均值方程设定如下：

$$r_{1,t} = c + r_{1,t-1} + \varepsilon_{1,t} \tag{7-17}$$

$$r_{2,t} = c + \alpha r_{2,t-1} + \beta r_{2,t-2} + \varepsilon_{2,t} \tag{7-18}$$

$$r_{3,t} = c + \alpha r_{3,t-1} + \beta r_{3,t-2} + \varepsilon_{3,t} \tag{7-19}$$

新建立的式（7－17）、式（7－18）、式（7－19）经检验均不再存在自相关问题。

7.3.4 ARCH 效应检验

本章采用残差平方相关图检验价格收益率序列的 ARCH 效应。由三市场价格收益率的均值方程可得其残差序列 ε_t 和残差序列平方 ε_t^2，取滞后阶数为 12，用

Ljung – Box Q 统计量对 ε_t 和 ε_t^2 做自相关检验。结果表明：三市场价格收益率残差序列不存在显著的自相关，而残差平方 ε_t^2 存在显著的自相关。做 ε_t^2 的时序图，如图 7 – 5、图 7 – 6、图 7 – 7 所示，三市场的 ε_t^2 的波动具有明显的时变性和集簇性，尤其以原油市场表现最为显著。即三市场的价格收益率序列大的波动后面跟随大的波动，小的波动后面跟随小的波动，可以判断三市场价格收益率存在条件异方差性，即 ARCH 效应。

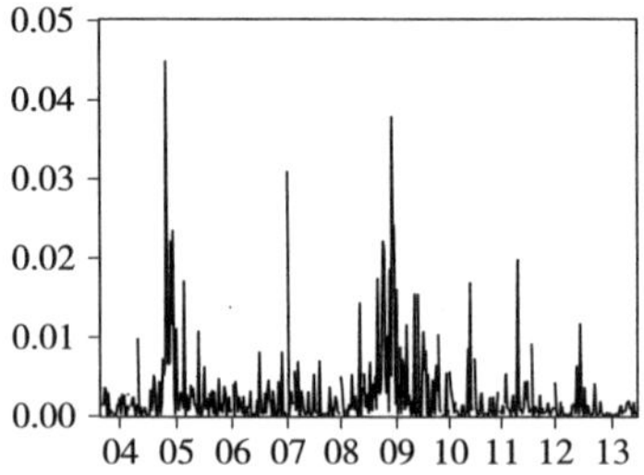

图 7 – 5 原油市场 ε_t^2 时序图

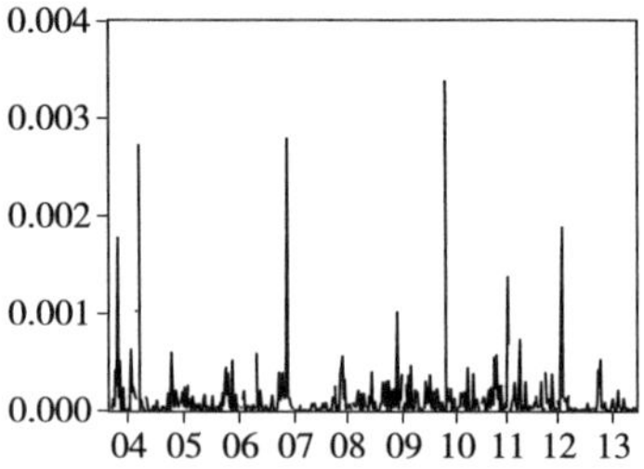

图 7 – 6 玉米市场 ε_t^2 时序图

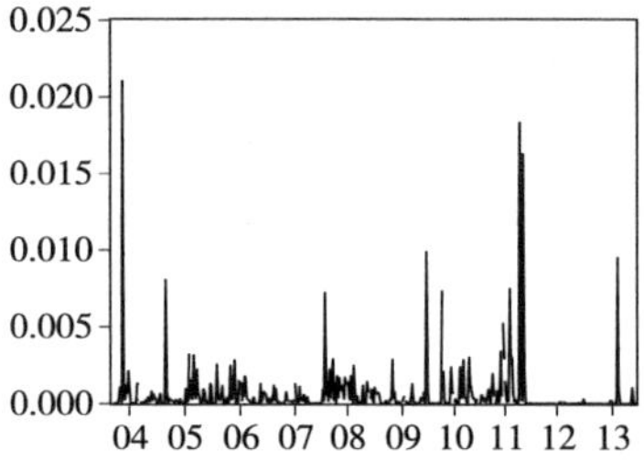

图 7 – 7 燃料乙醇市场 ε_t^2 时序图

7.3.5 ARCH 类模型回归结果

表 7 – 5 对三市场价格波动特征的 GARCH 模型检验结果显示，三市场上 α 和 β 在 10% 的显著性水平上均较为显著，表明三市场价格波动具有显著的集簇性；原油市场价格波动具有长久的持续性，燃料乙醇市场次之，玉米市场价格波动持续时间最短；对三市场而言，α + β 的值均小于 1，表明三市场价格波动随时间推移不会扩散，而将逐渐消失。其政策含义为对原油市场、玉米市场和燃料乙醇市场而言，市场经过一段时间的自我调节可达到均衡，无需过多的外部干预。

表 7－5　　原油、玉米、燃料乙醇市场价格波动特征实证结果

		GARCH	GARCH－M	EGARCH
原油	ω	0.0001** (2.0228)	0.0001** (1.9845)	－0.4022*** (－3.0337)
	α	0.1071*** (4.0800)	0.1053*** (4.0564)	0.1939*** (4.5280)
	β	0.8501*** (22.0339)	0.8539*** (22.6604)	0.9588*** (48.2439)
	ρ/γ		0.0818* (1.7360)	－0.0320 (－1.1302)
玉米	ω	0.0001*** (2.8586)	0.0001*** (2.8590)	－1.7406*** (－3.6674)
	α	0.2756*** (4.7081)	0.2713*** (4.6365)	0.4234*** (6.5546)
	β	0.5812*** (6.6461)	0.5828*** (6.6157)	0.8424*** (16.7782)
	ρ/γ		0.1291*** (3.2234)	－0.0474* (－1.6321)
燃料乙醇	ω	0.0001*** (8.1998)	0.0001*** (8.1635)	－1.2781*** (－10.2301)
	α	0.1489*** (4.6427)	0.1497*** (4.6084)	0.3076*** (8.7374)
	β	0.7245*** (22.5113)	0.7235*** (22.2685)	0.8505*** (56.4048)
	ρ/γ		0.0305 (0.6844)	－0.0284* (－1.4779)

注：***、**、*分别表示在 1%、5%、10% 的水平上显著。小括号内数字为系数的 z 统计量，ρ 为 GARCH－M 模型中条件标准差的一个倍数，若 ρ 为正数表明粮食市场具有高风险高回报的特征；γ 为 EGARCH 模型中检验粮食市场价格波动是否具有非对称性。

关于产生价格波动集簇性的原因，目前有两种解释：第一种是将波动与宏观经济形势联系起来，认为信息产生过程的序列相关导致了波动的集簇性；第二种认为市场上存在看法不同的风险厌恶者，Harris 和 Raviv（1993）、Shalen（1993）都提出了看法不同会产生波动集簇性的理论模型。但 2003～2012 年，相比于原

油市场稳定的市场化状态，粮食市场上除2004年全面推行粮食购销的市场化政策外，国家针对粮食市场的政策并无大的变化；而在此期间燃料乙醇工业的发展一直处于国家政策保护之下，因此，本章可以认为市场政策和宏观环境相对稳定，即国家宏观政策并不是造成价格波动集簇性的主要原因，而市场上不同风险态度的参与者对同一信息的不同理解方式是导致粮食市场价格波动集簇性的主要原因。

GARCH－M模型检验结果表明我国原油市场和玉米市场上ρ值均在10%的显著性水平上显著，即两市场呈现出高风险高回报的特征；但燃料乙醇市场上ρ值在10%的显著性水平上不显著，说明我国燃料乙醇市场不具有高风险高回报的特征。原因可能在于燃料乙醇行业作为新能源目前尚处于国家政策保护之下，国家对燃料乙醇行业的政策补贴使得燃料乙醇市场没有呈现出高风险高回报的特征。

EGARCH模型检验结果表明，三市场上γ值均为负值，在10%的显著性水平上玉米市场和燃料乙醇市场γ值显著，表明对玉米市场和燃料乙醇市场而言，价格下跌引起的波动大于价格上涨引起的波动。对波动非对称性的解释，French等（1993）、Campbell和Hentschel（1992）提出了波动反馈效应：即在价格下跌信息的冲击下，市场信息引起的价格下跌将与增加的波动带来降低当期价格的效应相叠加，从而使波动效应扩大；在价格上涨信息的冲击下，市场信息引起的价格上涨将与增加的波动带来降低当期价格的效应相抵消，从而使波动波动效应减弱。

7.4 结　论

样本期间，原油、玉米和燃料乙醇市场均表现出显著的ARCH效应，即三市场上大的价格波动后面往往跟随大的波动，小的价格波动后面往往跟随小的波动，这说明三市场的价格波动在一定程度上是可以预测的。同时，较之原油、燃料乙醇市场，玉米市场价格波动最小，这一结论也印证了粮食在国家经济社会中的基础地位和国家致力于稳定粮价政策的成效。

原油市场和玉米市场体现出高风险高回报的特征，说明原油市场和玉米市场的大部分交易者在做出决策时体现了理性投资的特征，但由于国家的财政补贴效应，燃料乙醇市场并没有体现出高风险高回报的特征，这说明国家需进一步开放燃料乙醇市场，推进燃料乙醇市场的市场化进程。同时玉米市场和燃料乙醇体现出价格波动的非对称性，两市场上价格下跌信息引起的波动显著大于价格上涨信息引起的波动，因此为稳定新能源市场和粮食市场，需特别关注那些可能引起市场价格下跌的因素。

格兰杰因果关系检验结果表明，在 10% 的显著性水平上，样本期间玉米价格波动与原油价格波动、燃料乙醇价格波动互为格兰杰因果关系，但燃料乙醇市场和原油市场间价格波动不存在格兰杰因果关系。表明玉米市场与原油市场、燃料乙醇市场存在较强的关联性。

7.5

本章小结

原油是一个国家经济发展与社会稳定的重要物资，进入 21 世纪以来，我国原油价格波动频繁，带动相关产业产出价格的大幅波动。如 2008 年 9 月以来，国内大豆、玉米价格均出现了十几年来的高峰，粮食价格飙升带动整体农产品价格大幅波动。同时农业本身自然再生产和经济再生产相互交织的特点，决定了农业生产经营过程的复杂性和不确定性，也使得农业成为风险最为集中的产业。同时为解决陈化粮问题，我国从 2001 年开始大规模生产玉米质燃料乙醇。因此，研究原油、玉米、燃料乙醇价格波动特征和波动风险具有非常重要的理论意义和现实意义。

数据显示样本期间，我国原油、玉米、燃料乙醇价格波动均表现出显著的 ARCH 效应，表明三者的价格波动有一定的规律可循，在一定范围内可根据前期价格波动预测下一期的价格波动状况。玉米市场和原油市场价格波动的高风险高回报性表明玉米市场和原油市场的收益与风险成正比，风险越大，预期收益就越高。对玉米市场和燃料乙醇市场而言，价格下跌引起的波动远大于价格上涨引起的波动，因此要稳定玉米市场和燃料乙醇市场需特别关注那些可能导致两市场价格下跌的因素。

关于三市场价格波动风险的研究为了解三市场价格波动的基本特征提供了良好的思路，为单市场价格稳定政策的制定提供了一定的理论指导。

第 8 章

能源价格与玉米价格波动非对称性分析

8.1 引　言

近年来我国粮食价格波动频繁，尤其是 2006 年以来，粮食价格涨幅明显。以玉米市场为例，其批发市场价格指数由 2003 年 9 月的 109.02 点飙升到 2011 年 9 月的 237.94 点，增幅达 118.5%。传统意义上粮食价格上涨受粮食市场需求拉动、主产区供给波动影响显著，但近期粮价上涨与国际能源价格飙升和金融预期增长密切相关（Campiche et al.，2007；Balcombe and Rapsomanikis，2008）。如国际原油期货价格在 2009 年 2 月仅为 39.79 美元/桶，到 2013 年 9 月价格飙升到 113.33 美元/桶，价格翻了近 3 倍；而我国玉米期货价格在 2009 年 2 月仅为 1578 元/吨，2013 年 9 月上涨到 2343 元/吨，增幅达 48.48%。

原油与玉米市场价格波动的高度相关性使得越来越多的学者开始关注两者之间价格波动的传导机理和传导路径，尤其在粮食高度能源化的背景下。一般而言，我们认为原油价格通过以下两条路径对玉米价格波动产生影响：一是通过推高生产成本拉升玉米价格。从 20 世纪 80 年代中期到 2004 年，国际原油价格保持在 20 ~ 40 美元/桶，2006 年以后出现快速上涨，到 2008 年年中一度突破 140 美元/桶。按照能源使用占粮食生产成本的 30%（美国等国家甚至达到 40%）计算，2004 ~ 2008 年原油价格上涨导致玉米生产成本和运输成本提高了 40% 左右。二是通过扩大需求拉升玉米价格。生物质能源作为原油的替代品在原油价格飙升的背景下急剧扩张，直接扩大了玉米等能源作物的市场需求，强化了原油价格波动对玉米价格的影响。例如，2002～2008 年，国际石油价格持续上涨，生物质能源快速发展，其中在 2005～2008 年上半年农产品价格波动中，玉米价格首先上涨 114.5%，随后带动小麦、大豆价格分别上涨 118.7% 和 96.1%。

尽管能源价格波动对玉米价格波动的影响十分显著，但玉米价格波动对能源价格波动的反向作用并不明显（吴海霞等，2013；吴海霞和霍学喜，2014），即两者的相互关系具有显著的非对称性。所谓非对称性，即相同幅度的价格波动冲击由于正负方向的差异而具有不同幅度的效应，这一特征对市场政策的制定具有重要的指导意义。单一市场上，把握价格波动的非对称性有助于市场参与者通过价格波动方向对价格波动幅度做出合理预期；而多市场间的非对称性特征是准确把握不同市场间价格传导路径及作用程度的重要手段，有利于政策制定者更好地掌握某一市场政策的辐射效应。因此，正确理解粮食、能源期货市场对现货市场价格波动的非对称性溢出效应意义深远。

8.2 文献综述

目前，国内外学者对能源市场与粮食市场价格波动非对称性的研究多集中于单市场领域。Baharom 等（2009）运用 EGARCH 模型和 1961～2008 年世界大米月度数据，发现世界米价具有价格波动的非对称性。罗万纯、刘锐（2010）基于 ARCH 类模型对中国主要粮食品种价格波动非对称性进行分析，结果发现小麦价格波动有显著的非对称性特征，这一结论与冯云（2008）结果类似。孙林和倪卡卡（2013）利用芝加哥期货交易所的大米、小麦、大豆和玉米四种期货产品 2005～2012 年日度价格收益率序列及 EGARCH 模型，实证发现：国际粮食期货价格存在显著集簇性和非对称性，但不同期货产品对“利好”和“利空”消息的反应存在差异。吴海霞等（2013）运用 EGARCH 模型和 2003 年 9 月 5 日至 2012 年 7 月 6 日全国原油平均出厂价格、全国玉米批发市场价格指数、全国燃料乙醇平均出厂价格的周数据，结果发现单一市场上，三市场价格波动均表现出显著的非对称性。

现有文献对能源市场和粮食市场间价格波动的研究主要集中于两市场间价格波动因果关系，而对非对称性溢出效应的关注不多。Du 等（2011）、Harri 和

Darren（2009）利用随机波动模型发现原油市场与玉米市场间存在双向因果效应。Barrera 等（2011）利用 2006～2011 年的数据发现在美国存在原油市场向玉米的单向因果效应。Kaltalioglu 和 Soytas（2011）利用土耳其 1980～2008 年的农业原材料价格指数、食品、原油价格周数据和 BEKK－GARCH 模型得出结论：食品市场和农业原材料市场间呈现出显著的双向因果效应，但原油价格波动不是食品和农业原材料价格波动的原因。Zhang 等（2009）将 1989～2007 年的数据分成两部分，利用 EGARCH 模型对比研究了美国燃料乙醇市场在不同发展阶段的汽油、原油、玉米和大豆市场间的关系，结果发现：在美国燃料乙醇开始推广的阶段，燃料乙醇和玉米价格波动受原油价格波动的影响并不显著；但随着燃料乙醇的大规模生产，原油和燃料乙醇价格成为大豆和玉米价格波动强有力的推动力量。

就研究方法而言，ARCH 类模型由于能够有效保留经济金融序列的高频信息，并准确模拟时间序列变量的波动状况，有助于市场参与者和政策制定者精确把握市场波动的大小和方向，在时间序列的研究中受到极大关注。这一研究结果为本章的模型构建提供了丰富的参考和借鉴。但现有研究仍有进一步深化探讨的余地：第一，现有研究多以单市场价格波动非对称性为主，对市场间的整合分析不足。第二，现有文献中关于能源市场与粮食市场间因果关系的研究且多以整体粮食市场为样本，这势必会降低研究结论对现实的指导意义。能源是粮食生产重要的物质投入，从生产、运输等各个环节影响粮食价格，两市场是否存在价格波动的非对称性；对不同市场而言，来自其他市场的正向冲击带来的波动更大还是负向冲击引起的波动更大。对上述问题的回答将对相关市场政策的制定具有重要的参考意义。

8.3 理论模型与数据说明

8.3.1 单市场非对称效应模型

Nelson（1991）提出的单变量 EGARCH（exponential generalized autoregressive conditional heteroskedasticity）模型由于解决了 Bollerslev 提出的 GARCH 模型难以

保证系数非负性的缺陷，并能有效捕捉变量波动的非对称性，在单变量非对称效应的研究中受到极大重视。具体的，波动程度的模型有如下假设：

$$y_t = \alpha + \sum_{i=1}^{k} \beta_i X_{i,t} + \varepsilon_t, \varepsilon_t \mid \Omega_{t-1} \sim N(0, \sigma_t^2) \qquad (8-1)$$

$$\log(\sigma_t^2) = \omega + \sum_{i=1}^{p} \alpha_i \left| \frac{\varepsilon_{t-i}}{\sigma_{t-i}} \right| + \sum_{j=1}^{q} \beta_j \log(\sigma_{t-j}^2) + \sum_{k=1}^{r} \gamma_k \frac{\varepsilon_{t-k}}{\sigma_{t-k}} \qquad (8-2)$$

其中，ε_t 为随机误差；Ω_{t-1}为 t－1 时刻的信息集；σ_t^2 为条件方差；在信息集 Ω_{t-1}条件下，ε_t 服从均值为 0，方差为 σ_t^2 的正态分布。式（8－2）左侧为条件方差的对数形式，表明条件方差的预测值一定是非负的。

一般认为 EGARCH（1，1）模型相比于高阶 EGARCH 模型由于损失的数据信息较少在数据拟合方面更具优势，因此式（8－2）转化为 EGARCH（1，1）可被简化为：

$$Ln(\sigma_t^{\ 2}) = \omega + \alpha \left| \frac{\varepsilon_{t-1}}{\sigma_{t-1}} - \sqrt{\frac{2}{\pi}} \right| + \beta Ln(\sigma_{t-1}^{\ 2}) + \gamma \frac{\varepsilon_{t-1}}{\sigma_{t-1}} \qquad (8-3)$$

检验冲击的非对称性即检验 γ 的大小和正负情况。

（1）若 $\gamma = 0$，则不存在价格波动的非对称性；

（2）若 $\gamma \neq 0$，则存在价格波动非对称性。

其中，当 $\gamma < 0$ 时，则价格下跌的信息带来更大的波动性；当 $\gamma > 0$ 时，则价格上涨的信息带来更大的波动性。系数 β 用以衡量市场波动影响的持久性，如果 β 的绝对值接近 1，则说明波动冲击具有持久性。

8.3.2　多变量市场间非对称效应模型

Engle 和 Kroner（1995）提出的多元 BEKK－GARCH 模型不仅保证了协方差矩阵的正定性，且模型中需要估计的参数较少，大大降低了多元 GARCH 模型的“维数灾难”问题。而 GARCH（1，1）模型被普遍认为可以较好地代表一个高阶 ARCH 模型，从而使模型的识别和估计都变得比较容易，因此本章对波动溢出效应的研究将采用 BEKK－GARCH（1，1）模型。因此，我们将考虑在 BEKK－GARCH（1，1）模型的方差方程中加入可以反映这种效应的非对称项。

对于原油期货市场、玉米期货市场、玉米现货市场，三元 BEKK－GARCH（1，1）模型的均值方程为：

$$r_t = \alpha + \sum_{i=1}^{k} \beta_i r_{t-i} + u_t, u_t \mid I_{t-1} \sim N(0, H_t) \tag{8-4}$$

其中，k 为滞后结束。$r_t=(r_{1t}, r_{2t}, r_{3t})'$为 3x1 向量，表示 t 时刻原油期货市场、玉米期货市场和玉米现货市场的价格收益率；α 为 3x1 向量截距向量，β 为 3x3 系数矩阵。u_t 为 3x1 残差向量，在信息集 I_{t-1}条件下，残差项服从均值为 0，方差为 H_t 的正态分布。

三元 BEKK－GARCH（1，1）模型中条件方差方程的设定形式为：

$$H_t = CC' + BH_{t-1}B' + A(u_{t-1}u_{t-1}')A' + D(\varepsilon_{t-1}\varepsilon_{t-1}')D' \tag{8-5}$$

其矩阵形式为：

$$\begin{pmatrix} h_{11,t} & h_{12,t} & h_{13,t} \\ h_{21,t} & h_{22,t} & h_{23,t} \\ h_{31,t} & h_{32,t} & h_{33,t} \end{pmatrix} = \begin{pmatrix} c_{11} & 0 & 0 \\ c_{21} & c_{22} & 0 \\ c_{31} & c_{32} & c_{33} \end{pmatrix} \begin{pmatrix} c_{11} & c_{21} & c_{31} \\ 0 & c_{22} & c_{32} \\ 0 & 0 & c_{33} \end{pmatrix}$$

$$+ \begin{pmatrix} b_{11} & b_{21} & b_{31} \\ b_{12} & b_{22} & b_{32} \\ b_{13} & b_{23} & b_{33} \end{pmatrix} \begin{pmatrix} h_{11,t-1} & h_{12,t-1} & h_{13,t-1} \\ h_{21,t-1} & h_{22,t-1} & h_{23,t-1} \\ h_{31,t-1} & h_{32,t-1} & h_{33,t-1} \end{pmatrix} \begin{pmatrix} b_{11} & b_{12} & b_{13} \\ b_{21} & b_{22} & b_{23} \\ b_{31} & b_{32} & b_{33} \end{pmatrix}$$

$$+ \begin{pmatrix} \alpha_{11} & \alpha_{21} & \alpha_{31} \\ \alpha_{12} & \alpha_{22} & \alpha_{32} \\ \alpha_{13} & \alpha_{23} & \alpha_{33} \end{pmatrix} \begin{pmatrix} u_{1,t-1}^2 & u_{1,t-1}u_{2,t-1} & u_{1,t-1}u_{3,t-1} \\ u_{1,t-1}u_{2,t-1} & u_{2,t-1}^2 & u_{2,t-1}u_{3,t-1} \\ u_{1,t-1}u_{3,t-1} & u_{2,t-1}u_{3,t-1} & u_{3,t-1}^2 \end{pmatrix} \begin{pmatrix} \alpha_{11} & \alpha_{12} & \alpha_{13} \\ \alpha_{21} & \alpha_{22} & \alpha_{23} \\ \alpha_{31} & \alpha_{32} & \alpha_{33} \end{pmatrix}$$

$$+ \begin{pmatrix} d_{11} & d_{21} & d_{31} \\ d_{12} & d_{22} & d_{32} \\ d_{13} & d_{23} & d_{33} \end{pmatrix} \begin{pmatrix} \varepsilon_{1,t-1}^2 & \varepsilon_{1,t-1}\varepsilon_{2,t-1} & \varepsilon_{1,t-1}\varepsilon_{3,t-1} \\ \varepsilon_{1,t-1}\varepsilon_{2,t-1} & \varepsilon_{2,t-1}^2 & \varepsilon_{2,t-1}\varepsilon_{3,t-1} \\ \varepsilon_{1,t-1}\varepsilon_{3,t-1} & \varepsilon_{2,t-1}\varepsilon_{3,t-1} & \varepsilon_{3,t-1}^2 \end{pmatrix} \begin{pmatrix} d_{11} & d_{12} & d_{13} \\ d_{21} & d_{22} & d_{23} \\ d_{31} & d_{32} & d_{33} \end{pmatrix} \tag{8-6}$$

其中，H_t 为条件残差在 t 时期的方差协方差矩阵；C 为下三角矩阵；A 为 ARCH 项系数矩阵，用以衡量前一期冲击 u_{t-1}对当期条件方差 H_t 的影响；B 为 GARCH 项系数矩阵，用以衡量前一期条件方差 H_{t-1}对当期条件方差 H_t 的影响；h_{11}、h_{22}、h_{33}分别表示原油期货市场、玉米期货市场、玉米现货市场的条件方差；

h_{12}、h_{21}、h_{13}、h_{31}、h_{23}、h_{32}分别表示三个市场间的条件协方差。D 为非对称效应项系数矩阵，用以反映正负冲击引起的非对称影响的程度。向量 $\varepsilon_t = (\varepsilon_{1t}, \varepsilon_{2t}, \varepsilon_{3t})'$的元素定义为 $\varepsilon_{it} = \max(u_{it}, 0)$，其中 i = 1，2，3，该向量用来刻画正面冲击和负面冲击给市场收益率带来的非对称影响。

由非对称三元 BEKK - GARCH（1，1）模型的矩阵形式可以看出，考察三市场间的波动溢出效应即考察系数 a_{ij}和 $b_{ij}(i \neq j)$的显著性。以原油期货市场和玉米期货市场为例，考察原油期货市场到玉米期货市场是否存在波动溢出效应即考察下列假设的正确性：

H_0：$a_{12} = b_{12} = 0$，不存在原油期货市场到玉米期货市场的波动溢出效应；

H_1：a_{12}，b_{12}至少有一个不为 0，存在原油期货市场到玉米期货市场的波动溢出效应。

考察玉米期货市场到原油期货市场是否存在波动溢出效应即考察下列假设的正确性：

H_0：$a_{21} = b_{21} = 0$，不存在玉米期货市场到原油期货市场的波动溢出效应；

H_1：a_{21}，b_{21}至少有一个不为 0，存在玉米期货市场到原油期货市场的波动溢出效应。

考察原油期货市场与玉米期货市场间是否存在正负冲击的非对称效应即考察下列假设的正确性：

H_0：$d_{12} = d_{21} = 0$，不存在原油期货市场与玉米期货市场间的非对称效应；

H_1：$d_{12} \neq 0$ 或 $d_{21} \neq 0$，至少存在一个市场到另一个市场的非对称效应。

8.3.3　数据说明

本章所用数据为 2010 年 6 月 1 日至 2014 年 5 月 6 日国际原油期货收盘价（美元/桶）、中国大连商品交易所黄玉米期货收盘价（元/吨）、中国黄玉米现货价（元/吨）的日度数据。由于国内外节假日的差异，国内外期现货交易市场数据并不同步，因此数据对齐是非常关键的工作，对于因国内外节假日差异造成的数据缺失，本文将几个市场不相重合的数据删除（Hamao et al.，1990），对于由于统计因素造成的数据缺失，对于缺失的数据取相邻两天收盘价的平均数来补齐，得到数据样本 947 个。数据来源于同花顺财经软件期货市场数据库。

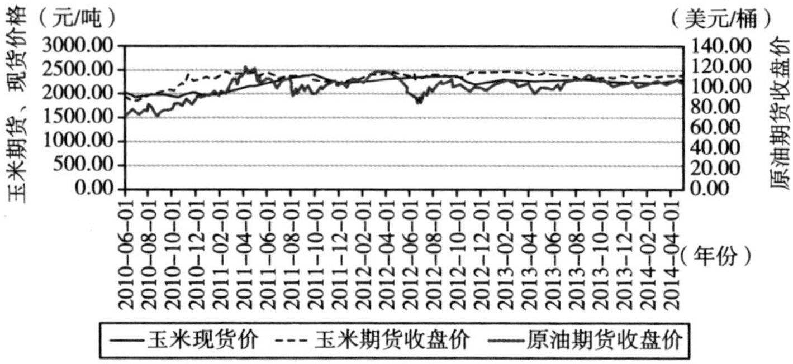

图 8-1　2010 年 6 月至 2014 年 5 月原油、玉米期货收盘价和玉米现货价走势

由图 8-1 可以看出，2010 年 6 月至 2014 年 5 月，原油、玉米期货收盘价和玉米现货价波动状况呈现出不同的阶段性特征。2010 年 6 月至 2011 年 4 月，三市场价格呈明显的价格上涨趋势；2011 年 5 月至 2013 年 8 月，三市场价格波动振幅剧烈；2013 年 9 月至 2014 年 5 月，三市场价格相对平稳，波动幅度较小。同时图 8-1 显示，原油期货和玉米期货价格波动领先于玉米现货价格波动大约 3 个月，表明期货市场对现货市场具有显著的价格引导功能。因此实证分析时将期货市场的价格较之现货市场价格提前三个月，对齐数据后，得到最终数据样本 887 个。

由于对数形式的数据具有良好的统计特征，本章的价格收益率以相邻两天原油期货收盘价格、玉米期货收盘价、玉米现货价的一阶差分表示，以原油期货收盘价为例，计算公式如下：

$$r_{o_f,t} = Ln(p_{o_f,t}/p_{o_f,t-1}) = Lnp_{o_f,t} - lnp_{o_f,t-1} \qquad (8-7)$$

其中，$r_{o_f,t}$表示原油期货市场在第 t 天的价格收益率；$Lnp_{o_f,t}$、$lnp_{o_f,t-1}$分别表示原油期货市场在第 t 周和 t-1 周价格的对数；相应地，$r_{c_f,t}$、$r_{c_c,t}$分别表示玉米期货市场和玉米现货市场在第 t 天的价格收益率。

表 8-1 统计结果显示：①样本期间原油期货收盘价、玉米期货收盘价、玉米现货价格收益率标准差分别为 0.0148、0.0079、0.0028，表明原油期货收盘价变化明显大于玉米期货收盘价和玉米现货价格，其中玉米现货价格收益率最为稳定；②原油期货收盘价和玉米现货价收益率呈明显左偏性，而玉米期货收盘价收益率呈明显右偏性；③峰度和 JB 统计量均显示三者的价格收益率序列异于正态分布。由于 t 分布能很好的捕捉序列的尖峰厚尾特征，因此后续估计过程本章采

用 t 分布代替正态分布来刻画价格收益率的尖峰厚尾特征。图 8－2 显示原油、玉米期货收盘价、玉米现货价日度价格收益率围绕 0 均值上下波动，并具有显著的“波动集群”特征。

表 8－1　原油、玉米期货收盘价和玉米现货价日度收益率基本统计量

	平均值	标准差	偏度	峰度	JB 统计量
r_{o_f}	0.0004	0.0148	－0.3682	6.7530	539.9944***
r_{c_f}	0.0002	0.0079	0.1557	19.4791	10028.6400***
r_{c_c}	0.0001	0.0028	－4.6057	60.2237	124017.9000***

注：***、**、* 分别表示在 1%、5%、10% 的水平上显著。

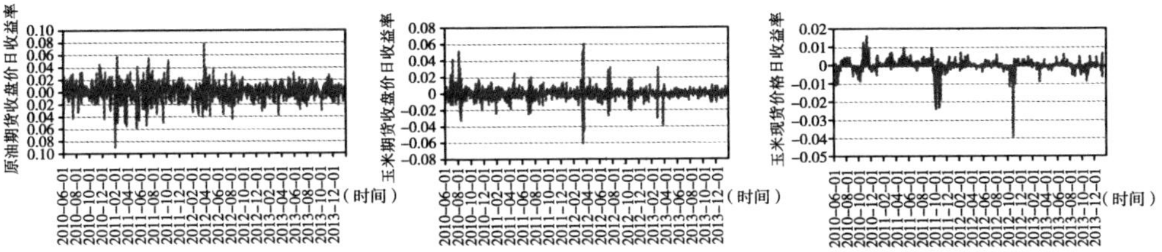

图 8－2　原油、玉米期货收盘价、玉米现货价日度价格收益率走势

8.4 实证分析

8.4.1　数据基本特征检验

（1）平稳性检验。选择滞后阶数为 0，无截距项和趋势项，在 1% 的显著性水平上，表 8－2 原油期货收盘价、玉米期货收盘价和玉米现货价日度价格收益率序列的 ADF 检验和 PP 检验结果表明，三者的日度价格收益率的水平序列均为平稳的时间序列。因此对三者建模不会出现伪回归问题。

表 8-2　　各变量价格收益率序列平稳性检验

	ADF 统计量值	PP 统计量	1% 水平临界值	结论
r_{o_f}	-32.2295***	-32.2393***	-2.5676	平稳
r_{c_f}	-18.0264***	-40.9541***	-2.5676	平稳
r_{c_c}	-7.1155***	-30.7961***	-2.5676	平稳

注：***、**、*分别表示在 1%、5%、10% 的水平上显著。

（2）自相关检验。对序列进行自相关和偏自相关性检验，结果显示原油期货收盘价收益率序列存在 1 阶自相关；而玉米期货收盘价收益率序列存在 1、2、3 阶自相关；玉米现货价格收益率序列存在 1、2、3 阶自相关。因此为消除序列自相关，原油、玉米期货收盘价、玉米现货价日度价格收益率的均值方程分别设定如下：

$$r_{o_f,t} = c + r_{o_f,t-1} + \mu_{o_f,t} \tag{8-8}$$

$$r_{c_f,t} = c + \alpha r_{c_f,t-1} + \beta r_{c_f,t-2} + \gamma r_{c_f,t-3} + \mu_{c_f,t} \tag{8-9}$$

$$r_{c_c,t} = c + \alpha r_{c_c,t-1} + \beta r_{c_c,t-2} + \beta r_{c_c,t-3} + \varepsilon_{c_c,t} \tag{8-10}$$

新建立的式（8-8）、式（8-9）、式（8-10）经检验不再存在自相关。

（3）ARCH 效应检验。表 8-3 给出了 ARCH-LM 检验结果，原油期货、玉米现货价格收益率序列在 1% 的显著性水平上存在 ARCH 效应；而玉米期货价格收益率序列在 5% 的显著性水平上存在 ARCH 效应。因此可以使用 BEKK-GARCH 模型考察原油期货、玉米期货和玉米现货市场间的价格波动非对称性溢出效应。

表 8-3　　各变量价格收益率序列 ARCH 效应检验

	r_{o_f}	r_{c_f}	r_{c_c}
F 统计量	10.2317***	27.1056***	6.3209***
$N*R^2$	57.8127***	118.1046**	18.3103***

注：***、**、*分别表示在 1%、5%、10% 的水平上显著；原油期货价格收益率、玉米期货价格收益率的 ARCH 效应检验滞后一阶；玉米现货价格收益率序列的 ARCH 效应检验滞后三阶。

8.4.2　单变量 EGARCH 模型实证结果

EGARCH 模型检验结果表明样本期间原油期货收盘价和玉米现货价的 γ 值均

为负值，且在 1% 的显著性水平上显著，分别为 -0.0589 和 -0.0454（见表 8-4），表明对原油期货市场和玉米现货市场而言，价格下跌信息引起的波动大于价格上涨信息引起的波动；玉米期货收盘价 γ 值为 0.0566，且在 1% 的显著性水平上显著，表明对玉米期货市场而言，价格上涨信息引起的波动大于价格下跌信息引起的波动。French 等（1993）、Campbell 和 Hentschel（1992）提出了波动反馈效应可以对波动非对称性给予一定程度的解释，即价格上涨或下跌引起的价格波动与当期价格上涨或下跌间抵消或叠加的效应导致相同幅度的价格冲击带来不同幅度的价格反应。

表 8-4 原油、玉米期货收盘价和玉米现货价日度价格收益率波动 EGARCH 模型实证结果

	原油期货收盘价	玉米期货收盘价	玉米现货价
ω	-0.3010*** (-3.5984)	-0.7256*** (-9.5379)	-12.9406*** (-25.6294)
α	0.1220*** (5.4730)	0.3845*** (12.9882)	0.0511*** (2.7457)
β	0.9755*** (10.1407)	0.8541*** (50.7374)	0.9267*** (21.5242)
γ	-0.0589*** (-4.1131)	0.0566*** (2.6801)	-0.0454*** (-14.4390)
模型标准化残差 ARCH 效应检验（H_0: no ARCH effects）:			
Ljung-Box（6）	0.2640 (0.6011)	0.6723 (0.8543)	6.7769 (0.6848)
Ljung-Box（12）	0.4855 (0.7933)	2.1998 (0.9656)	8.1767 (0.7782)
Jarque-Bera	1556.3478 (0.0000)	925.5541 (0.0000)	78.5779 (0.0000)

注：***、**、* 分别表示在 1%、5%、10% 的水平上显著。小括号内数字为系数的 z 统计量，γ 为 EGARCH 模型中检验原油、玉米期货收盘价、玉米现货价日度价格收益率波动是否具有非对称性。

8.4.3 非对称 BEKK-MVGARCH 模型实证结果

表 8-5 三变量非对称 BEKK-MVGARCH（1，1）模型估计结果显示：在条

件均值方程中，系数 ar $(1)_{11}$、ar $(1)_{22}$、ar $(1)_{33}$在 1% 的显著性水平上均高度显著，表明三市场价格波动具有显著的自相关性。系数 ar $(1)_{ij}$，$i \neq j$ 的显著性反映了市场间价格波动的相互影响程度。表 8－5 结果显示在 10% 的显著性水平下仅系数 ar $(1)_{32}$显著，表明存在原油期货市场到玉米期货市场的单向波动溢出效应。

表 8－5　原油期货、玉米期货、玉米现货市场非对称 BEKK－MVGARCH（1，1）模型参数估计结果

参数	玉米现货市场（i＝1）	玉米期货市场（i＝2）	原油期货市场（i＝3）
条件均值方程：			
Constant	0.0001 *** (3.9814)	0.0001 (0.1744)	0.0008 ** (2.1130)
ar $(1)_{1i}$	0.1046 *** (5.0340)	0.0022 (0.4533)	−0.0017 (−0.5659)
ar $(1)_{2i}$	0.1596 (3.9814)	−0.1491 *** (−5.2407)	0.0216 (1.0184)
ar $(1)_{3i}$	0.0242 (0.1801)	−0.0919 * (−1.6820)	−0.0980 *** (−3.1645)
条件方差－协方差方程：			
c_{1i}	0.0008 *** (4.6887)	—	—
c_{2i}	0.0002 *** (0.0779)	0.0039 *** (5.3999)	—
c_{3i}	0.0066 *** (3.0069)	−0.0023 (−0.4825)	−0.0000 (−0.0000)
a_{1i}	0.2323 *** (3.4292)	0.1776 (0.8886)	0.0870 (0.3691)
a_{2i}	−0.0017 (−0.1667)	0.7124 *** (5.6012)	0.1933 (0.9868)
a_{3i}	0.0125 ** (1.9550)	0.1331 *** (3.6738)	−01506 (−1.3996)
b_{1i}	−0.8925 *** (−29.1886)	0.3768 (0.8756)	0.2966 (0.3342)

续表

参数	玉米现货市场（i=1）	玉米期货市场（i=2）	原油期货市场（i=3）
b_{2i}	0.0179 * (1.6894)	0.6678 *** (10.4633)	0.2069 (1.3130)
b_{3i}	0.0102 * (1.6204)	0.0111 (0.4656)	0.8781 *** (19.7663)
d_{1i}	-0.0994 (-0.8916)	-0.5125 *** (-2.8443)	-0.2802 (-1.2055)
d_{2i}	0.0130 ** (2.1649)	-0.3575 * (-1.6077)	0.0008 (0.1010)
d_{3i}	0.6600 *** (2.7029)	0.0819 * (1.6257)	0.5149 *** (3.4683)
模型标准化残差 ARCH 效应检验（H_0：no ARCH effects）：			
Ljung-Box（6）	5.6346 (0.5578)	0.6898 (0.9947)	4.1785 (0.6525)
Ljung-Box（12）	10.9886 (0.5933)	2.4519 (0.9983)	9.3226 (0.6752)
对数似然函数值：	10290.7072		
有效样本个数：	885		

注：***、**、* 分别表示在 1%、5%、10% 的水平上显著。小括号内数字为系数的 z 统计量。

在条件方差的参数估计结果中，在 1% 的水平上，系数 a_{11}，a_{22}估计值均高度显著，表明玉米现货和期货价格波动具有较强的 ARCH 效应，即表现出方差的时变性，价格变化受自身前期波动的影响较为显著，这与均值方程的估计结果相一致；系数 b_{11}，b_{22}，b_{33}估计值均在 1% 的水平上显著，表明玉米现货、玉米期货和原油期货市场价格波动具有较强的 GARCH 效应，即表现出波动的持久性和受外界因素影响的显著性。

系数 a_{12}，b_{12}，a_{21}在 10% 的水平上不显著，即上一期玉米现货价格波动和上一期的条件方差对当期玉米期货价格波动没有显著影响，且玉米期货市场上一期价格波动对当期玉米现货价格波动的影响不显著；但 b_{21}估计值在 10% 的水平上显著，即当期玉米现货市场波动受玉米期货市场上一期的冲击影响显著，即存在玉米期货市场对玉米现货市场显著的单向波动溢出效应。

系数 a_{31}和 b_{31}分别在 5% 和 10% 的显著性水平上显著，即原油期货价格上一期波动和条件方差对玉米现货当期价格波动有显著影响；系数 a_{13}，b_{13}在10%的显著性水平上均不显著，即当期原油期货价格波动受玉米现货价格上一期的冲击和上一期条件方差的冲击均不显著，即仅存在原油期货价格对玉米现货价格的单向波动溢出效应。

系数 a_{32}在1%的显著性水平上显著，即原油期货市场上一期的冲击对玉米期货市场当期价格波动的影响显著；但系数 a_{23}，b_{23}，b_{32}在10%的水平上均不显著，即玉米期货市场上一期的冲击和上一期的条件方差对当期原油期货（玉米期货）市场波动的条件方差影响不显著，即原油期货市场对玉米期货市场存在单向波动溢出效应。

系数 d_{12}值为 -0.5125，在1%的显著性水平上显著，表明来自玉米现货市场价格下跌信息对玉米期货市场的冲击显著大于价格上涨信息的冲击；系数 d_{21}值为0.0130，在5%的显著性水平上显著，表明玉米期货市场价格上涨信息对玉米现货市场的冲击显著大于价格下跌信息的冲击；系数 d_{31}的值为0.6600，在1%的显著性水平上显著，表明原油期货市场价格上涨信息对玉米现货市场的冲击显著大于价格下跌信息的冲击；系数 d_{32}值为0.0819，在10%的显著性水平上显著，表明原油期货市场价格上涨信息对玉米期货市场的冲击显著大于价格下跌信息的冲击。

分别滞后6阶和12阶，模型标准化残差的统计检验表明，标准化残差序列均不存在ARCH效应，即非对称BEKK - GARCH（1，1）模型可以很好地拟合玉米现货、玉米期货、原油期货市场间价格波动的非对称效应。

8.5 本章小结

本章基于利用ARCH类模型和2010年6月1日至2014年5月6日国际原油期货收盘价（美元/桶）、中国大连商品交易所玉米期货收盘价（元/吨）、中国玉米现货价（元/吨）的日度数据，对单市场价格波动非对称性和市场间价格波动的非对称性进行了实证分析。结果表明，样本期间，三市场价格波动呈现显著的自相关性，即各市场价格波动受自身市场过去价格波动的影响较为显著。

单变量EGARCH模型检验结果表明：原油期货收盘价和玉米现货价的 γ 值

均为负，表明对原油期货市场和玉米现货市场而言，价格下跌信息引起的波动大于价格上涨信息引起的波动；玉米期货收盘价 γ 值为正，表明对玉米期货市场而言，价格上涨信息引起的波动大于价格下跌引起的波动。因此对单市场参与者和政策制定者而言，为稳定原油期货市场和玉米现货市场，应重点关注那些可能引起价格下跌的因素；而稳定玉米期货市场，需重点关注那些可能引起价格上涨的因素。

多变量非对称 BEKK – MVGARCH 模型检验结果表明：玉米期货市场和原油期货市场对玉米现货市场呈现出显著的单向非对称性溢出影响。同时，来自玉米现货市场价格下跌信息对玉米期货市场的冲击显著大于价格上涨信息的冲击；玉米期货市场价格上涨信息对玉米现货市场的冲击显著大于价格下跌信息的冲击；原油期货市场价格上涨信息对玉米现货市场的冲击显著大于价格下跌信息的冲击；原油期货市场价格上涨信息对玉米期货市场的冲击显著大于价格下跌信息的冲击。

原油期货、玉米期货和玉米现货市场的价格波动溢出效应和非对称性效应为投资活动、政策制定和政策监管提供了理论借鉴。对投资者而言，基于三市场的价格波动溢出效应和非对称效应构建多样化的投资组合，可以有效规避市场风险。随着期货市场间以及期货市场与现货市场间整合程度的加深，对于相关行业的价值评估也应做相应的调整。对政策制定者和金融监管部门而言，实现期货市场和现货市场价格波动的有效连接、建立规范的期货市场交易制度是政策的立意点所在。

第 9 章

我国能源价格与玉米价格静态波动溢出效应分析

9.1 引　言

受需求拉动、粮食主产区供给波动、国际原油价格上涨以及生物能源迅猛发展的影响，2003 年以来我国粮食价格波动频繁，尤其是 2006 年以来，原油价格和粮食价格同时出现了持续上涨的趋势。原油价格由 2003 年 9 月的 26.70 美元/桶飙升到 2008 年 7 月的 141.84 美元/桶，价格上涨了 5 倍；粮食市场以玉米价格为例，其批发市场价格指数由 2003 年 9 月的 109.02 点飙升到 2011 年 9 月的 237.94 点，增幅达 118.5%①。这一现象引起了诸多学者对两市场间价格波动关系的研究（Zhao & Goodwin，2011；Balcombe & Rapsomanikis，2008；Campiche et al.，2007）。

原油作为经济社会发展的重要物资，在世界各国经济发展中均占有举足轻重的地位。统计资料显示②：1996 年中国原油消费 15865 万吨，产量和进口量分别为 15733 万吨和 2262 万吨；到 2011 年，中国原油消费达 45367 万吨，产量和进口量分别为 20288 万吨和 25255 万吨。相比于 1996 年的消费水平，2011 年，中国新增原油消费 29502 万吨，而产量仅增加了 4555 万吨，进口量却增加了 22993 万吨，可见，尽管近年来中国原油消耗呈递增趋势但产量却基本维持在 1996 年的水平，新增原油消费几乎完全依赖进口。原油消费过度依赖进口在很大程度上

①② 资料来源：国家统计局（编）. 中国统计年鉴 2012. 中国统计出版社，2012.

削弱了中国经济系统的独立性，也加剧了中国经济发展对原油出口国的依赖。

同时由于原油的不可再生性和油价的持续上涨，2000 年以来，国家开始积极推进生物能源的研发和使用。而以玉米为主要原料的燃料乙醇工业是国民经济重要的原料产业，也是现阶段生物能源的主要来源。但中国燃料乙醇的最初发展动因不仅仅是出于能源安全的考虑，更重要的是消化陈化粮，缓解粮仓压力，减轻财政负担。2009 年中国燃料乙醇工业 90% 以上都以淀粉质原料进行生产，其中 62% 的燃料乙醇生产采用玉米为原料①。2006 年起中国相继在东三省、河南省、山东省等 20 多个省市推广使用混合 10% 燃料乙醇的车用汽油，燃料乙醇年产量也从 2002 年的 3 万吨迅速增长到 2011 年的 193 万吨。若以 2009 年玉米乙醇的占比为参考，按照当前 1∶3.3 的燃料乙醇生产技术②，2011 年燃料乙醇生产约消耗 382 万吨玉米。因此，燃料乙醇产业与玉米产业密不可分，并在一定程度上推动了玉米价格的上涨。而燃料乙醇作为生物能源对石油的部分替代效应使得能源产业与粮食产业间的联系日益紧密。

在生物能源迅速发展的今天，原油、玉米、燃料乙醇市场间的联动效应日益明显（Hertel & Beckman，2011；Du et al.，2011），其中某一市场的大幅波动不仅受自身过去波动的影响，还可能受其他市场波动的影响，这一现象称为“波动溢出效应”或“波动传导效应”。目前部分发达国家对原油、玉米、燃料乙醇市场间的波动溢出效应进行了诸多探索，但结论却不尽相同。而在中国背景下三者之间是否存在波动溢出效应？其溢出效应的方向如何？对这一问题的回答对中国能源政策和粮食政策的制定具有重要的指导意义。如果三市场间存在某种程度的波动溢出效应，国家针对某一市场的宏观政策必将通过溢出效应影响其他市场的稳定，则国家在制定政策时需谨慎衡量政策的正负效应与波及范围，以期达到经济效益和社会效益的最大化。鉴于能源和粮食在国民经济中的重要地位以及生物能源的快速发展，本章试图就原油、玉米、燃料乙醇市场间的波动溢出效应进行

---

① 资料来源：中国化工网（http://china.chemnet.com/）。2009 年，我国共生产燃料乙醇 173.2 万吨，其中河南天冠集团产量为 49.50 万吨（主要以小麦为原料）；吉林燃料乙醇有限公司产量为 46 万吨（主要以玉米为原料）；安徽丰原生物化学股份有限公司产量为 42 万吨（主要以玉米为原料）；中粮生物能源（肇东）有限公司产量为 19.4 万吨（主要以玉米为原料）；广西中粮生物质能源有限公司产量为 16.3 万吨（主要以木薯为原料）。因此淀粉质原料乙醇的比例：(49.50 + 46 + 42 + 19.40)/173.2 = 90.59%，其中玉米乙醇的比例：(46 + 42 + 19.40)/173.2 = 62.01%。

② 资料来源：中商情报网（http://www.askci.com/）：中国玉米产业报告（2008 ~ 2009 年）。1∶3.3 的比例含义为生产 1 吨燃料乙醇约消耗 3.3 吨玉米。

初步探索（见图 9－1）。

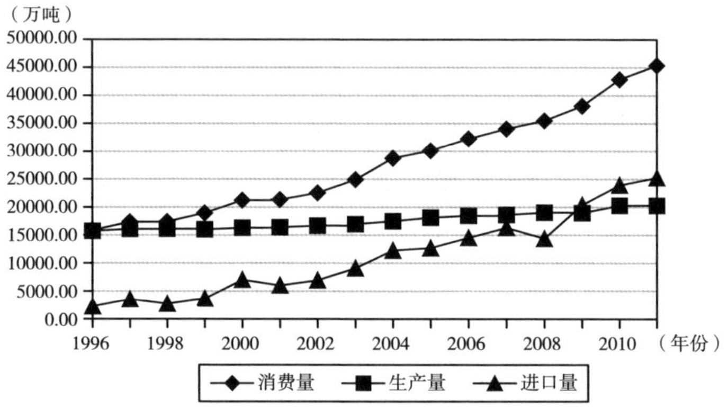

图 9－1　1996～2011 年我国原油生产量、消费量、进出口量

资料来源：中国统计年鉴

9.2 研究假设

根据文献综述的梳理，我们构建了原油、玉米、燃料乙醇价格波动关系的示意图，如图 9－2 所示。据此我们提出本部分关于原油、玉米、燃料乙醇价格波动的三大理论假设。

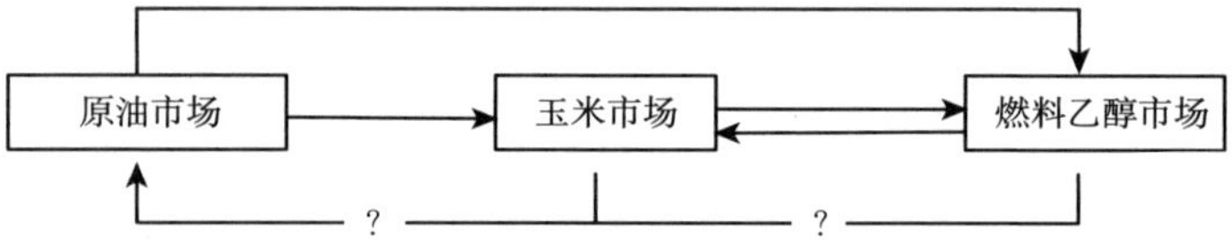

图 9－2　原油、玉米、燃料乙醇市场价格波动关系示意图

9.2.1 存在原油价格向玉米价格和燃料乙醇价格的单向波动溢出效应

原油是玉米生产、运输、消费各个环节必不可少的能源投入，原油价格对玉米价格的直接影响已经得到国外大多数学者的认可，因此，在我国背景下，我们同样有理由相信存在原油价格波动对玉米价格波动显著的单向溢出效应。同时，近年来，燃料乙醇的发展的一大动因就是解决能源危机，因此，较高的原油价格将拉升燃料乙醇的市场价格。

9.2.2　存在玉米价格和燃料乙醇价格的双向波动溢出效应

我国于 2000 年开始发展燃料乙醇，其最初目的为消化陈化粮。到目前为止，我国超过一半的燃料乙醇生产仍以玉米为原料。因此玉米价格将直接影响燃料乙醇的生产陈本；同时将大量玉米投入燃料乙醇生产，造成玉米市场供给紧张，也将在一定程度上提升玉米价格。

9.2.3　燃料乙醇价格对原油价格的单向波动溢出效应尚不明朗

2011 年我国燃料乙醇产量为 193 万吨，但在中国这样一个能源消费大国，燃料乙醇对汽油的替代效应仍然较为微弱。因此，燃料乙醇价格对原油的影响关系难以确定。

9.3 理论模型

9.3.1　单变量 EGARCH 模型与波动溢出效应

Nelson 于 1991 年提出的单变量 EGARCH 模型可以较好地衡量变量波动的非对称性，同时解决了 Bollerslev 提出的 GARCH 模型中难以保证系数非负性的缺陷，在分析单变量序列波动的非对称性效应方面具有独特优势。具体的，价格波动程度的模型有如下假设：

$$R_t = \alpha_0 + \sum_{i=1}^{r} \alpha_i R_{t-i} + \varepsilon_t, \varepsilon_t \mid \Omega_{t-1} \sim N(0, \sigma_t^2) \tag{9-1}$$

$$\log(\sigma_t^2) = \exp\left[\alpha_0 + \sum_{i=1}^{q} \alpha_i g(z_{t-i}) + \sum_{i=1}^{p} \log(\sigma_{t-1}^2)\right],$$

$$g(z_t) = \theta z_t + [\,|z_t| - E|z_t|\,] \qquad (9-2)$$

其中，R_t 为价格变化率；ε_t 为随机误差；Ω_{t-1}为 t－1 时刻的信息集；σ_t^2 为条件方差；z_t 为标准化残差 ε_t/σ_t；在信息集 Ω_{t-1}条件下，ε_t 服从均值为0，方差为 σ_t^2 的正态分布。等式（9－2）左侧为条件方差的对数形式，这意味杠杆效应是指数形式，而不是二次的，所以条件方差的预测值一定是非负的。

一般认为 EGARCH（1，1）模型相比于高阶 EGARCH 模型在数据拟合方面更具优势，因此式（9－2）转化为 EGARCH（1，1）可被简化为：

$$\ln(\sigma_t^{\,2}) = \omega + \alpha\left|\frac{u_{t-1}}{\sigma_{t-1}} - \sqrt{\frac{2}{\pi}}\right| + \beta\frac{u_{t-1}}{\sigma_{t-1}} + \gamma\ln(\sigma_{t-1}^{\,2}) \qquad (9-3)$$

非对称性效应的存在能够通过 $\beta<0$ 的假设得以检验。若 $\beta\neq0$，则冲击的影响就存在着非对称性。若 $\beta<0$，则价格下跌的信息比等量的价格上涨的信息产生更大的波动性；若 $\beta>0$，则价格上涨的信息比等量的价格下跌的信息产生更大的波动性。系数 γ 用以衡量市场波动影响的持久性，如果 γ 的绝对值接近 1，则说明波动冲击具有持久性。

此处，我们参考 Hamao 等（1990）、Kanas（1998）、Goodwin Schnepf（2000）、Buguk 等（2003）等的做法利用单变量 EGARCH（1，1）模型在检验原油、玉米、燃料乙醇市场间的波动溢出效应，三市场间的波动溢出效应有如下情形：（1）从玉米市场、燃料乙醇市场到原油市场的波动溢出效应；（2）从原油市场、燃料乙醇市场到玉米市场的波动溢出效应；（3）从原油市场、玉米市场到燃料乙醇市场的波动溢出效应。以情形（1）为例，将玉米、燃料乙醇的条件均值方差方程的残差平方作为外生变量引入原油 EGARCH 模型的条件方差方程中。因此，原油 EGARCH 模型的条件方差方程转变为：

$$\log(\sigma_{o,t}^2) = \omega + \alpha\left|\frac{u_{o,t-1}}{\sigma_{o,t-1}} - \sqrt{\frac{2}{\pi}}\right| + \beta\log(\sigma_{w,t-1}^2) + \gamma\frac{u_{w,t-1}}{\sigma_{w,t-1}}$$

$$+ \phi\log(U_{c,t}) + \varphi\log(U_{e,t}) \qquad (9-4)$$

此处 $U_{c,t}$、$U_{e,t}$分别是 t 时期玉米市场和燃料乙醇市场 EGARCH（1，1）模型的残差平方。若仅系数 ϕ 显著则只存在玉米市场向原油市场的单向波动溢出效应；若仅系数 φ 显著则只存在燃料乙醇市场向原油市场的单向波动溢出效应；若系数 ϕ 和 φ 同时显著则存在玉米市场和燃料乙醇市场向原油市场的单向波动溢出效益。

9.3.2　三元 BEKK - GARCH 模型与波动溢出效应

Engle 和 Kroner（1995）提出的 BEKK - MVGARCH 模型对研究时间序列间的波动溢出效应具有多方面的优点：它保证了协方差矩阵的正定性，而且由于模型中待估参数较少，从而有效解决了 MVGARCH 模型中的“维数灾难”问题。因此本章对原油市场、玉米市场和乙醇市场间波动溢出效应的研究同样建立在多元 GARCH 模型的基础之上的。而 GARCH（1，1）模型由于降低了高阶 ARCH 模型估计的难度而备受推崇，因此本章对波动溢出效应的研究将采用 BEKK - GARCH（1，1）模型。

对于原油、玉米、燃料乙醇市场，三元 BEKK - GARCH（1，1）模型的均值方程为：

$$r_t = \alpha + \beta r_{t-1} + \varepsilon_t; \quad \varepsilon_t | I_{t-1} \sim N(0, H_t) \tag{9-5}$$

其矩阵形式为：

$$\begin{pmatrix} r_{1,t} \\ r_{2,t} \\ r_{3,t} \end{pmatrix} = \begin{pmatrix} \alpha_1 \\ \alpha_2 \\ \alpha_3 \end{pmatrix} + \begin{pmatrix} \beta_{11} & \beta_{21} & \beta_{31} \\ \beta_{12} & \beta_{22} & \beta_{32} \\ \beta_{13} & \beta_{23} & \beta_{33} \end{pmatrix} \begin{pmatrix} r_{1,t-1} \\ r_{2,t-1} \\ r_{3,t-1} \end{pmatrix} + \begin{pmatrix} \varepsilon_{1,t} \\ \varepsilon_{2,t} \\ \varepsilon_{3,t} \end{pmatrix} \tag{9-6}$$

其中，$r_{1,t}$、$r_{2,t}$、$r_{3,t}$分别表示原油市场、玉米市场及燃料乙醇市场第 t 期的价格收益率；α_1、α_2、α_3 为常数项；β_{11}、β_{22}、β_{33}分别表示原油、玉米、燃料乙醇市场价格收益率受到自身前期变化的影响程度；β_{12}、β_{21}表示原油（玉米）市场前一期价格收益率的波动对当期玉米（原油）价格收益率的影响；β_{13}、β_{31}表示原油（燃料乙醇）市场前一期价格收益率的波动对当期燃料乙醇（原油）价格收益率的影响；β_{23}、β_{32}表示玉米（燃料乙醇）市场前一期价格收益率的波动对当期燃料乙醇（玉米）价格收益率的影响；$\varepsilon_{1,t}$、$\varepsilon_{2,t}$、$\varepsilon_{3,t}$为残差项，在信息集 I_{t-1} 条件下，残差项服从均值为 0，方差为 H_t 的正态分布。

三元 BEKK - GARCH（1，1）模型中条件方差方程的设定形式为：

$$H_t = CC' + BH_{t-1}B' + A(\varepsilon_{t-1}\varepsilon_{t-1}')A' \tag{9-7}$$

其矩阵形式为：

$$\begin{pmatrix} h_{11,t} & h_{12,t} & h_{13,t} \\ h_{21,t} & h_{22,t} & h_{23,t} \\ h_{31,t} & h_{32,t} & h_{33,t} \end{pmatrix} = \begin{pmatrix} c_{11} & 0 & 0 \\ c_{21} & c_{22} & 0 \\ c_{31} & c_{32} & c_{33} \end{pmatrix}\begin{pmatrix} c_{11} & c_{21} & c_{31} \\ 0 & c_{22} & c_{32} \\ 0 & 0 & c_{33} \end{pmatrix}$$
$$+\begin{pmatrix} b_{11} & b_{21} & b_{31} \\ b_{12} & b_{22} & b_{32} \\ b_{13} & b_{23} & b_{33} \end{pmatrix}\begin{pmatrix} h_{11,t-1} & h_{12,t-1} & h_{13,t-1} \\ h_{21,t-1} & h_{22,t-1} & h_{23,t-1} \\ h_{31,t-1} & h_{32,t-1} & h_{33,t-1} \end{pmatrix}\begin{pmatrix} b_{11} & b_{12} & b_{13} \\ b_{21} & b_{22} & b_{23} \\ b_{31} & b_{32} & b_{33} \end{pmatrix}$$
$$+\begin{pmatrix} \alpha_{11} & \alpha_{21} & \alpha_{31} \\ \alpha_{12} & \alpha_{22} & \alpha_{32} \\ \alpha_{13} & \alpha_{23} & \alpha_{33} \end{pmatrix}\begin{pmatrix} \varepsilon^2_{1,t-1} & \varepsilon_{1,t-1}\varepsilon_{2,t-1} & \varepsilon_{1,t-1}\varepsilon_{3,t-1} \\ \varepsilon_{1,t-1}\varepsilon_{2,t-1} & \varepsilon^2_{2,t-1} & \varepsilon_{2,t-1}\varepsilon_{3,t-1} \\ \varepsilon_{1,t-1}\varepsilon_{3,t-1} & \varepsilon_{2,t-1}\varepsilon_{3,t-1} & \varepsilon^2_{3,t-1} \end{pmatrix}\begin{pmatrix} \alpha_{11} & \alpha_{12} & \alpha_{13} \\ \alpha_{21} & \alpha_{22} & \alpha_{23} \\ \alpha_{31} & \alpha_{32} & \alpha_{33} \end{pmatrix} \quad (9-8)$$

其中，H_t为条件残差在 t 时期的方差协方差矩阵；C 为下三角矩阵；A 为 ARCH 项系数矩阵，即前一期冲击 ε_{t-1}对当期条件方差 H_t 的影响；B 为 GARCH 项系数矩阵，即前一期条件方差 H_{t-1}对当期条件方差 H_{t-1}的影响；h_{11}、h_{22}、h_{33}分别表示原油市场、玉米市场、燃料乙醇市场的条件方差；h_{12}、h_{21}、h_{13}、h_{31}、h_{23}、h_{32}分别表示三个市场间的条件协方差。

由三元 BEKK - GARCH（1，1）模型的矩阵形式可知，考察原油、玉米、燃料乙醇市场间的波动溢出效应即考察系数 a_{ij}和 b_{ij}（$i\neq j$）的显著性。以原油市场和玉米市场为例，考察原油市场到玉米市场是否存在波动溢出效应即考察下列假设的正确性：

H_0：$a_{12}=b_{12}=0$，不存在原油市场到玉米市场的波动溢出效应；

H_1：a_{12}，b_{12}至少有一个不为 0，存在原油市场到玉米市场的波动溢出效应。

考察玉米市场到原油市场是否存在波动溢出效应即考察下列假设的正确性：

H_0：$a_{21}=b_{21}=0$，不存在玉米市场到原油市场的波动溢出效应；

H_1：a_{21}，b_{21}至少有一个不为 0，存在玉米市场到原油市场的波动溢出效应。

9.4 实证结果分析

9.4.1 数据说明及数据预处理

见第8章8.3.1。

9.4.2 单变量 EGARCH 模型与波动溢出效应实证结果

表9-1显示了单变量 EGARCH 模型及其波动溢出效应的实证结果。根据 SBIC 准则，所有的模型选择 EGARCH（1，1），自回归模型根据前述自相关检验的结果，即原油市场滞后一阶、玉米市场和燃料乙醇市场分别滞后两阶。

表9-1　　　单变量 EGARCH 模型及波动溢出效应

系数	原油市场	玉米市场	燃料乙醇市场
均值方程 C	0.0029* (0.1295)	0.0011** (0.0406)	-0.0001 (0.9905)
AR（1）	0.0358 (0.4942)	0.0538 (0.3532)	-0.4255*** (0.0000)
AR（2）		0.1972*** (0.0002)	-0.1118** (0.0393)
方差方程 C	-0.4392*** (0.0014)	-2.3749*** (0.0001)	-2.2425*** (0.0000)
α	0.1937*** (0.0000)	0.4238*** (0.0000)	0.3972*** (0.0000)
β	0.9570*** (0.0000)	0.7802*** (0.0000)	0.7216*** (0.0000)
γ	-0.0477 (0.1851)	-0.0167*** (0.0002)	-0.0717* (0.0638)
波动溢出效应由原油市场向		0.0780** (0.0197)	-0.0322*** (0.0000)

续表

系数	原油市场	玉米市场	燃料乙醇市场
波动溢出效应由玉米市场向	0.0163 (0.3225)		0.0776*** (0.0082)
波动溢出效应由燃料乙醇市场向	0.0094 (0.2380)	0.0079*** (0.0144)	
Log likelihood	780.1462	1475.575	1100.235
Diagnostics on standardized residuals (H0: no ARCH effects)			
F - statisic (6)	0.2767 (0.9478)	0.1993 (0.9769)	0.5223 (0.7908)
F - statisic (12)	0.3659 (0.9747)	0.5496 (0.8817)	0.5626 (0.8721)
Jarque - Bera	24.7402 0.0000	274.1267 (0.0000)	1175.511 0.0000

注：***、**、*分别表示在1%、5%、10%的水平上显著；EGARCH模型估计和模型诊断中，括号内的数字为系数的相应P值。

实证结果显示，原油、玉米、燃料乙醇市场单变量EGARCH模型的β值分别为0.9570、0.7820、0.7216，且均在1%的显著性水平上高度显著，表明原油、玉米、燃料乙醇市场价格波动具有较强的持续性，其中以原油市场最为显著。

原油、玉米、燃料乙醇市场的γ值分别为-0.0477、-0.0167、-0.0717，但仅玉米市场和燃料乙醇市场的γ值在10%的显著性水平上较为显著，表明仅玉米市场和燃料乙醇市场表现出价格波动的非对称性。γ值均为负值，表明对玉米市场和燃料乙醇市场而言，价格下跌信息引起的波动大于价格上涨信息引起的波动，因此，为稳定玉米市场和燃料乙醇市场应重点关注那些可能引起两市场价格下跌的因素。

波动溢出效应的检验结果表明，在10%的显著性水平上，存在原油市场向玉米市场和燃料乙醇市场显著的单向波动溢出效应和玉米市场和燃料乙醇市场间显著的双向波动溢出效应，但不存在玉米市场和燃料乙醇市场向原油市场的单向波动溢出效应。

对模型标准化残差的ARCH效应检验结果表明，分别滞后6阶、12阶，LM检验的F统计值在10%的显著性水平上均不显著，表明EGARCH（1，1）模型可以较好地拟合三市场的价格波动溢出效应。

9.4.3 BEKK-MVEGARCH模型与波动溢出效应实证结果

表9-2三变量BEKK-GARCH（1，1）模型估计结果显示：在条件均值方程中，系数 $ar(1)_{22}$，$ar(1)_{33}$的在5%的显著性水平上均高度显著，表明玉米市场价格和燃料乙醇市场价格波动受自身过去波动的影响较为显著。系数 $ar(1)_{ij}$，$i \neq j$ 的显著性反映了市场间价格波动的相互影响程度。表9-2结果显示在10%的显著性水平下仅系数 $ar(1)_{12}$显著，表明存在原油市场到玉米市场的单向波动溢出效应。

表9-2 原油、玉米、燃料乙醇三变量BEKK-GARCH（1，1）模型参数估计结果

参数	原油市场（i=1）	玉米市场（i=2）	燃料乙醇市场（i=3）
条件均值方程：			
Constant	0.0046** (0.0185)	0.0014*** (0.0022)	-0.0038 (0.6514)
$ar(1)_{1i}$	-0.0169 (-0.7346)	0.0188** (0.0383)	-0.0038 (0.6133)
$ar(1)_{2i}$	0.0514 (0.7647)	0.0944** (0.0376)	0.0109 (0.6372)
$ar(1)_{3i}$	-0.0637 (0.3676)	0.0149 (0.3923)	-0.3068*** (0.0000)
条件方差-协方差方程：			
c_{1i}	0.0093** (0.0513)	—	—
c_{2i}	-0.0065*** (0.0000)	-0.0000 (0.9999)	—
c_{3i}	-0.0002 (0.9750)	-0.0000 (0.9999)	-0.0000 (0.9999)
a_{1i}	0.2649*** (0.0000)	0.0524*** (0.0004)	0.0324*** (0.0050)

续表

参数	原油市场（i=1）	玉米市场（i=2）	燃料乙醇市场（i=3）
a_{2i}	-0.3857 (0.1334)	0.2195*** (0.0008)	-0.0055 (0.8544)
a_{3i}	0.0493 (0.6538)	-0.0621** (0.0151)	0.6463*** (0.0000)
b_{1i}	0.9336*** (0.0000)	-0.0335*** (0.0009)	-0.0152 (0.4276)
b_{2i}	0.1298*** (0.0000)	0.7859*** (0.0000)	0.0093 (0.8773)
b_{3i}	0.0640 (0.7343)	-0.0396 (0.4364)	0.0985*** (0.0000)
模型标准化残差检验（H_0：无自相关）：			
LB（6）	4.8118 (0.5682)	19.0140*** (0.0041)	2.4712 (0.8717)
LB（12）	5.3072 (0.9469)	23.5519** (0.0234)	15.4884 (0.2158)
对数似然函数值：	3434.1410		
有效样本个数：	472		

注：***、**、*分别表示在1%、5%、10%的水平上显著。小括号内数字为参数估计的P值。

在条件方差的参数估计结果中，系数 a_{11}，a_{22}，a_{33} 估计值均在1%的水平上显著，表明原油、玉米、燃料乙醇价格波动具有较强的ARCH效应，即表现出方差的时变性，价格变化受自身前期波动的影响较为显著，这与均值方程的估计结果相一致；b_{11}，b_{22}，b_{33} 估计值均在1%的水平上显著，表明原油、玉米、燃料乙醇市场价格波动具有较强的GARCH效应，即表现出波动的持久性和受外界因素影响的显著性。

系数 a_{12}，b_{12}，b_{21} 在1%的水平上显著，即原油市场上一期的冲击对当期玉米市场价格波动影响显著；原油（玉米）市场上一期的条件方差对玉米（原油）市场当期波动的条件方差影响显著；a_{21} 估计值在10%的水平上不显著，即玉米市场上一期的冲击对当期原油市场波动影响不显著，上述结果表明存在原油市场和玉米市场间的双向波动溢出效应。

a_{13} 在1%的显著性水平上显著，即原油市场上一期的冲击对燃料乙醇市场当期波动的影响显著，a_{31}，b_{13}，b_{31} 在 10% 的水平上均不显著，即燃料乙醇市场上一期的冲击对当期原油市场波动影响不显著，原油（燃料乙醇）市场上一期的条件方差对燃料乙醇（原油）市场当期波动的条件方差影响不显著，上述结果表明存在原油市场向燃料乙醇市场的单向波动溢出效应，但不存在燃料乙醇市场向原油市场的波动溢出效应。

a_{32} 在 10% 的置信水平上显著，即燃料乙醇市场上一期的冲击对玉米市场当期波动的影响显著；但 a_{23}，b_{23}，b_{32} 在 10% 的水平上均不显著，即玉米市场上一期的冲击对当期燃料乙醇市场波动影响不显著，且玉米（燃料乙醇）市场上一期的条件方差对当期燃料乙醇（玉米）市场波动的条件方差影响不显著，上述结果表明存在燃料乙醇市场向玉米市场的单向波动溢出效应。

对模型标准化残差的统计检验表明，分别滞后 6 阶和 12 阶，标准化残差序列大部分不存在自相关，即 BEKK - GARCH（1，1）模型可以很好地拟合原油、玉米、燃料乙醇市场间的波动溢出效应。

9.5 结　　论

样本期间，原油、玉米和燃料乙醇市场均表现出显著的 ARCH 效应，这说明原油、玉米和燃料乙醇市场的价格波动在一定程度上是可以预测的。同时，较之原油、燃料乙醇市场，玉米市场价格波动最小，这一结论也印证了粮食在国家经济社会中的基础地位和国家致力于稳定粮价政策的成效。原油市场和玉米市场体现出高风险高回报的特征，说明原油市场和玉米市场的大部分交易者在做出决策时体现了理性投资的特征，但由于国家的财政补贴效应，燃料乙醇市场并没有体现出高风险高回报的特征，这说明国家需进一步开放燃料乙醇市场，推进燃料乙醇市场的市场化进程。同时对玉米市场和燃料乙醇市场而言，价格下跌信息引起的波动明显大于价格上涨信息引起的波动，因此为稳定能源市场和粮食市场，需特别关注那些可能引起两市场价格下跌的因素。

国家鼓励发展清洁能源的政策和玉米在燃料乙醇发酵中的重要地位，以及在汽油中添加燃料乙醇作为清洁能源的初期成果已在全国范围内得到一定程度的推广，样本期间表现出燃料乙醇市场向玉米市场显著地单向波动溢出效应，同时使得玉米价格波动部分通过燃料乙醇市场对原油市场产生溢出效应。原油作为农业生产重要的投入要素，其价格变化影响粮食价格变化的观点已得到普遍认可，这一观点在本章的研究中也得以验证。

原油、玉米、燃料乙醇市场间的波动特征和溢出效应为实践生产、投资活动和政策制定提供了理论借鉴。对农业生产者和燃料乙醇企业而言，原油价格的上升将导致玉米市场成本推动型价格的上涨，而燃料乙醇价格的上涨将导致玉米市场需求拉动型价格的上涨，因此能源市场价格的波动是引起粮食市场价格波动不容忽视的一大因素。正确把握这一价格的链式传导机制将有助于玉米和燃料乙醇生产者降低风险、提高利润。对投资者而言，原油价格波动对玉米、燃料乙醇市场价格波动的主导性和生物能源的使用越来越受到重视将使得投资者在做出投资和对冲决策时需准确把握三者的溢出效应和溢出方向。对政策制定者而言，溢出效应的存在将使得国家针对某一市场的政策效应通过市场传导机制影响其他市场的稳定，而这一影响可能通过市场间的乘数效应被扩大，因此准确把握溢出效应的方向将有利于降低政策变动的负效应，维护市场经济的长期稳定。

9.6 本章小结

本章以中国原油、玉米、燃料乙醇的宏观周数据为基础，利用金融时间序列中经典的 BEKK－MVGARCH 模型，从静态角度分析了中国原油、玉米、燃料乙醇市场的价格波动溢出效应。结果发现，样本期间表现出燃料乙醇市场向玉米市场显著地单向波动溢出效应，同时使得玉米价格波动部分通过燃料乙醇市场对原油市场产生溢出效应。这一结论对玉米生产者、燃料乙醇生产企业和政策制定者均具有重要的政策指导和借鉴意义。

第 *10* 章

能源市场与玉米市场价格波动动态联动效应分析

10.1 引　言

随着原油价格的大幅波动，生物燃料，尤其是燃料乙醇作为替代能源在全球范围内迅速崛起。2010 年世界燃料乙醇年产量超过 870 亿升，是 2005 年的两倍、2000 年的四倍（Rajagopal & Zilberman，2007）。目前，世界燃料乙醇的主要生产地为美国和巴西，多以玉米和甘蔗为原材料。例如，1990～2000 年，美国燃料乙醇产量以每年 20% 的速度增长；2000 年以后，每年保持 10% 的增长速度；2004～2008 年，美国燃料乙醇产量年均增长率达 35.70%；至 2005 年，美国燃料乙醇产量已达 194.72 亿升，占世界燃料乙醇总产量的 47.45%，替代巴西跃居为世界头号燃料乙醇生产国；2011 年，美国燃料乙醇产量达 527.14 亿升，占世界燃料乙醇总产量的 61.24%，其中以玉米为原料的燃料乙醇约占美国燃料乙醇总产量的 95%①。

由于原油的不可再生性和油价的持续上涨，2000 年以来，我国开始积极推进生物能源的研发和使用。而基于玉米的燃料乙醇工业是国民经济重要的原料产业，也是现阶段生物能源的主要来源。2006 年起中国相继在东三省、河南省、山东省等二十多个省市推广使用混合 10% 燃料乙醇的车用汽油，燃料乙醇年产

---

① 资料来源：历年美国燃料乙醇产量数据来自 EIA（Energy Information Administration）网站，网址：http：//www.eia.gov/dnav/pet/pet_sum_snd_d_nus_mbbl_m_cur.htm；历年世界燃料乙醇产量数据来自 F.O.Licht 公司：世界燃料乙醇和生物能源报告，2012，10（6）：323. 网址：www.earth－policy.org。

量也从 2002 年的 3 万吨迅速增长到 2011 年的 193 万吨，跃居世界第三大燃料乙醇生产国。2009 年中国燃料乙醇工业 90% 以上仍以淀粉质为原料进行生产，其中 62% 的燃料乙醇以玉米为原料。若以 2009 年玉米乙醇的占比为参考，按照当前 1∶3.3 的燃料乙醇生产技术，2011 年燃料乙醇生产约消耗 382 万吨玉米。

燃料乙醇的飞速发展大大增加了全球玉米消费量，造成大量玉米被从食物链中抽离。2011 年，燃料乙醇生产约消耗了世界 15% 玉米总产量，造成玉米价格疯涨，给世界整体粮食市场造成巨大压力。中国在 2006 年也出现了玉米价格反季节上涨的现象，这一现象引起了畜牧业等相关产业的连锁反应。2008 年下半年爆发的全国性粮食危机使燃料乙醇产业在中国发展的可行性和可持续性受到诸多质疑。燃料乙醇的迅猛发展，使得原油价格通过生产、运输等环节对粮食价格产生影响的传统观点受到挑战，越来越多的学者开始关注粮食价格、基于粮食作物的燃料乙醇生产与原油价格的关系（仇焕广等，2009；Trostle，2008；Barrera et al.，2011）。通过对原油、玉米、燃料乙醇市场间的动态相关关系的分析，可以了解三市场间的协调性，预测某一市场的政策变化对其他市场的影响，对制定市场政策、把握政策效应、保证最优的社会效果具有重要的指导意义。

因此，本章基于 BEKK－GARCH 模型和 DCC－MVGARCH 模型，利用 2003 年 9 月 5 日至 2013 年 6 月 28 日全国原油平均出厂价格、全国玉米批发市场价格指数、全国燃料乙醇平均出厂价格的周数据，对三市场价格波动的断点效应进行检验，并在此基础上划分样本区间，实证分析原油、玉米、燃料乙醇市场间价格波动的动态效应，解释三市场间动态相关关系随时间变化的程度和方向。

10.2 理论模型与数据说明

10.2.1 惩罚对照函数检验结构突变

本章通过最小化形如 $J(\tau,r)+\beta pen(\tau)$ 的惩罚对照函数（penalized contrast function）来同时检验所有结构突变点。其中 $\tau=(\tau_1,\tau_2,\cdots,\tau_{K-1})$，表示模型中的 $K-1$ 个结构突变点，且有 $0=\tau_0<\tau_1<\tau_2<\cdots<\tau_{K-1}<\tau_K=T$。对照函数 $J(\tau,r)$ 计

算的是突变点 τ 对数据 $r = r_1, r_2, \cdots, r_T$ 的拟合度，即它的作用是尽可能精确地确定 K－1 个突变点的位置。惩罚项 βpen(τ)只依赖于突变点 τ 的维数 K(τ)，并且随 K(τ)递增，因此它用以决定结构突变点的个数。而惩罚系数 β 则相当于在对照函数 J(τ,r)最小值和惩罚项 βpen(τ)最小值之间进行平衡、协调的一个参量。

为了检测随机变量序列的结构突变点，本章利用 Lavielle 和 Teyssiere（2006）给出的基于高斯对数似然函数的对照函数：

检测均值结构突变点的对照函数：

$$J_n(\tau,r) = \frac{1}{n}\sum_{k=1}^{K}\frac{r\tau_k - \overline{r\tau_k}}{\alpha_k^2} \tag{10-1}$$

检测方差结构变点的对照函数：

$$J_n(\tau,r) = \frac{1}{T}\sum_{k=1}^{K} nk\log(\sigma_k^2) \tag{10-2}$$

其中，$nk = \tau_k - \tau_{k-1}$，代表变量序列中第 k 段长度；$\overline{r\tau}_k$ 是样本子区间均值，$r\bar{\tau}_k = nk\sum_{i=\tau_{k-1}+1}^{\tau_k} r_i$；$\sigma_k^2$ 是根据第 k 段计算出来的子样本方差，即 $\sigma_k^2 = nk^{-1}\sum_{i=\tau_{k-1}+1}^{\tau_k}(r_i - \bar{r})^2$，其中 $\bar{r}$ 是变量序列 $r_1, r_2, \cdots, r_T$ 的样本均值，即 $\bar{r} = T^{-1}\sum_{i=1}^{T} r_i$。

确定了对照函数后，我们需要选择合适的惩罚函数 βpen(τ)和惩罚系数 β 以确定准确的结构突变点个数。我们首先确定惩罚函数 βpen(τ)。根据流行的 AIC 和 SC 等信息准则，我们使用最简单的惩罚函数形式 pen(τ)＝Kpen(τ)。

最后确定合适的惩罚系数 β，Lavielle 和 Teyssiere（2006）给出了如下定理来描述 K(β)是如何随着惩罚系数 β 的改变而变化的：

定理 10－1　存在序列（$K_1 = 1 < K_2 < \cdots$）和（$\beta_0 = \infty > \beta_1 > \cdots$），满足：

$$\beta_i = \frac{J_{k_i} - J_{K_{i+1}}}{p_{K_{i+1}} - p_{K_i}} i \geqslant 1 \tag{10-3}$$

使得 $K(\beta) = K_i$，$\forall \beta \in (\beta_i, \beta_{i-1})$，其中，$K(\beta) = \arg\min_{K\geqslant 1}\{J(\tau_K, r) + \beta\text{pen}$

$(\tau)\}$。

在此假设基础上，易知可将惩罚系数 β 转化为对序列 K_i 的估计，K_i 的估计步骤：

（1）对 $K=1, 2, \cdots, K_{max}$，计算 τ_K、$J_K=J(\tau_K, r)$ 和 $p_K=pen(\tau_K)$；

（2）计算序列 K_i 和 β_i，以及区间（β_i，β_{i-1}）的长度 l_{K_i}；

（3）保留序列 K_i 中，满足对于 $j>i$ 使得 l_{K_i} 远大于 l_{K_j} 成立的最大值元素。

在不包含任何结构变化的情况下，很难计算出序列 J_K 联合分布的闭式解，但是根据蒙特卡罗模拟的结果，可知序列依据函数 $c_1K+c_2K\log(K)$ 的形式递减，且其拟合效果非常好（可决系数 R^2 通常都大于 0.999）。

因此，Lavielle 和 Teyssiere（2006）也给出了一套能自动估计 K 的程序：我们对于 $i=1, 2, \cdots$，有

（1）将序列（J_K，$K\geqslant K_i$）拟合模型 $J_K=c_1K+c_2K\log(K)+e_K$，假设 e_K 是独立同分布的中心化高斯随机变量序列；

（2）计算 J_{K_i-1} 仍然服从这个模型的概率，即在该模型条件下的概率：

$$p_{K_i}=p(e_{K_i-1}\geqslant J_{K_i-1}-\hat{c}_1(K_i-1)-\hat{c}_2(K_i-1)\log(K_i-1)) \qquad (10-4)$$

其中，不妨将 p_{K_i} 称之为突变概率。

于是使得 p 值 p_{K_i} 小于某一阈值 α 的最大样本分段数 K_i，一般设定阈值为 $\alpha=10^{-5}$，而选择的可能分段个数最大值 K_{max} 为 20。

10.2.2 DCC-GARCH 模型

动态条件相关多变量广义自回归条件异方差模型（dynamic conditional correlation multivariate GARCH，DCC-GARCH 或 DCC）是从 CCC-GARCH 模型发展而来。但 CCC-MVGARCH 模型相关系数保持不变的假设有违经验判断，很难直观地展示收益序列间的时变相依性（Bollerslev & Wooldridge，1992），因此，Engle（2002）将固定相关系数矩阵转化为时变相关系数矩阵，建立了 DCC-MVGARCH 模型，该模型具有明显的计算优势：一方面，该模型不仅能够对大型相关系数矩阵进行估计，同时该模型限制长期方差协方差矩阵为样本方差协方差矩阵，从而减少待估参数的数量；另一方面该模型所采用的两步估计法使得相关过

程中所需估计的参数独立于相关序列的数目，对变量较多的大型相关矩阵也能容易地估计出来。

参考 Engle（2002）的做法，我们假设 k 个市场的价格收益率的新息向量 e_t 为独立同分布的白噪声过程，服从均值为 0，协方差矩阵为 H_t 的多元正态分布，则动态相关结构可设定为：

$$r_t = u_t + e_t \qquad e_t \mid \Omega_{t-1} \sim N(0, H_t \tag{10-5}$$

$$H_t = D_t R_t D_t \tag{10-6}$$

$$H_t = \omega_i + \sum_{p=1}^{P_i} \alpha_{ip} e_{i,t-p}^2 + \sum_{q=1}^{Q_i} \beta_{ip} h_{i,t-1} \tag{10-7}$$

其中，R_t 是 $k \times k$ 阶的时变相关矩阵；Ω_{t-1}是 $t-1$ 时期的信息集；D_t 是由单变量 GARCH 模型得到的时变标准差构成的 $k \times k$ 阶对角矩阵，$D_t = \Lambda(\sqrt{h_{it}})$，$h_{it}$ 为市场 i 的条件方差，式（10－7）表明每一个粮食市场的价格收益率服从一个 GARCH（p，q）过程。

假设 $\varepsilon_t = D_t^{-1} e_t$，为新息向量标准化残差，且 ε_t：N（0，R_t）。因此 R_t 可以写成以下形式：

$$R_t = (Q_t^*)^{-1} Q_t (Q_t^*)^{-1} \tag{10-8}$$

$$Q_t = (1 - \sum_{m=1}^{M} \alpha_m - \sum_{n=1}^{N} \beta_n) \bar{Q} + \sum_{m=1}^{M} \alpha_m (\varepsilon_{t-m} \varepsilon_{t-m}') + \sum_{n=1}^{N} \beta_n Q_{t-n} \tag{10-9}$$

方程（10－5）即为 DCC（m，n）模型，α_m 和 β_n 称为 DCC 模型的系数。Q_t^* 是一个对角矩阵，对角元素为 Q_t 对角元素的平方根；$\bar{Q}$ 是从第一阶段估计得到的标准化残差的无条件协方差矩阵，即 $\bar{Q} = T^{-1} \sum_{t=1}^{T} \varepsilon_t \varepsilon_t'$。DCC 模型保证了 R_t 在每个时间点上都是正定的，同时 R_t 中的元素形式为：$\rho_{ij,t} = q_{ij,t} / \sqrt{q_{ii,t} q_{jj,t}}$，$q_{ij,t}$、$q_{ii,t}$、$q_{jj,t}$分别为 Q_t 中与他们的下标相对应的元素。

当 $m=n=1$ 时，DCC（m，n）可转化为 DCC（1，1）模型。该模型中的系数 α 体现了滞后一期的标准化残差乘积对动态相关系数的影响；系数 β 则反映了动态相关性的持续性（高铁梅，2009）。在 DCC－GARCH（1，1）模型下，方程式（8－5）和 $q_{ij,t}$可分别转化为：

$$Q_t = (1 - \alpha - \beta) \bar{Q} + \alpha(\varepsilon_{t-1} \varepsilon_{t-1}') + \beta Q_{t-1} \tag{10-10}$$

$$q_{ij,t} = (1-\alpha-\beta)\rho_{ij,t} + \alpha\varepsilon_{i,t-1}\varepsilon_{j,t-1} + \beta q_{ij,t-1} \quad (10-11)$$

DCC 模型可以通过两步骤来估计：第一步，估计单一市场价格收益率的 GARCH 方程；第二步，计算标准化残差 ε_t，即使用第一步中计算所获得的条件方差 h_{it}除以残差 e_t 得出，然后依据标准化残差 ε_t，利用极大似然估计来估计动态相关系数，而通过上述两步得到的 DCC 模型的估计结果具有渐近正态性和一致性。但在估计 DCC - GARCH 模型之前要对序列进行自相关性和异方差性检验。

10.2.3 数据说明

参照第 8 章 8.3.3。

10.3 实证结果分析

10.3.1 数据预处理

参照第 9 章 9.3.1。

10.3.2 断点效应检验

上述对价格收益率序列的基本特征检验后，我们对三市场在 2003 年 9 月 5 日至 2013 年 6 月 28 日期间是否存在断点效应进行检验。若断点效应存在，即可依据序列断点时间分割数据，比较不同阶段原油、玉米、燃料乙醇市场间动态相关性的差异。

采用 Lavielle 和 Teyssiere（2006）提出的惩罚对照函数检验样本期间是否存在显著的断点效应，这一方法由于与 GARCH 模型有较强的依存性在检验时间序列断点效应过程中具有明显的优势（Carrasco & Chen，2002）。参考 Benavides 和 Capistran（2009）、Hernandez 等（2011）的做法，本文采用价格收益率的平方序列作为替代指标检验波动的断点效应。断点检验结果如表 10 - 1 所示。原油市场在 2008 年 7 月 18 日出现显著的断点效应，玉米市场在 2008 年 8 月 22 日出现显著的断点效应，而燃料乙醇市场的断点时间则出现在 2008 年 10 月 10 日。

表 10－1　原油、玉米、燃料乙醇价格收益率序列断点时间估计

原油市场断点时间	玉米市场断点时间	燃料乙醇市场断点时间
7/18/2008	8/22/2008	10/10/2008

根据断点检验的结果，参考 Zhao 和 Goodwin（2011）的做法，我们将整体样本划分为两个子样本：第一阶段为 2003 年 9 月至 2008 年 10 月；第二阶段为 2008 年 7 月至 2013 年 6 月。2008 年 7、8、9、10 月同时包含在两个子样本中，这一区间的划分方式主要基于 2008 年 7～10 月间，原油、玉米、燃料乙醇市场同时出现较为显著的断点变化，将这一特定阶段同时纳入两个子样本区间能有效避免单一时间点前后不同市场断点不能同时存在的状况。

10.3.3　分阶段 BEKK－MVGARCH 模型实证结果

表 10－2 三变量 BEKK－GARCH（1，1）模型估计结果显示：从 2003 年 9 月至 2008 年 10 月，在条件均值方程中，系数 ar（1）$_{22}$，ar（1）$_{33}$的在 1% 的显著性水平上均高度显著，表明玉米市场价格和燃料乙醇市场价格波动受自身过去波动的影响较为显著。系数 ar（1）$_{ij}$，i≠j 的显著性反映了市场间价格波动的相互影响程度。表 10－2 结果显示仅系数 ar（1）$_{13}$在 10% 的显著性水平下显著，即仅存在原油市场到燃料乙醇市场的单向波动溢出效应。

表 10－2　原油、玉米、燃料乙醇三市场时变 BEKK－GARCH 模型参数估计结果

系数	阶段 1：09/2003－10/2008			阶段 2：07/2008－06/2013		
	原油（i＝1）	玉米（i＝2）	燃料乙醇（i＝3）	原油（i＝1）	玉米（i＝2）	燃料乙醇（i＝3）
条件均值方程：						
常数项	0.0046* （0.1176）	0.0004 （0.5334）	0.0011 （0.4285）	0.0008 （0.7670）	0.0016*** （0.0066）	0.0000 （0.8876）
ar（1）$_{1i}$	0.0526 （0.4310）	0.2447 （0.3608）	－0.1640* （0.1176）	0.0832* （0.1373）	0.1602 （0.4681）	0.0485 （0.6481）

续表

	阶段 1：09/2003 - 10/2008			阶段 2：07/2008 - 06/2013		
ar (1)$_{2i}$	0.0170 (0.1615)	0.1897*** (0.0027)	-0.0287 (0.2231)	0.0144 (0.2875)	-0.0470 (0.5056)	0.0858*** (0.0015)
ar (1)$_{3i}$	-0.0197 (0.4881)	0.0887 (0.4882)	-0.4421*** (0.0000)	0.0044 (0.5610)	-0.0142 (0.6202)	-0.2640*** (0.0001)
条件方差方程：						
c_{1i}	0.0071 (0.4494)			0.0093 (0.5265)		
c_{2i}	-0.0025 (0.6964)	0.0077*** (0.0005)		0.0022 (0.7260)	0.0015 (0.8905)	
c_{3i}	-0.0086** (0.0457)	0.0009 (0.9288)	-0.0000 (0.9999)	-0.0004 (0.8389)	0.0000 (0.9390)	0.0000 (0.9999)
a_{1i}	0.1666** (0.0317)	0.0682*** (0.0058)	0.0446 (0.1678)	0.4440*** (0.0215)	0.0880*** (0.0126)	0.1006*** (0.0000)
a_{2i}	-0.9162 (0.2386)	0.5812*** (0.0000)	0.1663 (0.3778)	-0.0489 (0.9132)	0.2482* (0.1440)	-0.2567*** (0.0031)
a_{3i}	-0.0084 (0.9558)	-0.0126 (0.7178)	0.3050*** (0.0016)	0.1476 (0.5598)	-0.1216* (0.0778)	0.1659*** (0.0000)
b_{1i}	0.8235*** (0.0000)	0.0334 (0.4014)	-0.0580* (0.1406)	0.9553 (0.0000)	-0.0471*** (0.0000)	-0.0095 (0.4212)
b_{2i}	0.4945 (0.2030)	-0.1577 (0.5393)	0.3310 (0.3941)	0.6230** (0.0190)	0.9003*** (0.0000)	-0.0019 (0.9770)
b_{3i}	0.0948 (0.6175)	-0.0333*** (0.6148)	0.8386*** (0.0000)	-0.0567 (0.8871)	0.0366 (0.6115)	-0.5840*** (0.0000)
对调整项系数的 Wald 联合检验（H_0：$a_{ij}=b_{ij}=0$，$\forall i\neq j$）						
卡方值			84.1922			44.3655
P 值			0.0000			0.0000
标准化残差平方检验（H_0：无自相关）						
LB (6)	1.4193	7.1813	6.1110	10.1407	23.6540	1.0183
p - value	(0.9647)	(0.3044)	(0.4109)	(0.2189)	(0.0006)	(0.9849)
LB (12)	2.5998	7.8442	12.9854	13.4479	29.6448	5.9953
p - value	(0.9978)	(0.7972)	(0.3701)	(0.3373)	(0.0032)	(0.9163)
对数似然值	1796.5069			1797.6240		
可观测样本个数	253			235		

注：***、**、*分别表示在1%、5%、10%的水平上显著。小括号内数字为参数估计的P值。

条件方差的估计结果显示，系数 a_{11}，a_{22}，a_{33} 估计值均在 5% 的水平上显著，表明原油、玉米、燃料乙醇价格波动具有较强的 ARCH 效应，即表现出方差的时变性，价格变化受自身前期波动的影响较为显著，这与均值方程的估计结果相一致；b_{11}，b_{33} 估计值均在 1% 的水平上显著，表明原油市场和燃料乙醇市场价格波动具有较强的 GARCH 效应，即表现出波动的持久性和受外界因素影响的显著性。

系数 a_{12} 在 1% 的水平上显著，即原油市场上一期的冲击对当期玉米市场价格波动影响显著；显著；a_{21}，b_{12}，b_{21} 估计值在 10% 的水平上不显著，即玉米市场上一期的冲击对当期原油市场波动影响不显著，原油（玉米）市场上一期的条件方差对玉米（原油）市场当期波动的条件方差影响不显著，上述结果表明存在原油市场向玉米市场的单向波动溢出效应。

b_{13} 在 10% 的显著性水平上显著，即原油市场上一期的条件方差对燃料乙醇市场当期波动的条件方差影响显著；a_{13}、a_{31}、b_{31} 在 10% 的显著性水平上均不显著，即原油（燃料乙醇）市场上一期的冲击对燃料乙醇（原油）市场当期波动的影响不显著，燃料乙醇市场上一期的条件方差对原油市场当期波动的条件方差影响不显著，上述结果表明存在原油市场向燃料乙醇市场的单向波动溢出效应，但不存在燃料乙醇市场向原油市场的波动溢出效应。

b_{32} 在 1% 的置信水平上显著，即燃料乙醇市场上一期的条件方差对当期玉米市场波动的条件方差影响显著；但 a_{23}、a_{32}、b_{23} 在 10% 的水平上均不显著，即玉米（燃料乙醇）市场上一期的冲击对当期燃料乙醇（玉米）市场波动影响不显著，且玉米市场上一期的条件方差对当期燃料乙醇市场波动的条件方差影响不显著，上述结果表明存在燃料乙醇市场向玉米市场的单向波动溢出效应。

简言之，2003 年 9 月至 2008 年 10 月间原油、玉米、燃料乙醇市场间波动溢出效应关系如图 10－1 所示。对模型标准化残差的统计检验表明，分别滞后 6 阶和 12 阶，标准化残差序列均不存在自相关，即 BEKK－GARCH（1，1）模型可以很好地拟合原油、玉米、燃料乙醇市场间的波动溢出效应。

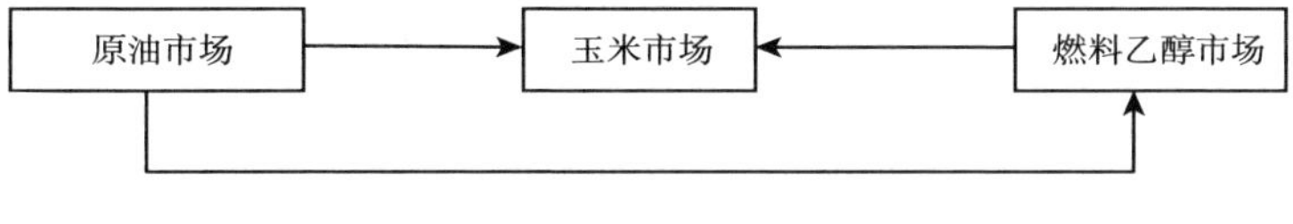

图 10－1　第一阶段原油、玉米、燃料乙醇市场波动溢出效应传导机制

表 10－2 三变量 BEKK－GARCH（1，1）模型估计结果显示：2008 年 7 月至 2013 年 6 月，在条件均值方程中，系数 $ar(1)_{11}$、$ar(1)_{33}$的在 10% 的显著性水平上显著，表明原油市场价格和燃料乙醇市场价格波动受自身过去波动的影响较为显著。系数 $ar(1)_{ij}$，$i \neq j$ 的显著性反映了市场间价格波动的相互影响程度。表 10－2 结果显示仅系数 $ar(1)_{23}$在 10% 的显著性水平下显著，表明仅存在玉米市场到燃料乙醇市场的单向波动溢出效应。

条件方差的估计结果显示，系数 a_{11}，a_{22}，a_{33}估计值均在 1% 的水平上显著，表明原油、玉米、燃料乙醇价格波动具有较强的 ARCH 效应，即表现出方差的时变性，价格变化受自身前期波动的影响较为显著，这与均值方程的估计结果相一致；b_{11}，b_{22}，b_{33}估计值均在 1% 的水平上显著，表明原油、玉米、燃料乙醇市场价格波动具有较强的 GARCH 效应，即表现出波动的持久性和受外界因素影响的显著性。

系数 a_{12}，b_{12}，b_{21}在 5% 的水平上显著，即原油市场上一期的冲击对当期玉米市场价格波动影响显著；原油（玉米）市场上一期的条件方差对玉米（原油）市场当期波动的条件方差影响显著；a_{21}估计值在 10% 的水平上不显著，即玉米市场上一期的冲击对当期原油市场波动影响不显著，上述结果表明存在原油市场和玉米市场间的双向波动溢出效应。

a_{13}在 1% 的显著性水平上显著，即原油市场上一期的冲击对燃料乙醇市场当期波动的影响显著，a_{31}，b_{13}，b_{31}在 10% 的水平上均不显著，即燃料乙醇市场上一期的冲击对当期原油市场波动影响不显著，原油（燃料乙醇）市场上一期的条件方差对燃料乙醇（原油）市场当期波动的条件方差影响不显著，上述结果表明存在原油市场向燃料乙醇市场的单向波动溢出效应，但不存在燃料乙醇市场向原油市场的波动溢出效应。

a_{23}、a_{32}在 10% 的置信水平上显著，即玉米（燃料乙醇）市场上一期的冲击对燃料乙醇（玉米）市场当期波动的影响显著；但 b_{23}、b_{32}在 10% 的水平上均不显著，即玉米（燃料乙醇）市场上一期的冲击对当期燃料乙醇（玉米）市场波动影响不显著，上述结果表明存在燃料乙醇市场与玉米市场的双向波动溢出效应。

简言之，2008 年 7 月至 2013 年 6 月间原油、玉米、燃料乙醇市场间波动溢出效应关系如图 10－2 所示。对模型标准化残差的统计检验表明，分别滞后 6 阶和 12 阶，标准化残差序列大部分不存在自相关，即 BEKK - GARCH（1，1）模型可以很好地拟合原油、玉米、燃料乙醇市场间的波动溢出效应。

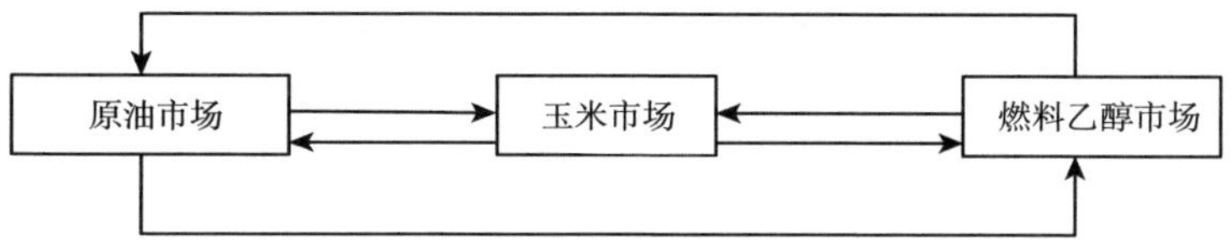

图 10 - 2　第二阶段原油、玉米、燃料乙醇市场波动溢出效应传导机制

10.3.4　DCC - MVGARCH 模型实证结果

自相关检验的结果表明均值方程的设定形式为各变量均滞后一阶，根据 SBIC 准则，确定 GARCH 模型的最优形式为 GARCH（1，1），因此模型的最终形式为 AR（1）- DCC - MVGARCH（1，1），动态相关性估计结果如表 10 - 3 所示。DCC - MVGARCH（1，1）模型中方差方程的 ARCH 项含义为下一期价格波动受现有信息的影响程度，ARCH 项系数越大表明该市场对新信息的敏感度越高；ARCH 项和 GARCH 项的和表示变量的持续性，该值越接近 1，表明波动性趋势在未来持续的时间越长。DCC 模型估计结果中 α 的值表明滞后一期的标准化残差乘积对动态相关系数的影响程度；β 的值表明市场间的动态相关系数受前期价格波动的影响程度。Wald 联合检验的 P 值为假设三市场价格波动的动态相关系数不变的概率。

表 10 - 3　原油、玉米、燃料乙醇市场分段 DCC - MVGARCH 模型估计结果

系数	阶段 1：09/2003 - 10/2008			阶段 2：07/2008 - 06/2013		
	原油 (i = 1)	玉米 (i = 2)	燃料乙醇 (i = 3)	原油 (i = 1)	玉米 (i = 2)	燃料乙醇 (i = 3)
均值方程：						
常数项	0.0569 * (0.0936)	0.0012 ** (0.0495)	0.0024 * (0.1179)	0.0022 * (0.0796)	0.0015 *** (0.0113)	0.0002 (0.8236)
AR（1）	0.0448 (0.4666)	0.1521 ** (0.0163)	- 0.4370 *** (0.0000)	0.0091 (0.8880)	- 0.0205 * (0.0675)	- 0.2275 ** (0.0337)

续表

	阶段 1：09/2003 - 10/2008			阶段 2：07/2008 - 06/2013		
系数	原油 (i = 1)	玉米 (i = 2)	燃料乙醇 (i = 3)	原油 (i = 1)	玉米 (i = 2)	燃料乙醇 (i = 3)
方差方程：						
常数项	-0.0015*** (0.0000)	0.0003* (0.1465)	0.0006* (0.0976)	0.0087*** (0.0001)	0.0001* (0.1279)	0.0002* (0.0771)
ARCH (α)	0.2465*** (0.0001)	0.1770** (0.0249)	0.1480** (0.0421)	0.1363*** (0.0000)	0.1928*** (0.0018)	0.4770*** (0.0000)
GARCH (β)	0.3090*** (0.0000)	0.5876*** (0.0004)	0.4225* (0.1084)	0.8236*** (0.0109)	0.5291*** (0.0085)	0.4193* (0.0741)
DCC (α)			0.0007 (0.1769)			0.0015* (0.0682)
DCC (β)			0.5930* (0.1313)			0.9228* (0.1102)
对调整项系数的 Wald 联合检验（H_0：α = β = 0）：						
Chi - sq P - value			76.4791 (0.2748)			52.3245*** (0.0000)
标准化残差平方检验（H_0：无自相关）						
LB (6) P - value	2.2685 (0.8934)	4.9418 (0.5207)	35.1022*** (0.0000)	10.0186 (0.1978)	25.8330*** (0.0002)	4.0563 (0.6691)
LB (12) P - value	3.6006 (0.9896)	16.1174 (0.1859)	40.6327*** (0.0001)	14.3386 (0.2796)	31.7631*** (0.0015)	10.4103 (0.5800)
对数似然值 样本个数		2278.9965 253			1665.9327 235	

注：在 DCC - MVGARCH 模型和模型检验中，括号内为参数估计的 P 值。

表 10 - 3 中 DCC - MVGACH 模型估计结果显示：2003 年 9 月至 2008 年 10 月期间，原油、玉米、燃料乙醇市场的 ARCH 项系数分别为 0.2465、0.1775、0.1480，且在 10% 的显著性水平上均较为显著，表明当受到前期可预期信息或不可预期的利好消息或利坏信息冲击时，三市场都会产生波动，并将这种波动继续以相同的方式传递给后期，但相比而言，原油市场的价格波动最为明显。对三市场而言，ARCH 项和 GARCH 项的系数之和分别为 0.5555、0.7646、0.5705，表明相比于原油市场和燃料乙醇市场，玉米市场价格波动的持续性特征最为明显。DCC 模型系数估计中，在 10% 的显著性水平下，α 的估计值不显著，表明滞后

一期的标准化残差乘积对动态相关系数的影响不显著；β 值在 10% 的显著性水平上显著，但估计值仅为 0.5930，表明原油、玉米、燃料乙醇市场间的动态相关系数受前期影响不大，其相关性没有呈现出较强的持续性特征。整个 DCC 模型的 Wald 联合检验的卡方检验值为 76.4791，P 值为 0.2748，表明动态相关系数有 27.48% 的概率稳定不变，不具有统计意义上的显著性，因此可以判定原油、玉米、燃料乙醇市场间不存在动态可变的条件相关系数，即不存在价格波动的动态联动效应。

2008 年 7 月至 2013 年 6 月期间，原油、玉米、燃料乙醇市场的 ARCH 项系数分别为 0.1363、0.1926、0.4770，且在 1% 的显著性水平上均较为显著，表明当受到前期可预期信息的不可预期的利好消息或利坏信息冲击时，三市场都会产生波动，并将这种波动继续以相同的方式传递给后期，但相比而言，燃料乙醇市场的价格波动最为明显。对三市场而言，ARCH 项和 GARCH 项的系数之和分别为 0.9599、0.7219、0.8963，表明相比于玉米市场，原油市场和燃料乙醇市场价格波动的持续性特征最为明显。DCC 模型系数估计中，在 10% 的显著性水平下，α 的估计值显著，表明滞后一期的标准化残差乘积对动态相关系数的影响显著；β 值在 10% 的显著性水平上高度显著，估计值为 0.9228，表明原油、玉米、燃料乙醇市场间的动态相关系数受前期影响较大，其相关性呈现出非常强的持续性特征。整个 DCC 模型的 Wald 联合检验的卡方检验值为 52.3245，P 值为 0.000，具有统计显著性，可以认为三者间存在显著的动态可变的条件相关系数，即存在价格波动的动态联动效应。

分别滞后 6 阶、12 阶，模型的标准化残差平方的 LB 检验在大部分情况下不存在序列自相关，表明时间序列的划分和模型的设定是有效的。因此，较之 2008 年以前，2008 年后半期开始，原油、玉米、燃料乙醇市场间的动态条件相关系数明显增大，三市场间的协调程度增强，市场分割程度减弱。

10.4

结论及政策建议

本章基于 2003 年 9 月 5 日至 2013 年 6 月 28 日全国原油、玉米、燃料乙醇市场的价格周数据，利用惩罚对照函数法检验三组时间序列是否存在价格波动的断点效应。检验结果表明，原油，玉米，燃料乙醇市场分别在 2008 年 7 月 18 日、2008 年 8 月 22 日、2008 年 10 月 10 日出现显著的断点效应。且格兰杰因果关系检验结果表明在 10% 的显著性水平上，样本期间玉米价格波动与原油价格波动、燃料乙醇价格波动互为格兰杰因果关系，但燃料乙醇市场和原油市场间价格波动不存在格兰杰因果关系。

根据断点检验的结果，我们将整个样本划分为两个子样本：2003 年 9 月至 2008 年 10 月和 2008 年 7 月至 2013 年 6 月。分阶段 BEKK – MVGARCH 模型实证结果表明：2003 年 9 月至 2008 年 10 月期间，我国原油、玉米、燃料乙醇市场价格波动溢出效应并不显著，仅存在燃料乙醇市场到玉米市场的单向波动溢出效应和原油市场到玉米市场、燃料乙醇市场的单向波动溢出效应。但 2008 年 7 月至 2013 年 6 月期间，我国原油、玉米、燃料乙醇市场间的价格波动溢出效应明显增强，存在三市场间显著的双向波动溢出效应。

利用 AR（1） – DCC – MVGARCH（1，1）模型对不同阶段三市场间的动态相关关系进行了对比分析，结果表明：2003 年 9 月至 2008 年 10 月间，原油价格波动最为明显，而 2008 年 7 月至 2013 年 6 月间燃料乙醇市场价格波动最为明显。2008 年上半年以前，原油、玉米、燃料乙醇市场间不存在动态相关关系，2008 年下半年起，原油、玉米、燃料乙醇市场间的动态相关系数明显增大，三市场间的协调程度增强，市场分割程度减弱。

原油、玉米、燃料乙醇市场间的动态相关关系在不同阶段表现出显著的差异。2008 年随着世界性粮食危机和能源危机的爆发，新能源的迅猛发展使得原油、玉米、燃料乙醇市场间的关联性加强，并使得原油在影响玉米、燃料乙醇市场中的主导地位观点受到挑战。这一结论对实践生产、投资活动和政策制定具有理论指导作用。对农业生产者而言，在燃料乙醇迅速崛起的时代，燃料乙醇的市场政策将在一定程度上影响粮食价格的走向。对投资者而言，原油价格波动对玉米、燃料乙醇市场价格波动的动态联动效应和生物能源的使用越来越受到重视将使得投资者在做出投资和对冲决策时需准确把握三者之间的相互作用。对政策制定者而言，2008 年前后国家对原油、玉米、燃料乙醇市场的政策调整是导致三市场间动态联动效应改变的主要推动力量。2008 年开始原油、玉米、燃料乙醇市场间的动态相关系数明显增大，三市场间的协调程度增强，表明国家针对某一市场的政策将通过动态联动效应影响其他市场的稳定，因此对政策制定者而言准确把握动态联动效应的方向和大小将有利于降低政策变动的负效应，维护市场经济的长期稳定。

10.5 本章小结

本章利用我国原油、玉米、燃料乙醇价格的宏观周数据，首先检验了样本期间三市场是否存在显著的断点效应，结果发现原油，玉米，燃料乙醇市场分别在 2008 年 7 月 18 日、2008 年 8 月 22 日、2008 年 10 月 10 日出现显著的断点效应。根据断点检验的结果，我们将整个样本划分为两个子样本：2003 年 9 月至 2008 年 10 月和 2008 年 7 月至 2013 年 6 月。

对两个子样本分别应用分阶段 BEKK – MVGARCH 模型和 DCC – MVGARCH 模型。分阶段 BEKK – MVGARCH 模型实证结果表明：2003 年 9 月至 2008 年 10 月，我国原油、玉米、燃料乙醇市场价格波动溢出效应并不显著，仅存在燃料乙醇市场到玉米市场的单向波动溢出效应和原油市场到玉米市场、燃料乙醇市场的单向波动溢出效应。但 2008 年 7 月至 2013 年 6 月，我国原油、玉米、燃料乙醇市场间的价格波动溢出效应明显增强，存在三市场间显著的双向波动溢出效应。

利用 AR（1） – DCC – MVGARCH（1，1）模型对不同阶段三市场间的动态相关关系进行了对比分析，结果表明：2003 年 9 月至 2008 年 10 月，原油价格波动最为明显，而 2008 年 7 月至 2013 年 6 月燃料乙醇市场价格波动最为明显。2008 年上半年以前，原油、玉米、燃料乙醇市场间不存在动态相关关系，2008 年下半年起，原油、玉米、燃料乙醇市场间的动态相关系数明显增大，三市场间的协调程度增强，市场分割程度减弱。由此可见，我国原油、玉米、燃料乙醇价格波动机制存在动态变化性。

第 *11* 章

原油价格波动对我国燃料乙醇发展及粮食安全的影响

11.1 引　言

随着经济总量和规模的迅速扩大，我国能源短缺、结构不合理、环境和生态污染等问题日益凸显，引发了中国对能源技术创新和替代能源的追求。我国生物能源的推广是从玉米乙醇的产业化开始的，最初原因并非出于能源安全的考虑，而是政府为解决粮食主产区因产能过剩出现的陈化粮和储粮难问题（郭庆海，2007）。2009 年，我国燃料乙醇在国家政策扶持下，产能超过 170 万吨。但是，来自国际和国内粮食价格的大幅上涨，我国粮食安全面临极大挑战，对此中国采取了包括价格干预、出口管制和财政补贴等一系列措施缓解粮食危机。而燃料乙醇发展也由此受到限制，导致燃料乙醇产业也陷入进退两难的境地（黄季焜等，2009）。然而价格干预和出口管制可能会因扭曲价格信号而误导资源配置，并不能从根本上消除价格飞涨的驱动因素，甚至还会为以后价格飞涨埋下隐患（朱玲，2008）。另外，盲目限制生物能源的发展，使得我国能源供需结构性矛盾难以缓解，能源自给的安全压力日益加大，同时可能失去利用生物能源发展实现更广泛的农村减贫和社会稳定的机会。基于此，审慎且正确地评估一次能源危机和生物燃料发展对粮食安全的影响，对我国应对能源和粮食危机以及促进新能源发展的战略和政策选择具有重大意义。

尽管大部分学者都一致认为生物燃料发展使得能源价格与粮食价格的联系更为紧密，但对生物燃料产业发展是否对中国粮食安全带来冲击观点却截然对立。

一部分学者认为我国鼓励生物乙醇发展的政策，使得玉米消耗量增大，库存量急剧下降，由此带来的玉米及相关农产品价格上涨将对粮食安全和农业可持续发展产生重大冲击（李志强，2007；王亚静，2007）。另一部分学者认为目前我国燃料乙醇生产所消耗的玉米量有限，因此不存在与人争粮之嫌，保障我国粮食安全与发展生物能源并不矛盾，关键是要控制粮食乙醇的产量，积极发展如甜高粱、薯类等新原料（石元春，2005；张锦华等，2008；王雅鹏，2008）。上述研究虽然对我国燃料乙醇发展和粮食安全的关系从正反两方面进行了探讨，但已有不足之处：第一，针对两者的关系目前多数是定性研究的角度出发，少有定量角度研究燃料乙醇的发展对粮食安全的影响。第二，少数定量研究文献也未能对中国粮食安全做专门量化评估和系统分析，而主要研究生物燃料乙醇的发展对从农业区域生产、居民生活以及粮食价格的影响，难以得出准确客观的判断。

因此本章拟在占有大量数据的基础上，建立生物燃料发展对我国总耕地面积影响的理论模型（Peters et. al.，2009），借鉴兰肇华（2005）的研究模型，定量分析原油价格上涨对我国生物能源发展、玉米价格及相关农产品价格的影响，并进一步分析生物燃料发展是否对我国的粮食安全构成威胁，以期为我国生物燃料的行业发展提供一定的政策借鉴和指导意义。

11.2

理论模型构建

我国生物燃料发展始于 2000 年，在 2003 年以后进入快速发展时期。经过几年的试点和推广使用，生物燃料年产量从 2002 年的不足 3 万吨增加到 2011 年的 193 万吨，成为紧随美国和巴西之后的全球第三大燃料乙醇生产国。目前，我国生物燃料总产量中超过六成的产量是玉米为原料的，2005 ~ 2008 年用于生物乙醇生产的玉米量分别为 77.1、193.33、310、340.25 万吨①。

土地利用方式对全球粮食供给、环境变化以及气候变迁等都起着至关重要的作用，因此在生物燃料扩张的背景下，我国土地的利用方式受到越来越多学者的关注。为此本章理论假设，确立我国生物燃料发展与土地利用之间的关系，将生

① 资料来源：《2007 ~ 2008 年中国粮食行业研究报告》。

物燃料发展与土地分配的决定以及农产品价格波动有机结合起来。

一般而言，不同的农作物之间究竟是替代品还是互补品取决于农作物价格的三个效应：总耕地效应，土地份额效应和投入使用效应。在不受管制的自由市场下，不管在供给上玉米与其他农作物是替代品还是互补品，总耕地面积会随着玉米价格的上升而增加。类似的，由于外生的技术变化引起玉米产量提高也将使其耕地面积扩大，而其他农作物的产量增加对耕地面积的影响则是不确定的。当生物乙醇产量不完全由市场决定，政府对其有强制性的任务即规定了某一产量时，如果玉米和其他农作物在需求上是替代品，增加产量意味着耕地面积扩大。在既定产量任务情况下，如果某种农作物需求富有弹性，产量增加将导致总耕地面积扩大；如果某种农作物需求缺乏弹性，通常情况下将使得耕地面积缩小（Feng & Babcock，2008）。

11.2.1 土地使用对农产品供给影响的理论模型

某一农产品供给取决于该种农产品耕种的土地质量、总耕地面积、土地份额，劳动、资本等投入量。为了反映土地的异质性，我们使用反映该块土地生产潜力的土地质量指数来表示，记为 θ。同时我们将该指数标准化在 0 到 1 之间，即 $\theta\in[0,1]$。θ 越低表示土地质量越高，即最差的土地 $\theta=1$，最好的土地 $\theta=0$。我们进一步将农作物播种总面积标准化为 1，则每块土地质量的概率分布函数表示为 $\mu(\theta)$，因此，满足 $\theta\leqslant\hat{\theta}$ 的土地总量为 $\int_0^{\hat{\theta}}\mu(\theta)d\theta$ 。

我们用 i 表示农作物的种类，当 $i=c$ 时，农作物种类为玉米；当 $i=0$ 时，农作物种类为除玉米之外的其他农作物。农作物 i 的产量 y_i 取决于该种农作物的用地份额 i 和劳动、资本等的投入量 z_i，即 $y_i(z_i(\theta),\alpha_i(\theta);\theta)$。由于农作物用地份额和投入量都随土地质量变化而变化，因此 z_i 和 i 均表示为 θ 的函数。其中 y_i 是 z_i 的递增函数，即 $y_i^{z_iz_i}<0$。由微观经济学的边际产量递减规律可知，在一块质量既定的土地上，随着某种农作物种植面积的扩大，该农作物总产量的递增速度会逐渐降低。例如，随着玉米价格的上涨，在我国北方许多传统玉米、小麦轮作区，如内蒙古、山西等地，就可能一直种玉米，而不再实施作物轮作，同时可能将更多原来种植其他农作物的土地转而种植玉米，因此会造成既定份额的土地

总产量减少，即 $y\alpha_i^i<0$。图 11－1 展示了某一地块上的土地份额和投入品数量对该块土地总产量的影响。

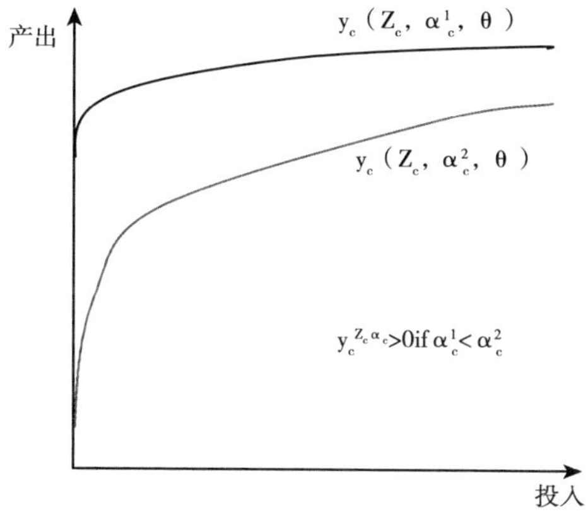

图 11－1　不同的土地份额给产出带来的影响

设在土地质量为 θ 的地块上种植农作物 i 的投入价格和产出价格分别为 w_i 和 p_i，则该地块的净收益为

$$\pi(z,\alpha;\theta) = \sum_{i,c=0}[p_i y_i(z_i(\theta),\alpha_i(\theta);\theta) - wz_i(\theta)]\alpha_i(\theta)\mu(\theta) \tag{11-1}$$

因此，在土地质量一定的前提下，某种农作物净收益的最大化取决于两个变量：既定土地上不同农作物的土地份额，以及相应的投入品数量。用公式表示为：

$$\sum_{i=c,0}\alpha_i(\theta) = 1 \quad \max_{z,\alpha}\pi(z,\alpha;\theta)\text{，使得，且 } z_i(\theta)\geqslant 0 \tag{11-2}$$

式（11－2）的一阶条件为：

$$[p_c y_c^* + p_c y_c^{\alpha_c *}\alpha_c - wz_c^*] - [p_0 y_0^* + p_0 y_0^{\alpha_0 *}\alpha_0^* - wz_0^*] = 0 \tag{11-3}$$

$$p_i y_i^{z_i *} - w = 0 \tag{11-4}$$

其中 * 表示方程的最优解。式（11－3）要求种植玉米和种植其他农作物的边际净收益相等；式（11－4）表示增加一单位投入品，某种农作物所带来的边际收益应等于由此带来的边际成本。若式（11－3）和式（11－4）的二阶条件也得以满足，则最优土地份额和最优投入量都应该表示为土地质量和农产品价格的函数，即 $\alpha_i^*(p;\theta)$ 和 $z_i^*(p;\theta)$。

更好的土地将会带来更高的资产净回报率。这是在土地份额和投入品数量一定的情况下，质量较高的土地意味着更高的农作物产量，即

$$\text{当 } \theta<\theta' \text{ 时}, \pi(z,\alpha;\theta)>\pi(z,\alpha;\theta') \tag{11-5}$$

从长期来看，只要农业生产所带来的净收益为正，就会有越来越多的土地被用于农业生产。我们将农业生产中使用的土地质量范围记为 $[0, \theta^*]$，则最优耕地面积为 $\int_0^{\theta^*}\mu(\theta)d\theta$。由此均衡条件变为：

$$\pi(z^*(p;\theta^*),\alpha^*(p;\theta^*);\theta^*)=0 \tag{11-6}$$

其中最优产量 θ^* 是农产品价格 p 的函数。

投入量、土地份额和总耕地面积的决策共同决定了某种农作物的产量供给，然后我们对各种不同质量的土地面积加总求和，得到农作物 i 的总供给量为

$$Q_i^S(p)=\int_0^{\theta^*(p)} y_i[z_i^*(p;\theta),\alpha_i^*(p;\theta);\theta]\alpha_i^*(p;\theta)\mu(\theta)d\theta \tag{11-7}$$

11.2.2 生物燃料发展对农产品需求影响的理论模型

燃料乙醇生产过程中的技术进步决定了玉米乙醇的转化率，它对乙醇生产的利润有重要影响（Binfield et al.，2008）。我们可以用 $v_{c,e}$ 表示从一单位玉米可转化的乙醇量，目前美国一蒲式耳玉米可转化 2.8 加仑乙醇，我国每吨玉米可转化 0.33 吨燃料乙醇。燃料乙醇生产技术同时也决定了玉米转为燃料乙醇生产过程中所消耗的能源量，用 $v_{c,f}$ 表示将一单位玉米转化为燃料乙醇所需要的能源量。为了使问题简化，假定燃料乙醇工厂生产中，燃料乙醇是唯一的产品，能源和玉米是主要的投入要素，其他的产品如 DDGS 以及其他的投入要素如酶和劳动力都不作考虑，因为考虑这些因素不会影响我们的主要分析结果，只会使问题复杂化。

设 p_e 和 P_f 分别为是乙醇和它的投入要素即能源的价格，在既定技术和价格条件下，燃料乙醇生产者追求利润最大化的产量，可得：

$$\max_{Q_c}\pi_e=p_eQ_e-p_cQ_c-p_fQ_f=p_e\nu_{c,e}Q_c-p_cQ_c-p_f\nu_{c,f}Q_c \tag{11-8}$$

其中，π_e 是燃料乙醇生产的利润，Q_i 是商品 i 包括乙醇、玉米和能源的数量，一般，我们认为乙醇价格是个外生变量，即其价格不会受到乙醇产量的影响。这是因为虽然乙醇产量近年来有大幅提升，但其总产量在交通燃料中所占的比重仍非常小，其价格很大程度上取决于石油价格而不是它的产量。目前，我国乙醇产量占国内汽油消费总量的比例不到 5%，因此燃料乙醇需求富有弹性。但若在未来，当燃料乙醇产量大幅增加时，燃料乙醇价格就会受到乙醇产量和交通燃料市场价格的影响，变为内生变量。

因此，燃料乙醇生产的长期均衡条件为：

$$\frac{\partial \pi_e}{\partial Q_c} = p_e \nu_{c,e} - p_c - p_f \nu_{c,f} \leqslant 0, \frac{\partial \pi_e}{\partial Q_c} Q_c^{eD} = 0, Q_c^{eD} \geqslant 0 \qquad (11-9)$$

其中 Q_c^{eD} 是燃料乙醇生产中的玉米均衡需求量，我们可以将燃料乙醇工厂的玉米需求量表示如下：

$$\begin{aligned} &\text{若 } p_c = p_e v_{c,e} - p_f v_{c,f}, \text{则 } Q_c^{eD}(p_c) = +\infty \\ &\text{若 } p_c > p_e v_{c,e} - p_f v_{c,f}, \text{则 } Q_c^{eD}(p_c) = 0 \end{aligned} \qquad (11-10)$$

式（11－10）表示，当玉米价格等于一单位玉米转化而成的燃料乙醇价格和其转化过程中耗费成本的差额时，燃料乙醇生产对玉米的需求量具有完全弹性；但当玉米价格高于其每单位转化成乙醇的价值量和其转化成本之间的差额时，乙醇生产对玉米的需求量则为 0。

因此，在生物燃料生产过程中，乙醇生产对玉米的需求量主要受到玉米价格 p_c、乙醇价格 p_e、玉米乙醇转化率 $v_{c,e}$、能源价格 p_f 和玉米转化为乙醇所需要的能源 $v_{c,f}$ 这几个因素的影响，其中，一段时期内的 $v_{c,e}$、$v_{c,f}$、p_e 都是相对固定的，因此，用于燃料乙醇生产的玉米需求量主要受到能源价格和玉米价格的影响。

除了生产燃料乙醇外，玉米还有其他用途，如作为畜牧业生产的饲料来源和少量的食用消费。我国生产的玉米 68% 用于饲料，13% 用于食用消费，仅 8% 用于工业深加工。我们可把非乙醇生产的玉米消费量记为 Q_c^{fD}（p），它是一个考虑到农作物生产可持续性的关于玉米和其他农作物价格的函数。因此，对玉米的总需求量是非乙醇生产和乙醇生产的需求量的总和。

图 11－2（A）显示了玉米市场的需求和供给。图中的 p_c 适用于乙醇生产的玉米的盈亏平衡价格，这里的玉米需求曲线由乙醇玉米需求曲线与饲料玉米需求

曲线组成，这两条曲线相交于 p_c 这一均衡价格。在这一价格水平下，用于饲料及使用的玉米和用于乙醇生产的玉米分别为 Q^1 和（Q^2-Q^1）。

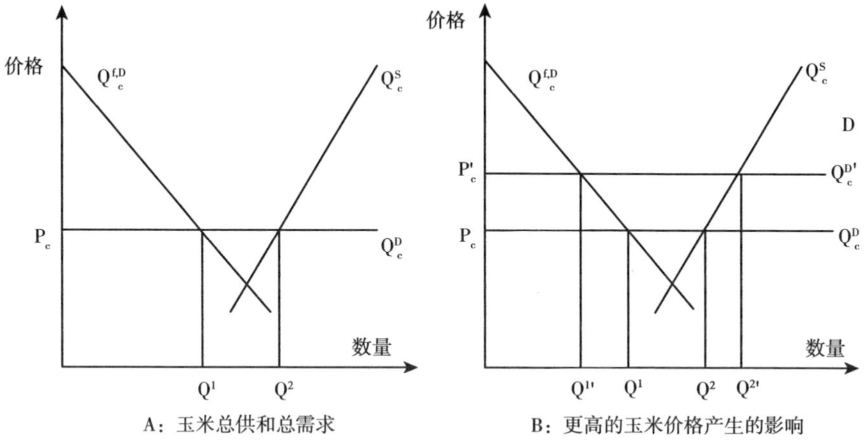

图 11－2　玉米市场的需求和供给

图 11－2（B）显示了玉米价格上升对玉米需求量的影响。假设由于高油价使玉米价格上升至 p_c^{new}，则整体玉米需求曲线会向上移动。新的均衡中，作为饲料及食用的玉米需求量减少了（$Q^1-Q^{1,new}$），玉米产量增加了（$Q^{2,new}-Q^2$），这些都转变为用于乙醇生产的玉米增加量。在高油价下，用于生产乙醇的玉米从（Q^2-Q^1）增加到（$Q^{2,new}-Q^{1,new}$）。

若把其他农作物的需求量记为 Q_0^D（p），则农产品市场的均衡条件为：

$$Q_c^s(p)-Q_c^{fD}(p)=Q_c^{eD}(p_c) \tag{11-11}$$

$$Q_0^s(p)-Q_0^D(p)=0 \tag{11-12}$$

其他农产品在既定价格 p 下，作为食物的该种产品需求和供给也是既定的，当玉米价格满足式（11－10）的相等条件时，Q_c^{eD}（p_c）可能是正数，因此 Q_c^{eD}（p_c）可以被认为是玉米市场的剩余。式（11－11）和式（11－12）中有三个关键变量：p_c、p_0 和 Q_c^{eD}（p_c），如果其中的某一个变量是已知的，另外两个变量就可以求解出来。

11.2.3　系统均衡和政府政策

系统均衡是指满足均衡条件式（11－3）、式（11－4）、式（11－5）、式

(11-6)、式 (11-9)、式 (11-11) 和式 (11-12) 的一系列的价格和数量。我们假设这个系统是个独特的稳定均衡系统，即在短暂的变动之后，当变动消失以后，系统内部的相互作用会使它调整从而回到最初的均衡状态。系统均衡时，一块既定土地上的总产量等于用于乙醇生产的玉米和其他农作物的产量，总耕地面积等于玉米和其他农作物的面积；最差质量农地的农产品的净收益等于0。在缺乏政策干预的情况下，玉米价格将会通过式 (11-9) 被燃料乙醇价格决定，我们可以通过以下步骤来求解这个系统的均衡。

首先，在式 (11-12) 中，带入玉米价格 p_c 可求出均衡价格 p_0，然后 p_c 和 p_0 带入式 (11-11)，求出用于乙醇生产的玉米均衡量，通过式 (11-3)、式 (11-4) 和式 (11-6)，这些价格也将决定均衡土地份额、均衡投入品数量和总耕地面积。

如果政府为生产的每单位乙醇提供补贴，玉米价格仍是外生变量的话，虽然它可能比没有补贴时要高，这种情况下的系统均衡可通过和上述类似的步骤来求解。或者，假设政府为燃料乙醇产量制定一个较高产量或最低产量来限制乙醇生产，比如美国能源独立安全法案，设立未来一些年份中乙醇的最低产量，如果该任务没有约束力，这个系统将会和没有任务时一样达到均衡。但如果该任务具有约束力，p_c 将不是被式 (11-10) 中的相等条件决定，当 Q_c^{eD} 一定时，其他均衡条件将会同时决定玉米价格和土地使用量。

11.3 实证分析

我国各地区与玉米可能为替代作物竞争土地的粮食作物为稻谷和小麦①。所用数据为数值型时，我们均利用 CPI 进行相应的调整。所有数据的统计性描述如表 11-1 所示。其中时间序列粮食作物播种面积（百万公顷）、玉米播种面积（百万公顷）、玉米产量（百万吨）、玉米价格（元/公斤）的数据为 1978~2012 年，来自国家统计局网站。时间序列玉米生产成本（元/亩），包括物质成本和人工成本的数据为 1978~2012 年，来源于相应年份的《全国农产品成本收益资

① 资料来源：种植业信息网。

料汇编》。原油价格（美元/桶）数据为1978~2012年，来源于《BP世界能源统计2013》。我国燃料乙醇产量（万吨）数据序列为2002~2011年，来源于各年份的《燃料乙醇行业分析报告》。猪肉价格（元/公斤）、牛肉价格（元/公斤）、羊肉价格（元/公斤）、鸡肉价格（元/公斤）、鸡蛋价格（元/公斤）、牛奶价格（元/公斤）数据序列为1991~2012年，数据来源于相应年份的《全国农产品成本收益资料汇编》。

表11-1　各变量统计性描述

	均值	中值	最大值	最小值	标准差	偏度	峰度	JB统计量	概率	观察值个数
粮食面积	110.47	110.57	120.59	99.41	4.53	-0.22	3.31	0.42	0.81	35
玉米面积	23.67	22.78	35.03	17.69	4.66	0.88	2.82	4.60	0.10	35
玉米产量	109.85	104.30	205.61	55.94	40.51	0.58	2.53	2.27	0.32	35
玉米价格	0.92	0.96	2.40	0.19	0.63	0.64	2.51	2.72	0.26	35
玉米生产成本：										
物质成本	121.65	136.93	344.58	22.58	87.58	0.71	2.76	3.00	0.22	35
人工成本	105.99	119.09	398.40	18.30	86.60	1.32	5.13	16.88	0.00	35
原油价格	34.73	26.20	109.08	12.21	27.01	1.57	4.39	17.26	0.00	35
乙醇产量	112.69	138.10	193.00	3.00	75.01	-0.53	1.65	1.23	0.54	10
猪肉价格	8.63	7.78	17.11	3.69	3.65	0.79	2.78	2.35	0.31	22
牛肉价格	11.79	10.23	24.52	5.62	5.79	0.88	2.86	1.57	0.46	12
羊肉价格	12.96	10.71	26.80	6.63	6.99	0.75	2.30	1.38	0.50	12
鸡肉价格	8.83	8.63	11.50	6.56	1.76	0.16	1.63	0.98	0.61	12
鸡蛋价格	5.87	5.67	8.17	4.18	1.40	0.43	1.90	0.96	0.62	12
牛奶价格	2.36	2.11	3.59	1.45	0.69	0.54	2.01	1.07	0.59	12

11.3.1 玉米产量与种植面积相关性估计

由前述模型分析结果可知，玉米的供给 Q_{ct} 的主要影响因素为前一期玉米价格 p_{ct-1}、土地质量 θ、占农作物播种面积的比例 α_{ct}，投入成本，包括物质费用 cm_{ct}（直接费用和间接费用）和人工成本 cl_{ct}。考虑到我国玉米种植区域较为分散，各地区由于气候条件的差异使得土地质量难以评估，本部分我们假设目前各地区玉米耕地质量无差异。由此我们建立关于玉米产量的计量经济模型如下：

$$\ln Q_{ct} = \beta_0 + \beta_1 \ln p_{ct-1} + \beta_2 \ln \alpha_{ct} + \beta_3 \ln cm_{ct} + \beta_4 \ln cl_{ct} \qquad (11-13)$$

该部分数据基于 1978 ~ 2012 年的统计数据，得到回归模型结果如下（括号中的数字为 t 检验值）：

$$\begin{aligned}\ln Q_{ct} = {} & \underset{(7.4270)^{***}}{7.5430} + \underset{(1.6499)^{*}}{0.2057 \ln p_{ct-1}} + \underset{(4.5392)^{***}}{0.8905 \ln \alpha_{ct}} \\ & + \underset{(3.3931)^{***}}{0.7649 \ln cm_{ct}} + \underset{(2.2126)^{**}}{0.0441 \ln cl_{ct}} \qquad (11-14) \\ \overline{R^2} = {} & 0.9663\end{aligned}$$

回归结果表明，各解释变量的影响方向与预期结果相一致，且拟合效果较好。上一期的玉米价格 p_{ct-1} 的弹性系数为 0.2057，表明玉米价格每上涨 1 个百分点，玉米产量将增加 0.2057 个百分点；玉米播种面积占农作物总播种面积的比例的弹性系数为 0.8905，表明玉米播种面积占农作物总播种面积的比例每提高一个百分点，玉米产量将增加 0.8905 个百分点；玉米种植物质费用弹性系数为 0.7649，表明玉米种植物质费用每增加一个百分点，玉米产量将增加 0.7649 个百分点；玉米种植的人工费用弹性系数为 0.0441，尽管其具有统计意义上的显著性，但并不具有经济学意义上的显著性。

回归结果表明，近年来，农户减少其他粮食作物的种植，转而将更多的土地用于玉米种植是导致我国生物燃料产量的提升主要推动力量。如果我国生物燃料产量继续扩大，则全国土地中用于种植玉米的面积将继续增加，其他粮食作物的种植面积和产量将相继减少，由此可能导致一些土地质量较差的边际土地、部分林地和牧场转为耕地。

11.3.2　原油价格与玉米价格相关性的估计

如前所述，玉米价格与原油价格具有较强的相关性。原因在于玉米的生产成本，如农业生产资料包括农机、农膜和化肥，以及将农作物销售到消费区的流通成本和运输成本都与油价息息相关。对燃料乙醇产业而言，国际原油价格上涨激发了企业生产燃料乙醇的积极性，增加了玉米的消费量，使得玉米价格出现需求拉动型上涨。假定玉米长期价格由产量、原油价格和自身滞后价格决定，我们可得估计模型如下：

$$\ln p_{ct} = \chi_0 + \chi_1 \ln p_{ct-1} + \chi_2 \ln p_{ot} + \chi_3 \ln p_{ot-1} + \chi_4 Q_{ct} \quad (11-15)$$

其中，p_{ct}是 t 时期的玉米价格；p_{ot}是 t 时期的原油价格；选取 1978～2012 年的迪拜原油现货价格和历年玉米现货价格，回归结果如下所示：

$$\begin{aligned}\ln p_{ct} = & -3.8499 \quad + \quad 0.3944\ln p_{ct-1} + 0.2374\ln p_{ot} \\ & (-3.3836)^{***} \quad (2.2123)^{**} \quad (3.0199)^{***} \\ & +0.0312\ln p_{ot-1} + 0.1199\ln Q_{ct} \\ & (1.9956)^{**} \quad (2.3387)^{***} \end{aligned} \quad (11-16)$$

$$\overline{R^2} = 0.7758$$

11.3.3 玉米价格与相关农产品价格相关性估计

2006 年下半年到 2008 年上半年，国际原油价格大幅上涨，同时我国食品消费价格指数出现同步上升的趋势，月度平均增长幅度超过 15%。2008 年下半年开始随着国际原油价格的回落，我国食品消费价格指数也逐渐趋缓。从时间序列数据可知我国在过去几年间粮食供需结构并没有发生大的变化，因此对于短期内粮食价格的大幅上涨，我们无法使用传统的供需理论来解释。

全球能源价格上涨和生物燃料扩张是近期我国粮食价格上涨的主要推动力量。生物燃料的扩张使其主要原料——粮食作物出现需求拉动型价格上涨，而粮食价格上涨传递到包括牛奶、畜牧产品等在内的下游产品和包括谷物、食品等在内的相关农产品，相关农产品出现成本推动型价格上涨。设玉米价格与相关农产品价格的联系方程如下：

$$\ln p_{it} = \lambda_0 + \lambda_1 \ln p_{ct} \quad (11-17)$$

由于该部分主要研究我国消费者消费的猪肉、牛肉、牛奶、鸡肉、鸡蛋等价格，因此 p_{it}表示第 i 种相关农产品在第 t 期的价格。回归结果如表 11－2 所示。

表 11－2　　相关农产品价格与玉米价格的关联度参数估计结果

变量	常数项	t 值	变量系数值	t 值	$\overline{R^2}$
猪肉价格	2.6344	13.4150	0.9456	6.1731	0.6386
牛肉价格	4.4719	18.4603	1.9052	9.2790	0.8856
羊肉价格	4.7982	14.2740	2.1250	7.4583	0.8324
鸡肉价格	2.6597	37.8621	0.5270	8.8504	0.8755
鸡蛋价格	2.4836	45.0400	0.7331	15.6857	0.9570
牛奶价格	1.8517	16.4032	0.9819	10.2623	0.9046

11.4

方案设计和情景模拟

上述分析可知，国际原油价格波动会给燃料乙醇生产、农产品播种面积和价格带来影响，因此原油市场将生物燃料市场和农产品市场紧密联系起来。原油价格波动取决于两大因素：一是原油资源的不可再生性；二是经济增长对于原油资源的持续需求。所以当有限的储量和不断增长的原油需求相碰撞时，原油的价格会越来越高。根据以上分析，我们不难看出石油价格在整个分析框架中属于外生变量。因此，根据未来一段时间内原油价格上涨速度的快慢程度，我们设计两种情景方案，见表 11－3。

表 11－3　　石油价格上涨快慢程度的情景模拟　　单位：美元/桶

方案	2015	2020	2025
方案一	120	180	240
方案二	70	90	110

《2012 年国际货币基金组织报告》指出今后 10 年国际原油价格有持续上涨的趋势，达到现在价格水平的 2 倍并不再下跌，这一趋势将对原油国际贸易产生深远影响。但来自国际能源署（2012）的报告称尽管石油市场上的供应风险依旧是“无法改变的事实”，但未来 5 年全球炼油能力增长将超过需求增长，同时未来 5 年内的经济低迷将导致石油需求增长放缓，届时供应充裕将导致石油价格回落。因此根据来自两个国际权威机构的预测，我们将未来油价上涨的方案设定为

如下两种情况，如表 11 -3 所示。

以上两种方案的前提条件和参数设置为：模拟模型的基期为 2012 年。假设玉米食用和饲料需求不变，新增的玉米产量全部用于燃料乙醇的生产，玉米与燃料乙醇的转化率为 3.3：1，不考虑燃料乙醇贸易和玉米贸易。根据前述实证结果，可得玉米—石油的价格弹性系数为 0.2374，即原油价格每提高一个百分点，玉米价格将上涨 0.2374 个百分点；玉米—猪肉的价格弹性系数为 0.9456，即玉米价格每上涨一个百分点，猪肉价格将上涨 0.9456 个百分点；玉米—牛肉的价格弹性系数为 1.9052，即玉米价格每上涨一个百分点，牛肉价格将上涨 1.9052 个百分点；玉米—羊肉的价格弹性系数为 2.1250，即玉米价格每上涨一个百分点，牛肉价格将上涨 2.1250 个百分点；玉米—鸡肉的价格弹性系数为 0.5270，即玉米价格每上涨一个百分点，鸡肉价格将上涨 0.5270 个百分点；玉米—鸡蛋的价格弹性系数为 0.7331，即玉米价格每上涨一个百分点，鸡蛋价格将上涨 0.7331 个百分点；玉米—牛奶的价格弹性系数为 0.9819，即玉米价格每上涨一个百分点，牛奶价格将上涨 0.9819 个百分点。

11.5 结论与政策建议

11.5.1 结论

（1）表 11 -4 的模拟结果显示，在原油价格上涨的情况下，玉米价格将随着原油价格的上涨而上涨，方案一设定的原油价格高于方案二，由此得出的方案一中的玉米价格上涨的速度也大于方案二中的玉米价格上涨速度，可见原油价格上涨速度的快慢程度决定了玉米价格上涨的快慢程度。玉米价格的上涨使得其替代粮食作物如稻谷和小麦的耕地面积减少，甚至与部分林地和牧场也被转化为耕地用于玉米生产。这在一定程度上将减少稻谷和小麦等粮食作物的供给，使粮食安全面临挑战；而林地和牧场的减少在带来环境的恶化和生物多样性的减少的同时将会使得畜产品的供给减少，造成居民生活成本上升。

表 11－4　　　　　　　　　情景方案模拟结果

指标	方案一			方案二		
	2015	2020	2025	2015	2020	2025
玉米价格	2.4570	2.7704	3.0838	2.1959	2.3003	2.4048
猪肉价格	15.2860	17.1320	18.9780	13.7476	14.3630	14.9783
牛肉价格	25.6303	31.7305	37.8308	20.5467	22.5801	24.6135
羊肉价格	28.1538	35.5913	43.0287	21.9559	24.4351	26.9142
鸡肉价格	11.2494	12.0139	12.7785	10.6122	10.8671	11.1219
鸡蛋价格	8.1530	8.9201	9.6873	7.5137	7.7695	7.0251
牛奶价格	3.6734	4.1336	4.5939	3.2898	3.4432	3.5967
燃料乙醇产量	755	1038	1659	411	566	648

（2）根据原油价格上涨速度的快慢不同，我国燃料乙醇产量也会随着原油价格的上涨而扩张，但这一结果的前提假设是政府对市场完全不予干预。然而这一假设在现实生活中往往难以满足，例如我国政府在“十一五”规划中已明确提出为避免燃料乙醇“与人争粮、与粮争地”，不再批准新建粮食类燃料乙醇的项目、并对尚未建成的粮食类燃料乙醇项目全面叫停。因此，实际的燃料乙醇产量并不能达到上述模拟结果中的产量，真实产量不仅要考虑国家政策的影响还要视我国非粮能源作物的种植规模和非粮燃料乙醇的技术创新和生产规模而定。

（3）猪肉、牛肉、羊肉、鸡肉、鸡蛋和牛奶等食品消费是我国居民日常生活支出的重要组成部分，在居民 CPI 中占据较大比重。表 11－4 的结果显示，不考虑政府干预，原油价格上涨和生物燃料扩张将会大幅度增加我国城市和农村居民的生活成本，降低居民的福利水平。

（4）在原油资源短缺和价格高涨的背景下，我国高增长、高能耗的经济发展模式使得能源消耗的增长速度处于全球第一位。情境模拟结果显示，如果不考虑燃料乙醇发展可能带来的居民高生活成本的增加，不考虑燃料乙醇扩张可能引起的耕地面积扩大而带来的生态环境恶化等负面效应，生物燃料发展的正面效应将远大于由此带来的负面效应。

11.5.2　保障粮食安全的燃料乙醇发展建议

（1）弱化粮食乙醇，走以非粮为主的燃料乙醇发展路径，积极进行技术创新和寻找替代原料。从燃料乙醇的优势国，如美国和巴西的发展经验来看，世界各国发展生物燃料的原料来源均发挥了自身的资源禀赋优势。因此，我国应根据自身的资源禀赋优势寻找玉米的替代原料，从现实情况来看，甘薯、木薯、甜高粱以及纤维素作物是玉米的理想替代原料。

（2）甘薯耐旱、耐贫瘠，在其他粮食作物难以生长的丘陵山区产量也很高。我国是世界上最大的甘薯生产国，甘薯种植区主要分布在河北、河南、安徽、四川等地，这些地区的空闲荒地，如进行合理开发，甘薯可以在较大程度上代替玉米成为新一代燃料乙醇的原料来源（刘笑然，2006）。另外，我国的福建、广东、广西、海南和云南五省区尚有超过270万公顷的后备宜林、宜牧等边际性土地可用于木薯种植，按照当前木薯与燃料乙醇的转化比，即使只开发其中的20%，也可以为我国提供超过800万吨的燃料乙醇。此外，据估算，我国每年约有6亿吨秸秆农林废弃物，因此我国还应鼓励纤维素燃料乙醇的发展，加快粮食乙醇向非粮燃料乙醇的转化（严良政等，2008）。因此，我国可以在保证粮食安全前提下，开发不适宜粮食种植的荒地或废地，扩大非粮燃料乙醇的比例，实现能源安全与粮食安全的“双赢”。

（3）深挖玉米生产潜力，消除玉米产业规模瓶颈。寻求玉米类燃料乙醇的替代原料，并不意味着我国今后将停止生产玉米质燃料乙醇，而是我们应将发展的重点放在玉米产业的结构调整和优化升级，从而提高玉米行业的生产效率和加工业的使用效率。此外，我国还应积极进行技术创新，通过技术进步提高玉米单位面积产量和玉米质燃料乙醇的转化率，从而为燃料乙醇产业的进一步发展腾出空间。

11.6 本章小结

本章以一次能源危机为背景，建立原油价格上涨和生物燃料发展对土地利用和玉米等相关农产品市场价格影响的理论模型。在大量占有数据的基础上，运用时间序列估计了玉米产量和玉米种植面积的关联性，原油价格与燃料乙醇产量、玉米价格及其他相关农产品价格的相关性。将原油价格作为外生变量，根据原油价格上涨速度的快慢程度进行了情景模拟。模拟结果表明在政府不干预的自由市场下，原油价格的上涨将大幅度促进燃料乙醇产量的扩张，并导致玉米及相关食品价格上扬趋势显著，威胁我国的粮食安全和居民的福利水平。最后，本章根据模拟结果提出了在不影响粮食安全的前提下，如何实现能源安全与粮食安全的“双赢”建议。

第 12 章

结论与进一步研究的建议

原油是一个国家经济发展和社会稳定的保障，但原油资源的稀缺性和不可再生性导致近年来原油价格波动频繁，上涨趋势显著。原油又是农业生产重要的物质投入，农业生产的农药、农膜、化肥等投入以及动力需求与原油密切相关，因此理论上原油价格上涨是农产品价格上涨的重要推动力量。另外，原油价格的上涨使得世界各个国家积极研发推广新能源，燃料乙醇便是近年来发展较快的一种。目前我国燃料乙醇超过 50% 的产量以玉米为原料，因此，燃料乙醇价格与玉米价格存在一定程度的共向走势。同时，燃料乙醇作为新能源不仅对原油具有一定的替代效应，而且使得原油价格对玉米价格的单向影响关系变得复杂。本书基于世界一次能源危机和新能源扩张的背景下，研究能源价格波动与我国玉米价格波动的关系，并就能源价格波动对我国粮食安全进行了模拟分析。

12.1 主要结论及政策建议

12.1.1 国际能源市场与我国玉米市场存在高度整合关系

通过对国际能源市场和我国玉米市场的协整关系检验，我们得出，国际能源市场与我国玉米市场存在高度的整合关系；向量误差修正模型的估计结果表明无论在长期还是短期，国际原油价格和玉米质燃料乙醇价格波动都对我国玉米价格波动具有格兰杰意义上的因果作用。随后我们采用传统 OLS 回归，对影响我国玉米价格波动因素的诸因素进行回归分析。由于该部分变量均采用对数形式，因此估计系数具有弹性的含义，结果表明在 10% 的显著性水平下，国际原油价格的估计系数为 0.4403，即国际原油价格每上升 1 个百分点，国内玉米价格将上升 0.4403 个百分点。结果表明国际原油价格的估计系数为 0.4403，在 10% 的显著性水平下显著。由于变量均采用对数形式，所以估计系数具有弹性的含义，即国际原油价格每上升 1 个百分点，国内玉米价格将上升 0.4403 个百分点。国际玉米质燃料乙醇价格的估计系数为 0.0495，在 1% 的显著性水平下显著，具有统计意义上的显著性，但其经济意义并不显著。

上述结果表明，目前，我国玉米价格波动仍然在很大程度上受到国际因素的冲击，如原油价格的上涨和世界玉米质燃料乙醇的扩张。因此，中国玉米价格走势在未来存在极大的不确定性，粮价是百价之基，粮食安全是关系国计民生的重大问题，因而其价格波动，即使是暂时性波动都会对国民经济造成严重冲击。尤其是近年来玉米出口量减少而进口量的激增，来自国际市场的剧烈波动可能会在一定程度上引发中国价格的大幅波动。因此，建立农产品价格预警机制，并通过政策扶持等手段平抑国际能源价格波动对我国玉米价格波动的冲击是政府未来政策调整的一大方向。

12.1.2　我国能源市场和玉米市场表现出不同的价格波动特征

我国原油、玉米和燃料乙醇市场均表现出显著的 ARCH 效应，这说明，原油、玉米和燃料乙醇市场的价格波动在一定程度上是可以预测的。同时，较之原油、燃料乙醇市场，玉米市场价格波动最小，这一结论也印证了粮食在国家经济社会中的基础地位和国家致力于稳定粮价政策的成效。原油市场和玉米市场体现出高风险高回报的特征，说明原油市场和玉米市场的大部分交易者在做出决策时体现了理性投资的特征，但由于国家的财政补贴效应，燃料乙醇市场并没有体现出高风险高回报的特征，这说明国家需进一步开放燃料乙醇市场，推进燃料乙醇市场的市场化进程。同时对玉米市场和燃料乙醇市场而言，价格下跌信息引起的波动明显大于价格上涨信息引起的波动，因此，为稳定新能源市场和粮食市场，需特别关注那些可能引起市场价格下跌的因素。

12.1.3　我国能源市场和玉米市场具有显著的静态波动溢出效应

国家鼓励发展清洁能源的政策和玉米在燃料乙醇发酵中的重要地位，以及在汽油中添加燃料乙醇作为清洁能源的初期成果已在全国范围内得到一定程度的推广，样本期间表现出燃料乙醇市场向玉米市场显著地单向波动溢出效应，同时使得玉米价格波动部分通过燃料乙醇市场对原油市场产生溢出效应。原油作为农业生产重要的投入要素，其价格变化影响粮食价格变化的观点已得到普遍认可，这一观点在本研究中也得以验证。

原油、玉米、燃料乙醇市场间的波动特征和溢出效应为实践生产、投资活动和政策制定提供了理论借鉴。对农业生产者和燃料乙醇企业而言，原油价格的上升将导致玉米市场成本推动型价格的上涨，而燃料乙醇价格的上涨将导致玉米市场需求拉动型价格的上涨，因此能源市场价格的波动是引起粮食市场价格波动不容忽视的一大因素。正确把握这一价格的链式传导机制将有助于玉米和燃料乙醇生产者降低风险、提高利润。对投资者而言，原油价格波动对玉米、燃料乙醇市场价格波动的主导性和生物能源的使用越来越受到重视将使得投资者在做出投资和对冲决策时需准确把握三者的溢出效应和溢出方向。对政策制定者而言，溢出效应的存在将使得国家针对某一市场的政策效应通过市场传导机制影响其他市场的稳定，而这一影响可能通过市场间的乘数效应被扩大，因此，准确把握溢出效应的方向将有利于降低政策变动的负效应，维护市场经济的长期稳定。

12.1.4 我国能源市场和玉米市场价格波动关系具有动态差异性

利用惩罚对照函数法检验三组时间序列是否存在价格波动的断点效应。检验结果表明，原油，玉米，燃料乙醇市场分别在在 2008 年 7 月 18 日、2008 年 8 月 22 日、2008 年 10 月 10 日出现显著的断点效应。且格兰杰因果关系检验结果表明在 10% 的显著性水平上，样本期间玉米价格波动与原油价格波动、燃料乙醇价格波动互为格兰杰因果关系，但燃料乙醇市场和原油市场间价格波动不存在格兰杰因果关系。根据断点检验的结果，我们将整个样本划分为两个子样本：2003 年 9 月至 2008 年 10 月和 2008 年 7 月至 2013 年 6 月。分阶段 BEKK - MVGARCH 模型实证结果表明：2003 年 9 月至 2008 年 10 月，我国原油、玉米、燃料乙醇市场价格波动溢出效应并不显著，仅存在燃料乙醇市场到玉米市场的单向波动溢出效应和原油市场到玉米市场、燃料乙醇市场的单向波动溢出效应。但 2008 年 7 月至 2013 年 6 月，我国原油、玉米、燃料乙醇市场间的价格波动溢出效应明显增强，存在三市场间显著的双向波动溢出效应。

利用 AR（1）－DCC－MVGARCH（1，1）模型对不同阶段三市场间的动态相关关系进行了对比分析，结果表明：2003 年 9 月至 2008 年 10 月，原油价格波动最为明显，而 2008 年 7 月至 2013 年 6 月燃料乙醇市场价格波动最为明显。2008 年上半年以前，原油、玉米、燃料乙醇市场间不存在动态相关关系，2008 年下半年起，原油、玉米、燃料乙醇市场间的动态相关系数明显增大，三市场间的协调程度增强，市场分割程度减弱。

原油、玉米、燃料乙醇市场间的动态相关关系在不同阶段表现出显著的差异。2008 年随着世界性粮食危机和能源危机的爆发，新能源的迅猛发展使得原油、玉米、燃料乙醇市场间的关联性加强，并使得原油在影响玉米、燃料乙醇市场中的主导地位观点受到挑战。这一结论对实践生产、投资活动和政策制定具有理论指导作用。对农业生产者而言，在燃料乙醇迅速崛起的时代，燃料乙醇的市场政策将在一定程度上影响粮食价格的走向。对投资者而言，原油价格波动对玉米、燃料乙醇市场价格波动的动态联动效应和生物能源的使用越来越受到重视将使得投资者在做出投资和对冲决策时需准确把握三者之间的相互作用。对政策制定者而言，2008 年前后国家对原油、玉米、燃料乙醇市场的政策调整是导致三市场间动态联动效应改变的主要推动力量。2008 年开始原油、玉米、燃料乙醇市场间的动态相关系数明显增大，三市场间的协调程度增强，表明国家针对某一市场的政策将通过动态联动效应影响其他市场的稳定，因此，对政策制定者而言准确把握动态联动效应的方向和大小将有利于降低政策变动的负效应，维护市场经济的长期稳定。

12.1.5 能源价格上涨对我国粮食安全影响深远

在原油价格上涨的情况下，玉米价格将随着石油价格的上涨而上涨，同时原油价格上涨速度的快慢程度决定了玉米价格上涨的快慢程度。玉米价格的上涨使得其替代粮食作物如稻谷和小麦的耕地面积减少，甚至有部分林地和牧场也被转化为耕地用于玉米生产。这在一定程度上将减少稻谷和小麦等粮食作物的供给，使粮食安全面临挑战；而林地和牧场的减少在带来环境的恶化和生物多样性的减少的同时将会使得畜产品的供给减少，造成居民生活成本上升。

根据原油价格上涨速度的快慢不同，我国燃料乙醇产量也会随着原油价格的上涨而扩张，但这一结果的前提假设是政府对市场完全不予干预。然而这一假设在现实生活中往往难以满足，例如，我国政府在“十一五”规划中已明确提出为避免燃料乙醇“与人争粮、与粮争地”，不再批准新建粮食类燃料乙醇的项目，并对尚未建成的粮食类燃料乙醇项目全面叫停。因此，实际的燃料乙醇产量并不能达到上述模拟结果中的产量，真实产量不仅要考虑国家政策的影响还要视我国非粮能源作物的种植规模和非粮燃料乙醇的技术创新和生产规模而定。

猪肉、牛肉、羊肉、鸡肉、鸡蛋和牛奶等食品消费是我国居民日常生活支出的重要组成部分，在居民 CPI 中占据较大比重。不考虑政府干预，原油价格上涨和生物燃料扩张将会大幅度增加我国城市和农村居民的生活成本，降低居民的福利水平。在原油资源短缺和价格高涨的背景下，我国高增长、高能耗的经济发展模式使得能源消耗的增长速度处于全球第一位。情境模拟结果显示，如果不考虑燃料乙醇发展可能带来的居民高生活成本的增加，不考虑燃料乙醇扩张可能引起的耕地面积扩大而带来的生态环境恶化等负面效应，生物燃料发展的正面效应将远大于由此带来的负面效应。

因此在保障粮食安全的前提下推动燃料乙醇的发展，可以从以下几点着手：

（1）弱化粮食乙醇，走以非粮为主的燃料乙醇发展路径，积极进行技术创新和寻找替代原料。从燃料乙醇的优势国，如美国和巴西的发展经验来看，世界各国发展生物燃料的原料来源均发挥了自身的资源禀赋优势。因此，我国应根据自身的资源禀赋优势寻找玉米的替代原料，从现实情况来看，甘薯、木薯、甜高粱以及纤维素作物是玉米的理想替代原料。

（2）甘薯耐旱、耐贫瘠，在其他粮食作物难以生长的丘陵山区产量也很高。我国是世界上最大的甘薯生产国，甘薯种植区主要分布在河北、河南、安徽、四川等地，这些地区的空闲荒地，如进行合理开发，甘薯可以在较大程度上代替玉米成为新一代燃料乙醇的原料来源（刘笑然，2006）。另外，我国的福建、广东、广西、海南和云南五省区尚有超过 270 万公顷的后备宜林、宜牧等边际性土地可用于木薯种植，按照当前木薯与燃料乙醇的转化比，即使只开发其中的 20%，也可以为我国提供超过 800 万吨的燃料乙醇。此外，据估算，我国每年约有 6 亿吨秸秆农林废弃物，因此，我国还应鼓励纤维素燃料乙醇的发展，加快粮食乙醇向非粮燃料乙醇的转化（严良政等，2008）。因此，我国可以在保证粮食安全前提下，开发不适宜粮食种植的荒地或废地，扩大非粮燃料乙醇的比例，实现能源安全与粮食安全的“双赢”。

（3）深挖玉米生产潜力，消除玉米产业规模“瓶颈”。寻求玉米类燃料乙醇的替代原料，并不意味着我国今后将停止生产玉米质燃料乙醇，而是我们应将发展的重点放在玉米产业的结构调整和优化升级，从而提高玉米行业的生产效率和加工业的使用效率。此外，我国还应积极进行技术创新，通过技术进步提高玉米单位面积产量和玉米质燃料乙醇的转化率，从而为燃料乙醇产业的进一步发展腾出空间。

12.2 进一步研究的建议

世界一次能源危机和新能源扩张以及粮食安全问题在国内外学术界都是一个极具挑战性的课题。由于数据获取的困难及研究方法的限制，本书尚存在诸多缺憾，有待进一步深入探究和探讨：

（1）本书在研究一次能源价格上涨带来的粮食价格波动和燃料乙醇的扩张时，假定不存在政府的干预。然而在现实生活中，国家对经济的宏观调控遍及社会生活的方方面面，因此，后续研究如能将政府干预引入模型，将会使估计结果更为准确。

（2）燃料乙醇的研发推广在我国始于 2000 年，较短的发展历程使得燃料乙醇发展对我国能源安全、区域经济发展、居民生活和环境保护方面等的影响研究尚未受到广泛关注，这部分将是我们后续研究的重点。

（3）我国燃料乙醇主要以玉米为原料，较高的原料成本和转化成本使得燃料乙醇发展长期以来依靠政府的政策补贴和政策扶持。因此，燃料乙醇产业发展的政策效应研究将颇有意义。

（4）基于玉米的燃料乙醇发展一定程度上存在“与人争粮、与粮争地”的问题，因此，寻求新的原料来源是燃料乙醇行业未来发展的新方向。同时我国燃料乙醇产业长期以来缺乏生产效率，积极探索富有效率的燃料乙醇产业发展模式，增强我国燃料乙醇企业的国际竞争力是今后社会各界共同关注的热点问题。

参考文献

[1] 才国伟，黄亮雄．政策层级改革的影响因素及其经济绩效研究．管理世界，2008 (8)：73-83.

[2] 陈洁，张照新，徐欣．河南省小麦最低收购价政策调查报告．调研世界，2007，2 (11)：32-34.

[3] 程国强，胡冰川，徐雪高．新一轮农产品价格上涨的影响分析．管理世界，2008 (1)：57-63.

[4] 仇焕广，杨军，黄季焜．生物燃料乙醇发展及其对近期粮食价格上涨的影响分析．农业经济问题，2009 (1)：80-85.

[5] 邓勇，房俊民，陈方，陈云伟，王春明．生物燃料最新发展态势分析．中国生物工程杂志，2008，28 (8)：142-147.

[6] 丁声俊．粮食期货：发现价格与规避风险的重要市场工具．价格理论与实践，2011 (7)：10-11.

[7] 丁守海．国际粮价波动对我国粮价的影响分析．经济科学，2009 (2)：60-71.

[8] 方鸿．中国粮食最低收购价合理确定机制研究．经济与管理，2009 (4)：20-25.

[9] 冯云．中国粮食价格波动的实证分析．价格月刊，2008 (2)：41-44.

[10] 高铁梅．计量经济分析方法与建模-Eviews 应用及实例（第二版）．北京：清华大学出版社，2009：193-205.

[11] 顾国达，方晨靓．中国农产品价格波动特征分析——基于国际市场因素影响下的局面转移模型．中国农村经济，2010 (6)：67-76.

[12] 顾和军．农民角色分化与农业补贴政策的收入分配效应．南京：南京农业大学博士学位论文，2007.

［13］郭庆海．中国玉米加工业发展探析．中国农村经济，2007（7）：16－22.

［14］国家粮食局课题组．粮食支持政策与促进国家粮食安全研究．北京：经济管理出版社，2009.

［15］韩永辉，黄亮雄，邹建华．房地产“限购令”政策效果研究．经济管理，2014（4）：160－170.

［16］何蒲明，朱信凯．玉米价格和生猪价格波动关系的实证研究．经济问题探索，2011（12）：87－90.

［17］贺伟，朱善利．我国粮食托市收购政策研究．中国软科学，2011（9）：10－17.

［18］贺伟．中国粮食最低收购价政策的现状、问题及完善对策．宏观经济研究，2010（10）：34－45.

［19］胡锋．政府提高最低收购价推动食品价格上涨．中国粮食经济，2011（3）：32－33.

［20］胡秋灵，马丽．我国股票市场和债券市场波动溢出效应分析．金融研究，2011（10）：198－206.

［21］黄季焜，杨军，仇焕广，徐志刚．本轮粮食价格的大起大落：主要原因及未来走势．管理世界，2009（1）：72－78.

［22］贾文瑞，徐青，王燕灵，张建民，张宏洋．21世纪中国能源、环境与工业的发展．北京：石油工业出版社，2002.

［23］兰肇华．生物燃料发展及其影响研究．［博士学位论文］．湖北武汉：武汉理工大学，2009.

［24］李光泗，郑毓盛．粮食价格调控、制度成本与福利变化——基于两种价格政策的分析．农业经济问题，2014（8）：6－15.

［25］李果仁．21世纪中国石油安全战略决策．能源研究与利用，2005（5）：14－16.

［26］李经谋，杨光焰．对市场放开后我国粮食价格调控问题的反思．粮食问题研究，2008（2）：20－24.

［27］李强，朱兵，陈定江，覃伟中，杜建，胡山鹰．生物质液体燃料生产系统技术经济建模及分析．清华大学学报（自然科版），2009，49（3）：404－401.

［28］刘瑾，邬建国．生物燃料的发展现状与前景．生态学报，2008（4）：

1339 - 1353.

[29] 刘克春. 粮食生产补贴政策对农户粮食种植决策行为的影响与作用机理分析—以江西省为例. 中国农村经济, 2010 (2): 12 - 21.

[30] 刘笑然. 中国生物燃料发展与粮食安全. 黑龙江粮食, 2006 (4): 12 - 14.

[31] 卢锋, 谢亚. 我国粮食供求与价格走势 (1980 - 2007)——粮价波动、宏观稳定及粮食安全问题探讨. 管理世界, 2008 (3): 70 - 80.

[32] 罗锋, 牛宝俊. 我国粮食价格波动的主要影响因素与影响程度. 华南农业大学学报 (社会科学版), 2010 (2): 51 - 58.

[33] 罗锋. 外部冲击对我国农产品价格波动的影响——基于 SVAR 模型的实证研究. 农业技术经济, 2011 (10): 4 - 11.

[34] 罗万纯, 刘锐. 中国粮食价格波动分析: 基于 ARCH 类模型. 中国农村经济 (4): 30 - 47.

[35] 牛松. 完善粮食托市收购政策. 宏观经济管理, 2013 (11): 46 - 47.

[36] 潘慧峰, 张金水. 基于 ARCH 类模型的国内油价波动分析. 统计研究, 2005 (4): 16 - 19.

[37] 施勇杰. 新形势下中国粮食最低收购价政策探析. 农业经济问题, 2007 (6): 76 - 79.

[38] 石元春. 谈发展生物质产业中的几个问题. 中国基础科学, 2005 (6): 3 - 6.

[39] 史济春, 曹湘洪. 生物燃料与可持续发展. 北京: 中国石化出版社, 2007: 177 - 179.

[40] 孙林, 倪卡卡. 国际粮食价格波动非对称性分析——基于 T 分布下 EGARCH 模型. 南京农业大学学报 (社会科学版), 2013, 13 (2): 68 - 75.

[41] 孙振钧. 中国生物质产业及发展取向. 农业工程学报, 2004, 20 (5): 1 - 5.

[42] 王士海, 李先德. 粮食最低收购价政策托市效应研究. 农业技术经济, 2012 (4): 105 - 107.

[43] 王薇薇, 谢琼, 王雅鹏, 孙凤莲. 粮食收购市场各主体利益协调的经济学分析. 中国农村观察, 2009 (4): 13 - 14.

[44] 王孝松, 谢申祥. 国际农产品价格如何影响了中国农产品价格. 经济

研究，2012（3）：141－153.

［45］王雅鹏，邓玲．生物质液态燃料开发利用对粮食安全的影响分析．农业技术经济，2008（4）：4－10.

［46］王亚静，徐晔，祁春节，牟杰．关于发展生物质产业的凡点思考．中国人口、资源与环境，2007，17（4）：125－127.

［47］王镇江．当前农发行支持托市收购中面临的问题及建议．农业经济问题，2014（3）：32－36.

［48］翁贞林．农户稻作经营行为：理论与实证．北京：中国农业出版社，2010.

［49］吴海霞，霍学喜．宏观政策对我国粮食市场价格波动的影响研究．系统工程，2014（4）：61－69.

［50］吴海霞，王静，Gordon Rausser. 原油、玉米、燃料乙醇市场波动溢出效应分析．中国农村经济，2013（2）：71－82.

［51］谢洪燕，贾晋．新时期我国国家粮食储备目标、功能的调整与优化．宏观经济研究，2013（12）：2－11.

［52］颜良政，张琳，王士强，胡林．中国能源作物生产生物乙醇的潜力及分布特点．农业工程学报，2008（5）：213－216.

［53］杨光焰．粮食最低收购价格政策的效应分析．价格理论与实践，2006（6）：35－36.

［54］郁威．有色金属定价机理研究．上海：上海交通大学，2008.

［55］詹琳，蒋和平．粮食目标价格制度改革的困局与突破．农业经济问题，2015（2）：14－20.

［56］张建杰．对粮食最低收购价政策效果的评价．经济经纬，2013（5）：60－65.

［57］张锦华，吴方卫，沈亚芳．生物质能源发展会带来中国粮食安全问题吗？——以玉米燃料乙醇为例的模型及分析框架．中国农村经济，2008（4）：4－15.

［58］张劲松，王雅鹏．中国粮食增产影响因素的实证分析．湖北农业科学，2008（4）：482－485.

［59］张跃军，范英，魏一鸣．基于 GED－GARCH 模型的中国原油价格波

动特征研究．数理统计与管理，2008，26（3）：398－406.

［60］张智先．我国玉米消费的空间分布分析与展望．农业展望，2009（9）：22－25.

［61］钟甫宁．如何看待当前国际粮食价格的上涨．上海交通大学安泰经济与管理学院工作论文，2008.

［62］周曙东，崔奇峰，吴强．美国发展生物质能源对国际市场玉米价格、贸易与生产格局的影响——基于CGE的模拟分析．中国农村经济，2009（1）：82－91.

［63］周学忠．浅谈粮食最低收购价与保护价的区别．粮食经济问题，2005：15－16.

［64］周应恒，赵文．近期中国主要农业国内支持政策的评估．农业经济问题，2009（5）：4－11.

［65］周章跃，万广华．论市场整合研究方法——兼评喻闻、黄季焜《从大米市场整合程度看我国粮食市场改革》一文．经济研究，1999（3）：73－79.

［66］朱玲．论全球性食品和能源危机的应对策略．经济研究，2008（9）：22－30.

［67］朱满德．农产品价格支持和直接补贴政策功能与效果的比较——一个经验性的综述．贵州大学学报（社会科学版），2014（2）：29－34.

［68］朱志刚，胡静林，李志红，韩晓亮．关于调整完善粮食最低收购价政策的调研报告．http：//jjs. mof. gov. cn/zhengwuxinxi/diaochayanjiu/200806/t20080620_47361. html，2006.

［69］邹凤羽，国娜．进一步完善粮食最低收购价政策的思考．农村经济，2009（11）：14－16.

［70］Abbott P C，Hurt C，Tyner W E. 2008. What's Driving Food Prices? Farm Foundation，Issue Report.

［71］Aspergis N，Rezitis A. Asymmetric Cross－market Volatility Spillovers：Evidence from Daily Data on Equity and Foreign Exchange Markets. Manchester School（Issue Supplement），2001，69（1）：81－96.

［72］Babcock B A. The Impact of US Biofuel Policies on Agricultural Price Levels and Volatility. China Agricultural Economic Review，2012，4（4）：407－426.

[73] Baffes J, Haniotis T. Placing the 2006/08 Commodity Price Boom into Perspective. World Bank Policy Research Paper No. 5371, 2010.

[74] Baharom A H, Radam A, Habibullah M S, Hirnissa M T. 2009. The Volatility of Thai Rice Price [DB \ OL]. [2009 - 01 - 13]. http://mpra. ub. uni - muenchen. de /14113.

[75] Balcombe K, Rapsomanikis G. Bayesian Estimation and Selection of Nonlinear Vector Error Correction Models: The Case of the Sugar - ethanol - oil Nexus in Brazil. American Journal of Agricultural Economics, 2008, 90 (3): 658 -668.

[76] Barrera T A, Mallory M, Garcia P. Volatility spillovers in the U. S. Crude Oil, Corn and Ethanol Markets. Paper presented at the NCCC - 134 Conference on Applied Commodity Price Analysis, Forecasting, and Market Risk Management St. Louis, Missouri, 2011.

[77] Benavides G, Capistrán C. A Note on the Volatilities of the Interest Rate and the Exchange Rate Under Different Monetary Policy Instruments: Mexico 1998 - 2008. Working Paper Series 2009 - 10, Banco de México, 2009.

[78] Bernanke B S, Blinder A S. The Federal Funds Rate and the Channels of Monetary Transmission. America Economic Review, 1992. 82 (4), 901 -921.

[79] Binfield J C R, Westhoff P C, Elodie L C. 2008. Incorporating Biofuels into a Partial Equilibrium Model of the EU Agricultural Sector. Paper prepared for presentation at the 107th EAAE seminar "Modeling of Agricultural and Rural Development Policies". Sevilla, Spain, January 29th - February 1st.

[80] Black F. The Pricing of Commodity Contracts. Journal of Financial Economics, 3 (1 -2): 1976, 167 -179.

[81] Bollerslev T, Wooldridge J M. Quasi - maximum Likelihood Estimation and Inference in Dynamic Models with Time - varying Covariances. Econometric Reviews, 1992, 11 (2): 143 -172.

[82] Bollerslev T. Generalized Autoregressive Conditional Heteroskedasticity. Journal of Econometrics, 1986, 31 (3): 307 -327.

[83] Braun J V. The World Food Situation: New Driving Forces and Required Actions. International Food Policy Research Institute Food Policy Report No. 18, De-

cember, 2007.

[84] Buguk C, Hudson D, Hanson T. Price Volatility Spillover in Agricultural Markets: An Examination of U. S. Catfish Markets. Journal of Agricultural and Resource Economics, 2003, 28 (1): 86 -99.

[85] Campbell J Y, Hentschel L. No News Is Good News: An Asymmetric Model of Changing Volatility in Stock Returns. Journal of Financial Economics, 1992, 31 (3): 281 -318.

[86] Campiche J L, Bryant H L, Richardson J W, Outlaw J L. Examining the Evolving Correspondence between Petroleum Prices and Agricultural Commodity Prices. Selected paper prepared for presentation at the American Agricultural Economics Association Annual Meeting, Portland, OR, 2007.

[87] Carrasco M, Chen X. Mixing and moment properties of various Garch and stochastic volatility models. Econometric Theory, 2002, 18 (1): 17 -39.

[88] Carter C, Rausser G C, Smith A. Commodity Booms and Busts. Annual Review of Resource Economics, 2011, 3: 87 -118.

[89] Carter C, Rausser G C, Smith A. The Effect of the U. S. Ethanol Mandate on Corn Prices. Presentation at Fifth Berkeley Bioeconomy Conference, 2012.

[90] Christiano L J, Eichenbaum M, Evans C L. 1998a. Modelling Money. NBER Working Paper 6371.

[91] Christiano L J, Eichenbaum M, Evans C L. 1998b. Monetary Policy Shocks: What Have We Learned and to What End? NBER Working Paper No. 6400.

[92] Cochrane J H. 2005. Time Series for Macroeconomics and Finance, Book Manuscript, University of Chicago.

[93] Cooke B, Robels M. Recent Food Movements: A Time Series Analysis. IFPRI Discussion Paper No. 00942, 2009.

[94] Dean W G, Faff R W, Loudon G F. Asymmetry in Return and Volatility Spillover between Equity and Bond Markets in Australia. Pacific - Basin Finance Journal, 2010, 18 (3): 272 -298.

[95] Du X, Yu C L, Hayes D J. Speculation and Volatility Spillover in the Crude Oil and Agricultural Commodity Markets: A Bayesian Analysis. Energy Econom-

ics, 2011, 33 (3): 497 -503.

[96] Engle R F, Kroner K F. Multivariate Simultaneous Generalized Arch. Econometric Theory, 1995, 11 (1): 122 -150.

[97] Engle R F, Lilien D M, Robins R P. Estimating Time Varying Risk Premia in the Term Structure: The ARCH - M Model. Econometrica, 1987, 55 (2): 251 -276.

[98] Engle R F. Autoregressive conditional heteroskedasticity with estimates of the variance of U. K. inflation. Econometrica, 1982, 50 (2): 987 -1008.

[99] Engle R F. Dynamic Conditional Correlation: A Simple Class of Multivariate Generalized Autoregressive Conditional Heteroskedasticity Models. Journal of Business and Economic Statistics, 2002, 20 (3): 339 -350.

[100] Engle, R F, Granger C W J. Co - intergration and Error Correction: Representation, Estimation and Testing. Econometrica, 1987, 55 (2): 251 -276.

[101] Fang V, Lin C T, Lee V. Volatility and Spillovers in Stock and Bond Markets: Some International Evidence. Journal of International Finance and Economics, 2007, 7 (1): 1 -10.

[102] Feng H, Rubin O D, Babcock B A. 2008. Greenhouse Gas Impacts of Ethanol from Iowa Corn: Life Cycle Analysis versus System - wide Accounting. Working Paper08 - WP461, www. card. iastate. edu. February.

[103] French K R, Schwert G W, Stambaugh R E. Expected Stock Returns and Volatility. Journal of Financial Economics, 1987, 19 (1): 3 -29.

[104] Gilbert C L. How to Understand High Food Prices. Journal of Agricultural Economics, 2010, 61 (2): 398 -425.

[105] Goodwin B K, Schnepf R. Determinants of Endogenous Price Risk in Corn and Wheat Markets. Journal of Futures Markets, 2000, 20 (8): 753 -74.

[106] Hamao Y, Masulis R W, Ng V. Correlations in Price Changes and Volatility across International Stock Markets. The Review of Financial Studies, 1990, 3 (2): 281 -307.

[107] Harri A, Darren H. Mean and Variance Dynamics between Agricultural Commodity Prices and Crude Oil Prices and Implications for Hedging. In The Economics

of Alternative Energy Sources and Globalization: The Road Ahead Meeting, Orlando, FL, 2009.

[108] Harris M, Raviv A. Differences of Make a Horse Race. The Review of Financial Studies, 1993, 6 (3): 473 - 506.

[109] Headley D, Fan S. Anatomy of A Crisis: The Causes and Consequences of Surging Food Prices. Agricultural Economics (Issue Supplement), 2008, 39: 375 - 391.

[110] Hernandez M A, Gardebroek C. Do Energy Prices Stimulate Food Price Volatility? Examining Volatility Transmission between US Oil, Ethanol and Corn Markets. Selected Paper prepared for presentation at the Agricultural & Applied Economics Association's 2012 AAEA Annual Meeting, Seattle, Washington, 2012.

[111] Hernandez M, Ibarra A R, Trupkin D R. How Far Do Shocks Move across Borders? Examining Volatility Transmission in Major Agricultural Futures Markets, IFPRI Discussion Paper#1109, 2011.

[112] Hertel T, Beckman J. Commodity Price Volatility in the Biofuel Era: An Examination of the Linkage between Energy and Agricultural Markets. GTAP Working Papers 3214, Centerfor Global Trade Analysis, Department of Agricultural Economics, Purdue University, West Lafayette, IN, 2011. Available online at http://ideas.repec.org/p/gta/workpp/3214.html, 2011.

[113] http://www.oecd.org/dataoecd/54/42/40847088.pdf. Accessed on July 2008.

[114] IFPRI. High Food Prices: The What, Who, and How of Proposed Policy Actions. Policy Brief. (Washington, DC: IFPRI, 2008).

[115] Irwin S H, Garcia P, Good D L, Kunda E L. Recent Delivery Performance of CBOT Corn, Soybean, and Wheat Futures Contracts." Statement to the CFTC Agricultural Forum, 2008.

[116] Ivanic M, Martin W. Implications of Higher Global Food Prices for Poverty in Low - income Countries. Policy Research Working Paper. The World Bank Development Research Group - Trade Team, 2008.

[117] Jayne T S, Myers R J, James N. The Effects of Government Maize Marketing Policies on Maize Market Prices in Kenya. Contributed paper prepared for presenta-

tion at the International Association of Agricultural Economists Conference, Gold Coast, Australia, August, 2006: 12 –18.

[118] Johnson D G. World agriculture, commodity policy and price variability [J]. American Journal of Agricultural Economics, 1975 (57): 823 –828.

[119] Kaltalioglu M, Soytas U. Volatility Spillover from Oil to Food and Agricultural Raw Material Markets. Modern Economy, 2011, 2: 71 –76.

[120] Kanas A. Linkages between the US and European Equity Markets: Further Evidence from Cointegration tests. Applied Financial Economics, 1998, 8 (6): 607 –614.

[121] Kim K, Jean – Paul C. A Dynamic Analysis of the Effects of a Price Support Program on Price Dynamics and Price Volatility. Journal of Agricultural and Resource Economics, 2002 (27): 495 –514.

[122] Krugman P. Speculative nonsense, once again. New York Times. June 23. http: //krugman. blogs. nytimes. com/2008/06/23/speculative – nonsense – once – again/, 2008.

[123] Lavielle M, Moulines E. Least – squares estimation of an unknown number of shifts in a time series. Journal of Time Series Analysis, 2000, 21 (1): 33 –59.

[124] Lavielle M, Teyssière G. Detection of Multiple Change Points in Multivariate Time Series. Journal of Lithuanian Math, 2006, 46 (3): 287 –306.

[125] MacKinnon J G, Haug A, Michelis L. Numerical Distribution Functions of Likelihood Ratio Tests for Cointegration. Journal of Applied Econometrics, 1999, 14 (5): 563 –577.

[126] Martinez – bravo M, Qian N. Do Loal Elections in Non – Democracies Increase Accountability? Evidence from Rural China. National Bureau of Economic Research, 2011.

[127] Masters M W. Testimony before the U. S. Senate Committee of Homeland Security and Government Affairs, Washington, D. C, 2008.

[128] Mitchell D. A Note on Rising Food Prices. Policy Research Working Paper No. 4682. The World Bank, Washington, D. C, 2008.

[129] Moyer W, Josling T. Agricultural policy reform: politics and process in the

EU and US in the 1990s. Ashgate Publishing Ltd, 2002.

[130] Nelson B D. Conditional Heteroskedasticity in Asset Returns: A New Approach. Econometrica, 1991, 59 (2): 347 -370.

[131] OECD Policy Report. 2008. Rising Food Prices: Causes and Consequences.

[132] Park H, Fortenbery T R. The Effect of Ethanol Production on the U. S. National Corn Price. Proceedings of the NCCC -134 Conference on Applied Commodity Price Analysis, Forecasting, and Market Risk Management. Chicago, IL. [http: //www. farmdoc. uiuc. edu/nccc134], 2007.

[133] Peters M M, Somwaru A, Hansen J, Seeley R, Dirkse S. 2009. Modeling Biofuels Expansion in a Changing Global Environment. Contributed paper prepared for presentation at the Intemational Assoeiation of Agrieultural Economies Conferenee, Beijing, China, August, 16 -22.

[134] Radetzki M. The anatomy of three commodity booms. Resources Policy, 2006, 31 (1): 56 -64.

[135] Rajagopal D, Zilberman D. Review of Environmental, Economics and Policy Aspects of Biofuels, Policy Research Working Paper 4341, The World Bank, 2007.

[136] Rausser G C, Gorter H D. US Policy Contributions to Agricultural Commodity Price Fluctuations, 2006 -2012. in the book of food prices policy in an era of market in stability: A political economy analysis. Oxford, Oxford University press, 2014.

[137] Rausser G C, Gorter H D. US Policy Contributions to Agricultural Commodity Price Fluctuations, 2006 -2012. Unpublished manuscript, 2013.

[138] Rosenbaum P R, Rubin D B. The Central Role of the Propensity Score in Observational Studies for Causal Effects. Biometrika, 1983 (1): 41 -55.

[139] Serra T. Volatility Spillovers between Food and Energy Markets: A semiparametric approach. Energy Economics, 2011, 33 (6): 1155 -1164.

[140] SerraT, Zilberman D, Gil J M, Goodwin B K. Nonlinearities in the U. S. Corn - ethanol - oil - gasoline Price System. Agricultural Economics, 2011, 34

(2): 35 -45.

[141] Shalen C T. Volume, Volatility and the Dispersion of Beliefs, The Review of Financial Studies, 1993, 6 (2): 405 -434.

[142] Sims C A. Macroeconomics and Reality. Econometrica, 1980, 48 (1): 1 -48.

[143] Thompson W, Meyer S, Westhoff P. How Does Petroleum Price and Corn Yield Volatility Affect Ethanol Markets with and without an Ethanol Use Mandate. Energy Policy, 37 (2): 745 -749.

[144] Timmer C P. Causes of High Food Prices. Economics Working Papers 128, Asian Development Bank, 2008.

[145] Trostle R. Global Agricultural Supply and Demand: Factors Contributing to the Recent Increase in Food Commodity Prices, USDA Economic Research Service Report NO. WRS -0801, 2008.

[146] Trostle R. Global Agricultural Supply and Demand: Factors Contributing to the Recent Increase in Food Commodity Prices [R]. USDA Report, WRS -0801, 2008.

[147] Tyner W T. The Integration of Energy and Agricultural Markets. Agricultural Economics (Issue Supplement), 2010, 4 (1): 193 -201.

[148] Wang L, Wang Q, Ju W. Granger Causal Relation Between Oil Import and Economic Growth in China. Journal of Southwest Petroleum University (Social Sciences Edition), 2011, 13 (2): 5 -14.

[149] World Bank. Rising food prices: Policy options and World Bank response. http: //siteresources. worldbank. org/NEWS/Resources/risingfoodprices_backgroundnote_apr 08. pdf, 2008.

[150] Wu F, Guan Z, Myers R J. Volatility Spillover Effects and cross Hedging in Corn and Crude Oil Futures. Journal of Futures Markets, 2011, 31 (11): 1052 -1075.

[151] Zhang Z, Lohr L, Escalante C, Wetzstein M. 2009. Ethanol, Corn, and Soybean Price Relations in a Volatile Vehicle -fuels Market, Energies, 2 (2): 320 -339.

[152] Zhao J, Goodwin B K. Volatility Spillover in Agricultural Commodity Mar-

kets: An Application Involving Implied Volatilities from Options Markets, Selected Paper prepared for presentation at the Agricultural & Applied Association's 2011 AAEA & NAREA Joint Annual Meeting, Pittsburgh, Pennsylvania, 2011.